DAXUE XINSHENG
YANGCHENG JIAOYU

大学新生
养成教育

●李飞　王桂伟

高等教育出版社·北京

内容提要

　　本书是哈尔滨工业大学基础学部为提高新生入学教育的质量和实效而编写的教材,也是同名数字课程的配套教材。本书遵循人才培养规律,面向新生进行入学适应指导,强化习惯养成,讲述学校历史和规章制度,介绍大学学习特点,从生活、学习和心理3个方面引导新生尽快适应大学生活,对学生起到指导、解惑和帮助的作用。

　　本书共9章,包括适应大学生活、感悟学校传统、了解专业特色、掌握学习方法、参加项目学习、学习规章制度、提升综合素质、关注心理健康及规划大学生活。

图书在版编目（ＣＩＰ）数据

　　大学新生养成教育／李飞,王桂伟主编. -- 北京:
高等教育出版社,2020.6

　　ISBN 978-7-04-053952-3

　　Ⅰ. ①大… Ⅱ. ①李… ②王… Ⅲ. ①大学生-养成教育-高等学校-教材 Ⅳ. ①G645.5

　　中国版本图书馆 CIP 数据核字（2020）第 050166 号

大学新生养成教育

Daxue Xinsheng Yangcheng Jiaoyu

| 策划编辑 | 陶　铮 | 责任编辑 | 陶　铮 | 封面设计 | 姜　磊 | 版式设计 | 张　杰 |
| 插图绘制 | 李沛蓉 | 责任校对 | 窦丽娜 | 责任印制 | 刁　毅 | | |

出版发行	高等教育出版社	网　　址	http://www.hep.edu.cn
社　　址	北京市西城区德外大街 4 号		http://www.hep.com.cn
邮政编码	100120	网上订购	http://www.hepmall.com.cn
印　　刷	天津文林印务有限公司		http://www.hepmall.com
开　　本	787mm×960mm　1/16		http://www.hepmall.cn
印　　张	17		
字　　数	290 千字	版　　次	2020 年 6 月第 1 版
购书热线	010-58581118	印　　次	2020 年 6 月第 1 次印刷
咨询电话	400-810-0598	定　　价	32.70 元

本书如有缺页、倒页、脱页等质量问题,请到所购图书销售部门联系调换

物　料　号　53952-00

目　　录

第一章　适应大学生活 ……………………………………………… 1

　第一节　从中学生到大学生的转变 ……………………………… 1

　第二节　经济资助问答 …………………………………………… 7

　第三节　关注安全 ………………………………………………… 17

　第四节　学会生活 ………………………………………………… 24

第二章　感悟学校传统 ……………………………………………… 30

　第一节　一所国际性大学 ………………………………………… 30

　第二节　第一个黄金时代 ………………………………………… 37

　第三节　改革开放,蓬勃发展 …………………………………… 43

　第四节　校训解读 ………………………………………………… 46

第三章　了解专业特色 ……………………………………………… 53

　第一节　专业规模不断扩大 ……………………………………… 53

　第二节　专业建设蓬勃发展 ……………………………………… 57

　第三节　增强对专业与职业的认识 ……………………………… 71

第四章　掌握学习方法 ……………………………………………… 77

　第一节　大学学习的基本环节 …………………………………… 77

　第二节　怎样做好课堂笔记 ……………………………………… 88

　第三节　如何准备考试 …………………………………………… 103

第五章　参加项目学习 ……………………………………………… 110

　第一节　项目学习的内涵 ………………………………………… 111

　第二节　规划与启动大一年度项目 ……………………………… 113

　第三节　迎接中期检查 …………………………………………… 127

　第四节　项目结题与成果总结 …………………………………… 130

　第五节　项目学习的经验与交流 ………………………………… 136

第六章　学校规章制度 ··· 144

　　第一节　学籍管理制度 ·· 144

　　第二节　转专业与转学管理制度 ·· 154

　　第三节　保研管理制度 ·· 156

　　第四节　课程考核与成绩管理制度 ·· 157

第七章　提升综合素质 ··· 162

　　第一节　提高思想政治素质 ··· 162

　　第二节　培养领导能力 ·· 165

　　第三节　参加创新活动　提高科学素质 ·································· 170

　　第四节　提升跨文化素养 ·· 173

　　第五节　拥有强健体魄 ·· 176

第八章　关注心理健康 ··· 178

　　第一节　大学生心理健康教育 ·· 178

　　第二节　大学生人际交往 ·· 190

　　第三节　大学学习适应 ·· 206

　　第四节　大学生压力与情绪管理 ··· 210

第九章　规划大学生活 ··· 220

　　第一节　规划意识启蒙 ·· 221

　　第二节　如何编制大学学业规划 ··· 236

　　第三节　如何编制大学生活规划 ··· 242

参考文献 ··· 263

第一章　适应大学生活

大学时代对人的一生会产生深远的影响。这并不是说，大学课堂里的知识足够学生一生使用。如今的知识更新换代极快，也许几年以后，学生在大学里学过的知识，就将被忘记和淘汰。

大学最重要的使命是用独有的文化、传统、精神使学生受到熏陶，养成良好的习惯、性情、气质、人格，这些构成学生毕业后在社会中的坐标，使之与众不同。

进入大学学习是人生旅程中的一个重要里程碑。这个里程碑意味着长达12年的基础教育的终结，意味着学生将与父母聚少离多，也意味着学生即将开启新的人生旅程，更意味着学生将要承担更多更大的责任。

第一节　从中学生到大学生的转变

大学生和中学生在性质上具有明显的区别。中学生所学的是一般的基础知识，语文、数学、英语、地理、历史、物理、化学及其他各科皆须学习，所学科目繁多，所授内容简略。中学课程只要求学生对各科知识获得基本的概念，而大学课程则是研究更高深的学问，注重探究各学科的原理及其应用的问题。

进入大学，面对人生的一个重大转变，越早理解大学与中学的差异，越能尽快地适应大学生活。尽快完成角色转换，是大学生获得成功的关键因素之一。

一、大学与中学有哪些不同

1. 新的学习标准

进入大学，学生可能会发现自己需要拼命学习，大学老师讲课的速度飞快，大学的考试比高中少，但评分标准却更严格……总之，跟高中相比，阅读和写作任务多了,要解决的问题多了,要记住的东西多了。

大学的讲课与中学有很大不同:①老师讲一部分,留一部分;②内容多,进度快;③重视学生思想方法的培养;④讲的不都是书上有的,书上有的不一定都讲。

2. 要求学生更加独立自主

在学习方法上,中学时期,只要跟着老师走就可以了,一切听从老师指挥,老师教学生是"手把手领着教";而大学老师则是"老师在前,学生在后跟着走",大学阶段提倡学生自主学习,课外时间自己安排,逐渐地从"要我学"向"我要学"转变。

3. 学习内容的增多

中学阶段,学生一般只学习十门左右的课程,而且基本上有两年时间把精力都用到高考科目上,老师主要讲授一般性的基础知识。而学生在大学四年中,需要学习的课程达几十门,每一个学期学习的课程都不同,内容多,学习任务比中学重得多。学生在大学一、二年级主要学习公共课程和基础课程,在大学三年级主要学习专业基础课、部分专业课及选修课,在大学四年级的主要任务通常是找工作、进行毕业设计,以及撰写毕业论文。

4. 自由时间的增多

中学里,经常有老师占用自习课的时间,让同学们非常苦恼。大学里,课堂讲授时间相对减少,自学时间大量增加。同时,大学为学生学习提供了非常好的环境,如藏书丰富的图书馆、设备先进的实验室和丰富多彩的课外科研实践活动等。

5. 学生来源和特点的多元化

大学学生人数可能是高中的几十倍,而且学生来源广泛。他们来自全国各地,甚至世界各地。他们说着各种方言,相貌和行为特点也各不相同。

二、如何快速适应大学生活

1. 熟悉环境

初到大学校园,学生可以找一份学校的地图,约几个同学或者朋友,安排一下大学第一天的行程,比如:和同学一起去看看第一天上课的教室;去办公室拜访自己的班主任(或辅导员),并做个自我介绍;对校园内和校园周边的环境做一个初步调查,了解哪儿有书店、食堂,在哪儿可以买到鞋子、衣服、日用品,哪儿可以理发,等等。

2. 做好应急预案

无论在何种环境下,应对突发事件的准备都必不可少。学生入学后要尽快知道

第二节　经济资助问答

对于家庭经济困难的同学来说,在入学之初就了解学校的经济资助政策对于适应大学生活,争取更多资源帮助自己完成大学学业至关重要。

高校学生工作处助学办公室是负责全校学生资助工作的机构,主要职责包括绿色通道、国家助学贷款、奖学金、助学金、勤工助学、特殊困难补助、基层就业学费贷款代偿等工作的开展和管理。助学办公室一直坚持"资助"和"育人"两条主线,构建了"奖、贷、助、补、减、勤"的综合助困体系,最大限度地发挥了各项助学举措的作用,使各项助学政策全部覆盖所有家庭经济困难的学生。

一、学生经济资助项目

1. 绿色通道——帮你开启入学方便之门

家庭经济困难的新生报到后,可以持乡(镇)或街道政府民政部门确认的"高等学校学生及家庭情况调查表"向所在学院申请,学校将根据具体情况为其办理绿色通道手续,使每一位家庭经济困难的学生都能够正常入学。绿色通道具体办理流程为:到基础学部报到→向所在学院申请绿色通道(提交家庭经济困难证明)→填写绿色通道申请表→学院审批→学生工作处绿色通道办理处复核→财务处办理其他手续。绿色通道办理的是缓缴学费、住宿费手续,学生入学后应通过生源地助学贷款、中国银行国家助学贷款或其他方式补交学费和住宿费。

新生报到期间,学校设立资助工作咨询台,安排专人引导帮助家庭经济困难的学生,向他们介绍学校的资助政策。同时,在家庭经济困难的学生办理绿色通道的过程中,学校还为每一名办理绿色通道和生源地助学贷款的新生准备了日常生活用品,并在第一时间发放给他们。

2. 助学贷款——助你完成学业

国家助学贷款是由政府主导,财政贴息,财政部门和高校共同给予银行一定风险补偿金,银行、教育行政部门与高校共同操作的,帮助高校家庭经济困难的学生支付在校学习期间所需的学费和住宿费的银行贷款。国家助学贷款是信用贷款,学生不需要办理任何担保或者抵押,但要承诺按时还款,并承担相关法律责任。

在贷款合同期间,学生在校期间的贷款利息全部由政府财政补贴;毕业后,学生自付利息。贷款学生毕业后,应在 6 年内还清贷款本金和利息,如果继续攻读学位,需要向银行提供书面证明,贷款可以展期,财政部门继续给予贴息。

学校十分重视贷款学生的诚信教育,每年会邀请经办银行的工作人员为学生开展贷款政策和诚信教育的讲座。在贷款申请、办理、确认、还款的过程中,学校都会**帮助学生明确贷款政策**,让诚信意识在每一位申请助学贷款的学生心中根深蒂固。

(1)助学贷款的申请条件:①家庭经济困难;②具有中华人民共和国国籍,年满 16 周岁的需持有中华人民共和国居民身份证;③具有完全民事行为能力(未成年人申请国家助学贷款须由其法定监护人书面同意);④诚实守信,遵纪守法,无违法违纪行为;⑤学习努力,能够正常完成学业。

(2)学生在新学年开学后通过学校向银行提出贷款申请,需要提供以下材料:①国家助学贷款申请书;②本人的学生证和居民身份证复印件(未成年人提供法定监护人的有效身份证明和书面同意申请贷款的证明);③本人对家庭经济困难情况的说明;④学生家庭所在地有关部门出具的经乡(镇)或街道政府民政部门确认的"高等学校学生及家庭情况调查表"。

(3)其中申请金额,本科生每人每年最高不超过 8 000 元,研究生每人每年最高不超过 12 000 元。

3. 勤工助学——用双手改善生活

为培养家庭经济困难的学生的自立、自信、自强精神,学校鼓励家庭经济困难的学生参加勤工助学活动,通过劳动获得经济报酬,培养学生的实践能力和社会适应能力,帮助学生顺利完成学业。学校建立勤工助学基地,设有各类勤工助学岗位1 000 余个,家庭经济困难的学生在学有余力的情况下,可以根据自身情况向学校提出勤工助学申请,参加勤工助学活动。同时,学校还通过家教中心免费为学生介绍家教业务,利用校内资源开辟勤工助学岗位,并积极利用哈尔滨市社会资源为学生谋求适合的、安全的校外勤工助学岗位。

4. 奖助学金——成功源自努力

为鼓励优秀学生刻苦钻研、立志成才,同时帮助家庭经济困难的学生克服经济上的困难,学校设立各类奖助学金 30 余项,奖金额度最高每人每年 20 000 元,覆盖面达到全校本科生的 30% 以上。

奖助学金体现党和政府对家庭经济困难的学生的关怀,是为了鼓励勤奋学习、努力进取,在德、智、体、美等方面全面发展的特别优秀的学生及家庭经济困难的学生而设立的,包括国家奖学金、国家励志奖学金和国家助学金。2007 年,国家出台新资助政策,加大国家奖助学金的资助力度。

除国家及校级奖助学金外,各学院还会有社会及校友设立的奖助学金,可以从学院的辅导员处获得相关信息。

5. 困难补助——关爱帮你渡过难关

学校设有困难补助基金,如果有学生遭遇突发事件,可以申请困难补助或者临时借款。同时考虑到哈尔滨冬季寒冷等特点,学校还为学生设立了冬服补助和路途补助等困难补助,定期发放给学生。在大灾大害面前,学校始终和学生在一起。对于家庭遭受地震、干旱等特殊灾害的学生,学校会启动帮扶措施,及时发放特殊困难补助,帮助学生顺利渡过难关。

6. 学费、国家助学贷款代偿——为理想插上翅膀

如果学生立志毕业后到基层就业,服务社会,那么国家将返还学费或者代替其偿还在校期间的助学贷款,为学生解除后顾之忧。

高校毕业生如果志愿到中西部地区和艰苦边远地区的基层单位就业,并且服务期在 3 年以上(含 3 年)的,其学费由国家代偿。如其在校学习期间获得国家助学贷款(含高校国家助学贷款和生源地信用助学贷款),那么代偿的学费优先用于偿还国家助学贷款本金及其全部偿还之前产生的利息。

二、关于学生经济资助项目的若干问题解答

(一)国家助学贷款

1. 学生申请贷款需要准备哪些材料?

①国家助学贷款申请书;②本人的学生证和居民身份证复印件(未成年人提供法定监护人的有效身份证明和书面同意申请贷款的证明);③经乡、镇或街道民政部门核实确认的"高等学校学生及家庭情况调查表"。

2. 学生每年的最高贷款额度是多少?

本科生每人每年最高不超过 8 000 元,研究生每人每年最高不超过 12 000 元。

3. 学校确定国家助学贷款额度的依据是什么?

具体的贷款金额由学院根据学生学费、住宿费等标准,以及学生的家庭经济困难程度确定。

4. 贷款利率是多少?

国家助学贷款利率按照中国人民银行公布的贷款基准利率和国家有关利率政策执行。如遇贷款基准利率调整,则按照中国人民银行的有关规定执行。

5. 在校期间是否有利息?

贷款学生在校学习期间的国家助学贷款利息全部由财政贴息,毕业后的利息由贷款学生本人全额支付。

6. 我校与哪家银行合作为学生办理国家助学贷款?

与我校合作的银行是中国银行哈尔滨开发区支行(以下简称经办银行)。

7. 什么时间办理贷款?

中国银行于每年9月对我校进行国家助学贷款的集中办理。需要办理助学贷款的同学应注意,应于开学前准备好所有相关材料,以免因为手续不全而错过办理机会。

8. 银行如何发放贷款?

中国银行国家助学贷款采取一次申请分学年发放的方式,即贷款学生在校期间只需做一次申请工作,第一次申请贷款时,除了申请当年的贷款额度外,还要同时申请之后几年的贷款额度,二者之和即为贷款总额。之后几年的贷款金额可以随时调整,但贷款总和必须不大于第一次申请时的贷款总额。只要第一次申请通过后,以后每学年学生再需贷款只要经学校审批签订借据即可,不需再次准备申请材料。经办银行将学生的贷款统一划入我校指定的账户,用于缴纳贷款学生的学费和住宿费。

9. 什么情况下,经办银行会停止发放贷款?

贷款学生有下列行为之一,贷款经办银行可停止发放贷款,并要求贷款学生偿还贷款本息:①贷款学生未按合同规定的用途使用贷款;②贷款学生有违法乱纪行为,受校方行政处分或有关部门刑事处罚的;③贷款学生中途转学、退学、被校方开除或取消学籍的;④贷款学生学习成绩差,无法完成学业的;⑤贷款学生出国留学或定居的。

10. 毕业生离校前为什么要进行贷款确认工作?

为了使贷款学生了解征信金融知识、明确贷款金额、还款时间、还款方式,并有能力履行还款协议、按时足额还款,在毕业前夕,学校会组织贷款毕业生进行贷款确认。

11. 什么是贷款展期？

毕业后当年继续攻读硕士学位的贷款学生，要在毕业前向学校提出展期申请，并提供继续攻读学位的相关证明。学校审核后，由经办银行为其办理展期手续。

12. 继续攻读学位的学生为什么要办理贷款展期？

根据国家助学贷款的有关政策规定，继续攻读硕士学位的贷款学生可以在读研期间继续获得国家财政贴息。学生必须在毕业前办理展期手续方能生效。当然，也可以选择提前一次性归还贷款或者按月偿还贷款。

13. 展期期间的利息如何计算？

继续攻读硕士学位的贷款学生原贷款展期期间的利息，由财政部继续按在校生标准进行贴息。

14. 国家助学贷款何时开始还款？

第一个区间：从学生毕业当年的 7 月 1 日起，开始自行支付贷款利息，并在以后的每月 1 日前将利息存入还款账户，支付两年。例如，贷款学生于 2022 年毕业，支付利息区间为 2022 年 8 月 1 日—2024 年 7 月 1 日。

第二个区间：从第三年的 8 月 1 日起开始偿还贷款本金，并继续偿还利息，贷款学生于每月 1 日前将利息和本金存入还款账户，支付 4 年。例如，贷款学生 2022 年毕业，支付本金和利息区间为 2024 年 8 月 1 日至 2028 年 7 月 1 日。

15. 国家助学贷款月还款额为多少？

在第一区间，以贷款金额 1 000 元为例，每月还款金额约为 6 元。

在第二区间，以贷款金额 1 000 元为例，每月还款金额（利息＋本金）约为 24 元。

16. 学生毕业后每月如何进行还款？

学生在毕业离校前需开立本人名下的中国银行卡作为还款账户（开卡时配发对账簿），每月 1 日前应将当月还款金额存入该还款账户或对账簿。

17. 毕业前是否可以一次性归还贷款？

可以，学生毕业前还款需到经办银行办理。

18. 毕业后按照还款协议归还贷款，期间若想一次性归还剩余贷款，该怎样做？

按照还款协议，还款期间，学生若想一次性归还剩余贷款，需要本人或委托他人到经办银行办理，或者通过网上银行归还贷款。

19. 办理中国银行国家助学贷款网上银行业务会给学生带来哪些方便？

办理网上银行业务，学生每月可在网上查询还款金额，而且在毕业当年的 7 月 1 日后可以在网上银行一次性结清贷款。

20. 银行卡丢失或者消磁怎么办？

如果还款银行卡丢失或存折消磁，将不能正常还款，学生需速与经办银行取得联系。

21. 如何避免违约？　违约会带来怎样的后果？

银行于每月 1 日扣款，学生最好提前几天将应还金额存入还款账户。违约将会带来如下后果：①一旦产生欠款，逾期信息将被记录到中国人民银行个人信用信息基础数据库；②经办银行会对其违约金额计收罚息，按天收取，利率是贷款利率的150%；③经办银行对恶意拖欠贷款的违约借款人采取限制措施，不予提供住房贷款、汽车贷款等金融服务；④对于连续拖欠还款行为严重的贷款人，有关行政管理部门和银行将通过新闻媒体和网络等渠道公布其姓名、身份证号码、毕业学校及具体违约行为等，严重违约的贷款人还将承担相关法律责任。

22. 什么是绿色通道？

为切实保证家庭经济困难的学生能够顺利入学，教育部、国家发展和改革委员会、财政部规定各全日制普通高等学校都必须建立绿色通道制度，即对被录取入学、家庭经济困难的新生，学校一律先办理入学手续，然后再根据核实后的情况，分别采取不同办法予以资助。办理绿色通道手续的新生将在入学后办理国家助学贷款。

（二）学费和国家助学贷款代偿

1. 什么是学费和国家助学贷款代偿？

学费和国家助学贷款代偿的全称为"高等学校毕业生学费和国家助学贷款代偿"，是根据教育部、财政部关于印发《高等学校毕业生学费和国家助学贷款代偿暂行办法》的通知精神，为引导和鼓励高校毕业生面向中西部地区和艰苦边远地区的基层单位就业而出台的资助政策。

2. 学费和国家助学贷款代偿的具体内容是什么？

学费和国家助学贷款代偿是指自 2009 年起，高校毕业生到中西部地区和艰苦边远地区的基层单位就业、服务期在 3 年以上（含 3 年）的，其学费由国家实行代偿。在校学习期间获得国家助学贷款（含高校国家助学贷款和生源地信用助学贷款）的，代偿的学费优先用于偿还国家助学贷款本金及其全部偿还之前产生的利息。

3. 高校毕业学生指什么？

高校毕业学生是指中央部门所属普通高等学校中的全日制本专科生(含高职)、研究生、第二学士学位应届毕业生。定向、委培及在校学习期间已享受免除学费政策的学生除外。

4. 中西部地区及艰苦边远地区指哪里？

中部地区是指河北、山西、吉林、黑龙江、安徽、江西、河南、湖北、湖南、海南 10 个省。

西部地区是指西藏、内蒙古、广西、重庆、四川、贵州、云南、陕西、甘肃、青海、宁夏、新疆 12 个省(自治区、直辖市)。

艰苦边远地区是指除上述地区外,国务院认定的艰苦边远地区。

5. 基层单位指什么？

基层单位包含以下两类。

第一类是中西部地区和艰苦边远地区县以下机关、企事业单位,主要指乡(镇)政府机关、农村中小学、国有农(牧、林)场、农业技术推广站、畜牧兽医站、乡镇卫生院、计划生育服务站、乡镇文化站、乡镇企业等,县城中学、县城医院等可以纳入代偿申请范围,此外,县级政府派出的街道(社区)可以纳入代偿申请范围,但不包括市辖区所辖的街道、社区,需要明确的是,就业单位或工作现场在市辖区街道(含社区/村)的,除特殊情况外,一般不满足代偿申请要求。特殊情况指工作的街道(社区)为新拆分或合并成立,以及现场在勘探(采油)大队生产一线等情形。特殊情况应提供详细的说明材料以酌情考虑。

第二类是工作现场地处中西部地区和艰苦边远地区县以下的中央单位艰苦行业生产第一线,主要指气象、地震、地质、水电施工、煤炭、石油、航海、核工业等艰苦行业生产第一线。考虑到上述行业分布广、地区跨度大及流动作业性强等特点,工作现场可以适度放宽到中西部地区和艰苦边远地区县政府所在地。

对于化工、电力、航天、邮政、交通、机械制造、冶炼加工、土建施工、高新科技等艰苦行业生产第一线,代偿申请人应出具工作现场地处中西部地区乡镇以下的相关就业证明,即上述行业工作现场不包含县政府所在地。

通信、金融、烟酒等行业不属于代偿申请范围。工作单位在县政府所属局委办等机关单位、市辖区及所辖街道(社区)的,暂不纳入代偿申请范围。

6. **什么样的学生可以申请学费和国家助学贷款代偿?**

凡符合以下全部条件的高校毕业生,可申请学费和国家助学贷款代偿:①拥护中国共产党的领导,热爱祖国,遵守宪法和法律;②在校期间遵守学校各项规章制度,诚实守信,道德品质良好,学习成绩合格;③毕业时自愿到中西部地区或艰苦边远地区基层单位工作、服务期在 3 年以上(含 3 年)。

7. **学费和国家助学贷款代偿金额是多少?**

每个高校毕业生每学年代偿学费和国家助学贷款的金额最高不超过 6 000 元。毕业生在校学习期间每年实际缴纳的学费或获得的国家助学贷款低于 6 000 元的,按照实际缴纳的学费或获得的国家助学贷款金额实行代偿。毕业生在校学习期间每年实际缴纳的学费高于 6 000 元的,按照每年 6 000 元的金额实行代偿。

本科、专科(高职)、研究生和第二学士学位毕业生代偿学费和国家助学贷款的年限,分别按照国家规定的相应学制计算。

8. **学费和国家助学贷款代偿款如何发放?**

国家对到中西部地区和艰苦边远地区基层单位就业的获得学费和国家助学贷款代偿资格的高校毕业生采取分年度代偿的办法,学生毕业后每年代偿学费或国家助学贷款总额的 1/3,3 年代偿完毕。

学校在收到国家拨付代偿款之后,将代偿款电汇到学生的银行卡中。

9. **学费和国家助学贷款代偿如何申请?**

每年 5—6 月,学校将根据全国学生资助管理中心的通知要求,下发当年的代偿通知,代偿分为一次代偿和二次代偿。

一次代偿时间为当年 6 月,学生需准备代偿申请表两份、三方协议复印件两份,特殊情况学生需准备在职在岗证明原件一份;并将材料上报学院,由学校统一汇总、审核后上报全国学生资助管理中心,一般当年 10 月反馈结果。

二次代偿时间为当年 7—11 月,学生在确定工作岗位后可向学校提出二次代偿申请,需准备代偿申请表两份、三方协议复印件两份、在职在岗证明原件一份,并将申请材料邮寄至学校。

10. **如果工作有所变动应怎样处理?**

除因正常调动、提拔、工作需要换岗而离开中西部地区或艰苦边远地区基层单位外,对于服务未满 3 年,提前离开中西部地区或艰苦边远地区基层单位的高校毕业生,就业单位人事部门应要求其及时向办理代偿的原高校申请取消学费和国家助学贷款代偿资格。

　　对于被取消学费和国家助学贷款代偿资格的毕业生,高校应及时将有关情况报送全国学生资助管理中心。全国学生资助管理中心从当年开始停止对其学费的代偿。

（三）困难补助

1. 什么是困难补助?

　　困难补助是由学校拨付,主要用于解决家庭经济困难学生的生活困难或针对学生因重大疾病或突发事件而造成的临时困难而发放的资助款项。

2. 困难补助如何申请?

　　当学生遇到重大生活困难,或者因为特殊的疾病而影响到了学习生活,可以将困难情况告诉辅导员老师或向学院、学校反映,以获得学校的关注与帮扶。

3. 困难补助有哪几种?

　　困难补助分为生活补助、假期路途补助和特殊临时困难补助。

　　生活补助主要用于家庭经济困难学生的日常生活资助,由学院根据家庭经济困难学生的实际困难情况,按月或按季度发放至学生的补助卡中。

　　假期路途补助主要用于家庭经济困难学生在寒暑假期间的返乡路费补助,学校根据家庭经济困难学生的实际需求发放。

　　特殊临时困难补助是针对家庭经济困难学生因家庭经济问题或一般学生因突发事件而使生活出现临时重大困难并影响到正常的学习生活,学校根据学生的实际需求而发放的有针对性的困难补助。

4. 困难补助如何发放?

　　困难补助发放通常有现金发放和汇入补助卡两种方式,一般来说,学生的困难补助会被汇入学生的补助卡中。

（四）勤工助学

1. 勤工助学是什么意思?

　　勤工助学是指学生在学校的组织下,利用课余时间,通过劳动取得合法报酬,用于改善学习和生活条件的社会实践活动。

2. 什么是校内勤工助学岗位?

　　校内勤工助学岗位是指各学院、机关职能部门及后勤集团公寓管理中心、饮食中心等单位,根据自身情况及工作需要,申请设立的为我校在读全日制本科、硕士研究生中家庭经济困难学生提供有偿劳动的勤工助学岗位。

3. 什么是校外勤工助学岗位？

校外勤工助学岗位是指通过学校相关部门、学生社团组织或由学生个人联系的，在校园之外从事勤工助学活动的岗位，例如家庭教师、礼仪服务、软件设计、外文翻译、钟点工等。

4. 从事勤工助学工作的学生需要具备哪些条件？

校内勤工助学岗位主要以解决家庭经济困难学生的经济困难为目的，同时为希望锻炼自身能力的学生提供社会实践平台。因此，只要是希望参与勤工助学工作的学生都可以参加校内的勤工助学活动，但同等条件下，家庭经济困难学生优先。

5. 大一新生如何申请校内勤工助学岗位？

每学年初，学校各用工单位应对本单位勤工助学岗位进行公开招聘，大一新生可以根据各单位的招聘信息进行应聘上岗。

对于二校区校内勤工助学岗位，大一同学可以参加公寓中心各公寓的助管工作、图书馆的助学岗位工作，以及饮食中心的"品味成长"社会实践勤工助学岗位活动等。

6. 校内勤工助学岗工作如何计酬？　工资如何发放？

校内勤工助学岗位的工资分为按月计酬和按小时计酬，按月计酬为 200～300元/月，按小时计酬不低于 8 元/小时。工资按月结算，每月各单位根据学生实际工作情况按时上报工资，每月月底或下个月月初将工资汇入学生的补助卡中。

7. 在参与校内勤工助学工作中，如果工资未能按时收到应如何处理？

参与校内勤工助学工作的学生如果没有按时收到工资，应及时联系岗位负责老师，询问是否按时上报工资，如设岗单位已按时上报，可联系学生工作处助学办公室，并根据具体情况在老师的指导下及时处理。

8. 从事校内勤工助学工作需要注意什么？

学生在从事校内勤工助学工作时，要在不影响学业的前提下，遵守学校的相关规定，完成规定的岗位工作和岗位职责，同时在工作时要注意劳动安全。

9. 从事校外勤工助学工作需要注意什么？

学生在从事校外勤工助学工作时，应注意核实雇佣方的资质，不从事非法活动，注意个人人身财物安全，保护个人权利不受侵害，同时注意个人形象。

第三节 关注安全

安全是一个经久不衰的话题。无论是在我们的学习中,还是在生活中,都经常被提起。"注意安全"是出门在外时亲人叮咛的话语,是老师对学生的谆谆教诲。安全,犹如一艘扬帆的船,承载着人生航行的旅程,它是一粒平安的种子,孕育着幸福的生命。然而,人身财产、经济、食品、交通等安全事故仍不断上演,影响我们的学习和生活,甚至威胁我们的生命。有人说:"安全不是全部,但失去了安全,就是失去了全部。"因此,我们要牢固树立"安全为天"的思想,努力学习安全知识,增强法制观念,提高安全意识,掌握防范技能,从身边做起,从小事做起,让安全成为我们生命与快乐的保障。

首先,要关注国家安全与社会稳定。作为当代大学生,我们必须提高自身素质,把促进国家安全和社会稳定的思想贯穿到学习、生活及活动中去,将维护国家安全和社会稳定列为首要任务,成为国家安全和社会稳定的自觉维护者。

其次,要注意保守国家秘密。保密是公民的义务,也是我们大学生的社会责任。每个大学生都应该自觉遵守保密法规,自觉履行保密义务,坚决同泄密和窃密行为做斗争。

第三,要坚决抵制邪教。邪教普遍以宗教或其他名义为掩饰,从事反人类、反科学、反社会、反政府的勾当,是地地道道危害社会的非法组织。美国的"人民圣殿教"及"大卫教"、日本的"奥姆真理教"和我国的"法轮功"等邪教组织都是如此。

在关注国家安全的基础上,大学生更要注意日常学习和生活中的安全。

一、治安安全

(一)防盗窃

1. 高校盗窃案件的作案方式

(1)顺手牵羊:是指不法分子趁主人不备将放在桌上、床上、走廊、阳台等处的钱物信手拈来并占为己有。

(2)乘虚而入:是指不法分子趁主人不在、房门和抽屉未锁之机,入室行窃。

(3)窗外"钓鱼":是指不法分子用竹竿等工具,在窗外将别人的钱物"钓"走。

（4）翻窗入室：是指不法分子翻越没有牢固防范设施的窗户等入室行窃。

（5）撬门扭锁：是指不法分子使用各种工具撬开门锁而入室行窃。

（6）偷配钥匙：是指不法分子偷配主人的钥匙，趁主人不在宿舍时打开门锁，从而盗走现金和贵重物品等。

2. 防盗的基本方法

离开宿舍时一定要养成随手关灯、关门、关窗的习惯，以防不法分子乘虚而入。

在公共场所（教室、图书馆、运动场、食堂等），物品要随身携带或不离开视线，以防不法分子顺手牵羊。

不要留宿外来人员。大学生应该文明礼貌、热情好客，但不能只讲义气、讲感情而不讲原则、不讲纪律。如果违反学校学生宿舍管理规定，随便留宿外来人员，就有可能引狼入室。

发现形迹可疑的人应提高警惕、多加注意。发现可疑人员，应主动上前询问，如果来人无正当理由又不能说清楚，可通知管理员或学校保卫部门尽快派人进行调查。

注意保管好自己的钥匙，不能随便借给他人或乱丢乱放，如钥匙丢失，应及时更换新锁。

（二）防诈骗

1. 校内诈骗的主要手段

（1）假冒身份，流窜作案。诈骗分子往往利用假名片、假身份证与人进行交往，有的还利用捡到的身份证等在银行设立账号提取骗款。骗子为了既能骗得财物又不露出马脚，通常采用"打游击"的方式流窜作案。

（2）以次充好，恶意行骗。一些骗子利用学生经验少又希望物美价廉的特点，上门推销各种产品而使学生上当受骗。更有一些到办公室、学生宿舍推销产品的人，一旦发现室内无人，就会顺手牵羊。

（3）招聘为名，设置骗局。为了减轻家庭负担，勤工俭学已成为大学生谋生求学的重要手段。诈骗分子住往利用这一机会，以招聘的名义对学生设置骗局，骗取介绍费、押金、报名费等。

（4）骗取信任，寻机作案。诈骗分子常利用一切机会与大学生拉关系、套近乎，或表现出相见恨晚而故作热情，或表现得十分友善以朋友相称，骗取信任后寻机作案。

（5）电子商务,网络诈骗。诈骗分子利用网络,以超低价格吸引大学生上当,甚至进行情感诈骗。

（6）借贷为名,骗钱为实。有的骗子利用人们贪图便宜的心理,以高利集资为诱饵,使部分教师和学生上当受骗。个别学生常以"急于用钱"为借口向其他同学借钱,而后却挥霍一空,债主追得紧了就再向其他同学借款还钱,拖到毕业一走了之。

（7）投其所好,引诱上钩。一些诈骗分子往往利用被害人急于就业和出国等心理,投其所好,施展诡计而骗取财物。某高校应届毕业生丁某为找工作,经过人托人、再托人,结识了自称与某公司经理有深交的何某,何某称"只要交800元介绍费,找工作没问题",谁知何某拿到介绍费以后便无影无踪了。

2. 高校诈骗案件的预防措施

（1）提高防范意识,学会自我保护。在日常生活中,要做到不贪图便宜、不谋取私利;在提倡助人为乐、奉献爱心的同时,要提高警惕,不能轻信花言巧语;不要把自己的家庭地址等信息随便告诉陌生人,以免上当受骗;发现可疑人员要及时报告,上当受骗后更要及时报案、大胆揭发,使犯罪分子受到应有的法律制裁。

（2）交友要谨慎。应严格做到"四戒",即戒交低级下流之辈、戒交挥金如土之流、戒交吃喝嫖赌之徒、戒交游手好闲之人。与人交往要区别对待,保持应有的理智,态度要热情,处置要小心。

二、交通安全

交通安全是指学生在校园内和校园外的道路行走、乘坐交通工具时的人身安全。只要是有行人、车辆、道路这三个要素存在的地方,就有交通安全问题。

（一）交通事故的预防

1. 提高交通安全意识

大学生应加强交通安全法规的学习,掌握基本的交通安全常识,不断提高交通安全意识,避免交通事故。

2. 自觉遵守交通法规

我们在道路上行走时,应走人行道,无人行道时靠右侧行走;乘坐交通工具时,要等车停稳后,依次上车,不挤不抢,车辆行驶中不得把身体伸出窗外;乘坐长途客车时,要选择有正规资质的运营车辆,不要乘坐"黑巴""摩的"等;乘坐火车、轮船、飞机时,必须遵守车站、码头和机场的各项安全管理规定。

（二）发生交通事故的处理

1. 及时报案

无论在校外还是在校内,一旦发生交通事故,应及时报案,以利于事故的公正处理,千万不能与肇事者"私了"。若在校外发生交通事故,除及时报案外,还应该及时与学校取得联系,争取学校的帮助。

2. 保护现场

事故现场的勘查结论是划分事故责任的依据之一,若现场没有保护好会给交通事故的处理带来困难,造成"有理说不清"的情况。因此,发生交通事故后一定要保护好事故现场。

3. 控制肇事者

若肇事者想逃脱一定要设法控制,自己不能控制可以发动周围的人帮忙控制,若实在无法控制也要记住肇事车辆的车牌号等特征。

三、消防安全

（一）高校宿舍发生火灾的主要原因

（1）明火引燃。这类情况一般由在床上点蜡烛、吸烟者乱扔未熄灭的烟头、焚烧杂物等引起。

（2）乱拉乱接电线,如因电线短路或因接触不良发热而引起火灾。

（3）使用电器不当。如电灯泡靠近可燃物长时间烘烤起火;使用电热器无人监督而烤燃起火;长时间使用电器不检修,电线绝缘体老化,漏电短路而引起火灾。

（4）在宿舍使用大功率电器、劣质电器等。高校宿舍内的线路是按日常照明、电视、电脑、小电器充电等使用的标准而设计的,如使用电炉、电饭煲、电热杯、热得快等大功率电器或劣质电器,会使电线过载发热或劣质电器爆炸而引起火灾。

（二）火灾的预防

（1）应自觉遵守宿舍安全管理规定,不在宿舍内吸烟。

（2）不乱拉乱接电线。

（3）不使用电炉、热得快、电热杯、电饭煲等学校禁止使用的电器。

（4）不在宿舍使用明火。

（5）不将易燃易爆物品带进宿舍。

（6）使用台灯不要靠近枕头、被褥和蚊帐等。

（7）不在宿舍内焚烧物品。

（8）发现安全隐患及时向管理人员或有关部门报告。

（9）爱护消防设施和灭火器材，不随意移动或挪作他用。

（10）室内无人时，应关掉电器和电源开关。

（三）发生火灾的处理

任何一起火灾，都有一个从小到大的发展过程，通常分为三个阶段，即初起阶段、发展阶段和猛烈阶段。

1. 初起阶段

火灾的初起阶段，火源面积较小，燃烧强度较弱，易于扑救，只要发现及时并立即用灭火器材灭火，均能将火扑灭。

（1）大学生发现的火灾一般均在初起阶段，因此当发现起火时不要惊慌失措，要勇敢地以最快速、最有效的办法灭火。各种灭火器有不同的特点和使用方法。大学生应学会使用手提式灭火器灭火。

（2）扑救火灾时，应注意先切断火场的电源和气源；同时要注意先转移火场及其附近的易燃易爆危险品，实在无法转移的应当设法降温冷却。

2. 发展阶段

在火灾的发展阶段，火势较猛，在这种情况下，应立即拨打"119"火警电话报警。

（1）打电话时要沉着冷静，就近用寝室的外线电话直接拨打"119"火警电话报警。

（2）讲清起火地点（单位、门牌号）、燃烧的物质、火势情况等。

（3）要注意对方的提问，并把自己所用的电话号码告诉对方，以便联系。

（4）挂断电话后，应立即派人在校门口和必经的交叉路口等候，引导消防车迅速到达火场。除了及时拨打"119"火警外，还立即应向学校保卫部门报告。

3. 猛烈阶段

如果被大火围困，最重要的是要保持头脑清醒，千万不能慌乱，应根据火势情况选择最佳的自救方案，争取时间尽快逃离危险区域。

（1）尽快逃离现场。火灾发生后,不要为穿衣、拿财物等琐碎小事而延误宝贵的逃生时间,要选择与火源相反的通道迅速逃脱险境。现场有浓烟时,应尽量放低身体或是爬行,千万不要直立行走,以免呛烟窒息。衣服被烧着时不要惊慌,应立即在地上翻滚以便使明火熄灭。

（2）选择逃生通道。如果楼梯已起火但火势并不是很猛烈,可披上用水浸湿的衣裤或被单由楼上快速冲下。如果楼梯火势猛烈而不能强行通过,可以利用绳子或把床单撕成布条连接成绳子,将一端拴在牢固的门窗或其他重物上,再顺着绳子从窗口滑下。如果火灾威胁严重、有生命危险时,若楼只有二三层高,可以考虑从窗户跳下,跳前先向下抛一些软质物品,然后用手抓住窗子往下滑以尽量缩短高度,应让脚先落地以保证生命安全。逃离时千万不要乘电梯,以防电路断开后被困在电梯中。

（3）争取时间,等待救援。如果各种逃生之路均被切断,则应退回室内,采取防烟、堵火措施,关闭门窗,并向门窗上浇水,以延缓火势蔓延,要用多层湿毛巾捂住口鼻,做好个人防护。同时可向室外扔些小东西,夜晚可向外打手电,发出求救的信号。有手机或室内有电话的,应及时与外界联络求救。

四、学习中的安全及其防范

（一）实践安全

1. 实验室安全防范

实验课是检验学生所学知识的一种重要形式,也是培养学生实际操作能力最基本的教学手段。然而由于实验室存在着一定的危险性,因此安全问题更加不容忽视。

（1）初次进行实验前,必须详细了解实验室安全管理规章制度及本次实验的注意事项,在得到教师允许的情况下,才能进入实验室开始实验。

（2）做实验时思想要集中,严格遵守安全制度与有关操作规定,按照实验步骤认真操作,未经允许不要随意改动实验操作的前后次序,尤其要注意用电安全、危险化学药品安全、易燃易爆物品安全。

（3）如果仪器设备发生故障,应立即停止使用,并及时报告指导教师,切勿私自拆卸。

（4）一旦发生安全事故,不要惊慌,积极配合指导教师进行事故处置。

（5）实验结束后,关闭门、窗及水、电、气等阀门,经指导教师检查认可后再离开实验室。

2. 实习安全预防

在大学期间,大学生常常要参加一些实习劳动,以增强自己的实际动手能力和实践经验,但在实习过程中出现的一些意外伤害事故,往往会给大学生造成巨大的人身伤害。因此在劳动实习时,大学生要始终把安全放在第一位。

大学生要认真,学习该劳动实习项目的安全知识,不得违反各项安全规章制度,严格按照操作规程操作。要服从该单位的领导,虚心向技术人员、工人师傅学习,同学之间要互相帮助。工厂不同于学校,有很多危险区域,如高压区、变压器、各种运行的机器等,所以要尽快熟悉环境,避开不安全地段,以免受到伤害。野外劳动时要防雷电,高温下劳动时要预防中暑。

（二）勤工助学安全

很多大学生在校期间都要参加一些勤工助学活动,如家教、促销、服务、自主创业等,一方面可以赚取一些酬劳,增强独立意识;另一方面还可以为将来步入社会积累一些工作经验。但由于大学生社会阅历及自身安全防范意识不足,容易受到不法分子的侵害。大学生勤工助学及兼职中常见的骗局有以下几种。

（1）骗取中介费。社会上存在一些不规范的中介机构向学生收取中介费。一旦学生交费,"工作"便遥遥无期,或者找几个做"托"的单位骗学生前去联系,结果使学生打工热情锐减,并对社会实践感到一片茫然。

（2）收取押金。一些用人单位在招聘时,往往收取不同金额的抵押金或收取身份证、学生证作为抵押物。

（3）索取保证金。用人单位常在招工广告上称有文秘、打印、公关等比较轻松的岗位或以优厚的报酬等作为诱饵吸引大学生,求职者只需交一定的保证金或者其他一些费用,如服装费、建档费等即可上班。但往往学生交钱后,招聘单位又推托目前职位已满,要学生等待消息,接下来便杳无音信。

（4）骗取培训费。一些单位要求应聘学生在"上岗"前先进行培训,同时要求学生自己支付培训费。但往往是培训进行后则以尚无工作等借口推脱学生。更有的大学生兼职岗位在收取培训费后,连所谓的"培训班"都尚未开班就已经消失得无影无踪。

（5）拖欠费用。一些不法之徒到处发布招聘信息,利用学生涉世未深的弱点,先以高薪诱惑,学生做完工作以后,却迟迟领不到报酬。

（6）骗色。有的娱乐场所以高薪吸引大学生兼职。工种有代客泊车、服务员、伴游等，有的甚至是不正当交易，年轻学生到这些场所打工，很容易误入歧途。

（7）传销。社会上有许多人以销售人员的名义诱骗大学生去工作，然后公司让学生交纳一定的提货款，再让学生如法炮制去哄骗他人，有的同学在高回扣的诱惑下，甚至去欺骗自己的同学、朋友。

针对以上骗局，大学生要加强安全防范意识，学习相关防范知识，了解公司背景、资质，避免上当受骗；同时要明白，学习是自己的本职，应在保证学习的条件下，从事适当的勤工助学活动，不做伤害他人的事，更不能从事非法活动。

第四节　学会生活

大学生迈入大学校门后，最大的变化就是生活环境的改变，没有了父母、长辈每日的悉心照料，许多事情需要独自处理，真正的独立生活开始了。学会生活、提高独立生活的能力是每一位大学生必须面对的问题。

一、如何学会生活

面对生活环境的变化，大学生应在以下几个方面加强生活素质的修养，学会生活，做生活的主人。

（一）做生活自理的人

大学生要克服生活的依赖性，培养生活自理能力，要从大处着眼，小处着手，从头做起，从洗衣、扫地、叠被、上街购物、搞好个人卫生等点点滴滴的日常生活小事做起，磨炼自己克服困难的意志，学会自我服务，养成不依赖别人的习惯。要学会自理、自立，就要学会劳动。劳动可以培养吃苦耐劳的精神，是自立的重要手段，一个不爱劳动、不愿劳动、不会劳动的人，是谈不上自立自强的。

我们曾经参观过一些大学生的寝室，气味难闻，举目望去，黑黑的床单和被套，满地狼藉，满桌杂物。长期在这样的环境里生活，必然会影响身体健康。不少学生整月不换内衣……这都会引发疾病。我们也很难相信，"一屋不扫"的同学，会成为"扫天下"的栋梁之材。

大学生必须掌握如下 10 种基本生活技能：①整理寝室，保持房间整洁；②缝纽扣；③系领带；④擦皮鞋，洗旅游鞋；⑤打开水；⑥叠衣被；⑦洗衣服；⑧便后立即冲厕；⑨保持教室卫生，不向教室内、课桌内乱扔废纸、废物；⑩到银行存取款，挂失。

（二）做生活俭朴的人

大学生生活能力的一个重要方面体现在对钱的管理上。大学生没有太多的"理财"经验，进入大学以后，远离家乡，远离父母的照顾，要自己独立计划如何进行消费，计划不当或没有计划的学生，常常在学期之初"过度消费""超前消费"，这样就容易出现财政危机，容易发生"月初大鱼大肉，月末咸菜馒头"的尴尬局面。这就要求大学生学会管理自己的经济开支，培养"理财"能力。

（1）要量入为出，计划开支。大学生每个月在消费之前要对自己的"收入"和日后的消费做到心中有数，并制订一个切实可行的开支计划，可买可不买的东西，暂且不买，一般不要计划外开支，逐步养成"先算后花"的消费习惯。

（2）要坚持实用性原则。大学生购买东西时，要坚持实用性原则，符合学生的身份。大学生的主要任务是学习，其消费一定要围绕学习这个主导方面做出安排，讲究实用，不宜追赶新潮。选择消费品时，要优先考虑使用频率最高的用品。

（3）要克服虚荣心和攀比思想。有人称某些大学生是"躺在汇款单上的高消费者"。许多大学生都是来自收入不高的农民家庭和工人家庭，同学之间的攀比和虚荣心，使一些大学生也进入高消费的行列，拼命向并不富裕的父母伸手要钱。当然，如果家庭经济条件允许，吃好一些，穿好一点，也是可以的，但是也要有限度，要树立勤俭节约光荣、铺张浪费可耻的观念。

（三）做生活习惯良好的人

生活习惯代表着个人的生活方式，它不仅影响个人的身心健康，而且对个人的未来发展也有着重要影响。大学生正处于长身体、长知识的阶段，身心健康是确保顺利、成功度过大学阶段的重要基础。每位大学生都应切实重视这个问题，防止不良生活习惯的形成，培养良好的生活习惯。

（1）要合理安排作息时间，按时起床，按时就寝。规律性的生活是身体健康的保证。大学生自己可以安排和利用的时间较多，生活内容较为丰富多彩。如果不能妥善计划，生活杂乱无章，就会发生精疲力尽、成绩下降等现象。

（2）要培养良好的饮食习惯。大学生中胃病患者较多,原因主要有两个:其一是饮食不规律,很多学生早晨起床较晚,来不及吃早饭便去上课,有的索性就取消了早餐,有的则在课间饿了时随便吃些零食;其二是暴饮暴食,大学生主要在食堂就餐,就餐时间比较固定,常有学生由于学习或其他原因错过了开饭时间,于是就吃点方便面等食品对付,等到下一顿时再吃双份儿。有少数学生还有饮酒、吸烟的习惯,不仅影响身体健康,而且也增加了开支。

（3）要坚持锻炼身体。因为读书而使身体垮掉的大有人在。近年来,大学生因病休学、退学的人数较多。尽管学校经常开展各种体育活动,以帮助学生增强体质,然而,现实中,真正重视、有明确计划和目的进行体育锻炼的大学生并不多。

（4）要保持乐观而平静的心境,积极向上。大学生在生活中难免有各种各样的挫折、坎坷与困境。面对这些要有乐观的态度。遇到逆境,不要失去信心,要学会自我调整,学会寻求帮助,学会向别人倾诉。倾诉不仅能宣泄、化解心中的郁闷,还会得到别人的帮助,有利于大学生迅速走出不良心境。

（四）做课余生活丰富的人

大学生的闲暇时间就是除学习和生活之外的时间。大学生的闲暇时间相对较多,应充分结合自己的学业、特点特长、兴趣爱好等,科学、主动地选择自己闲暇生活的方式,尽可能地让自己的闲暇生活丰富多彩,有益于身心、有益于学习、有益于成才。

对于闲暇时间,应坚持正确的选择原则。一是娱乐性原则。大学生活不是一条直线,而是有起有伏、一张一弛的曲线。青年大学生血气方刚、充满活力、感情丰富,担负着繁重的学习任务,通过健康有益的闲暇活动打破单一的生活方式,确有必要,但必须注意适度,忌"玩心太重",贻误正事。二是知识性原则。大学生闲暇活动中,可获取知识的地方很多,如课外阅读、文艺欣赏、沙龙辩论、师生交流等,要善于从闲暇活动中获取知识,加强学习,用广博的知识来丰富自己的内心世界,朝着成才目标前进。三是思想性原则。在大学生闲暇活动中,难免会鱼目混珠,泥沙俱下,夹杂一些不健康的、消极的形式和内容,应多选择那些思想性强、健康积极的闲暇活动,抵制消极的闲暇活动。

总之,闲暇生活,一忌过度,二忌无聊,三忌低级趣味。

二、如何塑造大学生的自我形象

个人形象在人们的生活中十分重要。尤其是大学生,更应该注重良好个人形象的塑造。要塑造好的个人形象,首先要学好礼仪。学习礼仪教育,能让大学生言谈、举止得体。仪表和服饰能反映出一个人的思想修养、文明程度和精神面貌。每个人的文明程度不仅关系到自己的形象,同时也反映出整个学校的精神面貌乃至整个社会的精神文明。

要塑造全新的个人形象,大学生应掌握如下事项和礼貌规则。

1. 要注意仪表美

人的仪表,包括相貌、穿着、仪态、风度等,都是影响人际交往的因素。人们总是倾向于认为,仪表有魅力的人更活泼愉快,更友善合群。衣着整洁、大方,仪表举止自然会给人一种亲近感,反之,过分修饰、油头粉面、浓妆艳抹,则会给人一种不合时宜的印象。

2. 要注意交往中的礼仪

要做到彬彬有礼、落落大方,遵守一般的待人接物的礼节,尽量避免各种不礼貌、不文明的习惯。

(1)到老师的办公室或朋友家中,进门之前先按门铃或轻轻敲门,然后站在门口等候。按门铃和敲门的时间不要过长,无人或未经主人允许,不要擅自进入室内。

(2)当看见老师时,应该点头微笑致礼,同时要主动向在场人都表示问候或点头示意。

(3)在朋友家中,未经邀请,不能随意参观,即使较为熟悉的,也不要任意抚摸、玩弄桌上的物品,不要触动室内的书籍、花草及其他陈列物品。

(4)在别人(主人)坐定之前,不宜先坐下。坐姿要端正,身体稍微向前倾,不要跷二郎腿。

(5)要用积极的态度和温和的语气与人谈话。谈话时,要认真听;回答时,以"是"为先;眼睛看着对方,不断注意对方的神情。

(6)站立时,上身要稳定,双手放于两侧,不要背在背后,也不要双手抱在胸前,身子也不要侧歪在一边。当主人起身或离席时,应同时起立示意;当与他人初次见面或告辞时,要不卑不亢、不慌不忙、举止得体、有礼有节。

(7)要养成良好的习惯,克服各种不雅举止。不要当着别人的面擤鼻涕、掏耳朵、剔牙齿、修指甲、打哈欠、咳嗽。

三、健康上网，杜绝"网络成瘾"

（一）网络的负面影响

人类有史以来没有任何一项技术的普及能与互联网相媲美，它的影响遍布全球的每一个角落，并在不知不觉中改变着我们的学习、工作和生活方式。然而，自然辩证法告诉我们，任何事物的发展都有其两面性。从科技发展的角度来说，它无疑是进步的，然而科技的发展往往是一把双刃剑，互联网对社会，尤其是青少年的负面影响也日益凸显。一些青少年长期沉溺于网络世界，不能自拔，近几年，由于互联网的影响而引起的道德失衡、行为越轨甚至犯罪的报道屡见不鲜。互联网也使高校在校大学生的课余生活方式发生了改变，以往以文体活动为主的课余时间被网络聊天和网络游戏所蚕食，使校园体育文化面临前所未有的挑战。

网络的负面影响主要有以下4个方面。

一是沉迷于网络导致学生学习目标丧失、学习兴趣下降，上课注意力不集中，甚至厌学，迟到、早退、逃课现象频繁，考试不及格、挂科经常出现，甚至因此拿不到毕业证。

二是长时间坐于电脑前，久坐不动，导致免疫功能降低，诱发各种疾病，如心血管疾病、胃肠道疾病、头痛、焦虑、抑郁等。

三是由于网络的匿名和开放性，人与人的交往没有责任和义务，再加上大学生的自我约束能力差，易产生传播病毒、传播有害社会的信息，甚至出现诈骗、窃密、犯罪等问题。

四是有些人善于在虚拟世界进行人际交往，而在现实社会交往中却表现冷漠，进而产生孤独、苦闷、焦虑、情绪低落等心理问题。

（二）如何戒掉网络游戏

网络游戏作为网络的衍生物，备受大学生的欢迎。时下，网络游戏已成为当今大学校园的一种流行文化符号。近年来，沉迷于网络游戏的大学生人数也呈不断增长的趋势。如何看待这一现象？大学生应该怎样正确处理与网络游戏的关系？如何帮助沉迷于网络游戏的学生走出困境？这都是迫切需要解决的问题。

从心理学角度来看，沉迷于网络游戏是一种上瘾行为。大学生沉迷于网络游戏的主要诱因是大多数网络游戏都设置了经验值增长和虚拟物品奖励的功能,而获得上述奖励,主要靠长时间在线累计,所以导致部分大学生沉迷其中。一般大学生中,男生更容易出现网瘾特征,而"感觉寻求型"的人群患上网瘾的概率更高。"感觉寻求型"人群是心理学所特指的高危人群,他们喜欢冒险,寻求刺激,所以对虚拟环境产生了所谓的"身不由己"的感觉。

大学生沉迷于网络游戏的主要危害是会使个人角色混乱、人格扭曲、道德感弱化,学习受到极大影响。极端情况下,成瘾者分不清虚拟空间和现实世界,人际关系和社会生活变得混乱不堪,身心也受到极大伤害,主要表现为以下几方面:①角色上自我混乱,②交往上自我失落,③道德上自我失范,④学业上受损荒废,⑤身体上诱发疾病,⑥人格上异化扭曲。

大学生沉迷于网络游戏,甚至染上网瘾的原因主要有三个方面:首先是匿名性,网络游戏中所扮演的虚拟角色与玩家真实的姓名往往无关,玩家利用网络的匿名性做出对个人不负责的行为;其次是便利性,网络游戏的多人在线平台跨越了地域、血缘、性别等交际范围的限制,容易满足大学生追求平等的地位和人际关系的要求;最后是逃避现实性,因为绝大多数网络游戏玩家都希望在虚拟世界重塑自我形象,逐渐远离现实社会中的不理想形象。

很多学生刚开始玩网络游戏是因为在学习、生活中遇到了挫折,他们往往选择放弃努力,并在虚拟的网络游戏世界获得解脱。针对已经患上网瘾的群体,目前国内的心理学专家一般建议采用药物治疗和心理治疗相结合的方法。

思考题

请认真思考如何尽快完成从中学生到大学生的转变?

第二章 感悟学校传统

大学是有精神的,唯其精神,使之能经世而独立,历久而弥新。哈尔滨工业大学简称哈工大。哈工大的精神就是:铭记责任,竭诚奉献的爱国精神;求真务实,崇尚科学的求是精神;海纳百川,协作攻关的团结精神;自强不息,开拓创新的奋进精神。哈工大精神源于学校的历史和传统,感悟、践行、传承哈工大精神,首先要从学习哈工大的历史开始。

第一节 一所国际性大学

一、哈尔滨中俄工业学校的诞生(1920—1922)

哈尔滨工业大学的前身——哈尔滨中俄工业学校创建于1920年。哈尔滨中俄工业学校的创建,同一条铁路有直接关系。

19世纪末,帝国主义列强掀起了瓜分中国的狂潮。1895年2月,俄国制订了西伯利亚铁路穿过我国东北到达符拉迪沃斯托克的计划,计划修建铁路从满洲里穿过东北到达绥芬河,而不用沿着两国边界绕道,这样可以缩短行程1 000余公里,大大减少运行时间。这就是中国东北铁路,简称中东铁路。

随着中东铁路的建设,大批俄国的工程技术人员携家带眷来到东北,他们大都居住在哈尔滨。同时,到这里来的商人、传教士及形形色色的俄国人也与日俱增。大批工程技术人员的到来,为办学提供了师资条件,而俄籍铁路员工的子女又有接受高等教育的迫切要求。中东铁路运营业务的迅速发展,也急需补充大量的铁路工程技术人员。哈尔滨工业大学的前身正是在这种背景下诞生的。

哈尔滨中俄工业学校的校址在哈尔滨市南岗区公司街 41 号：东邻技术街（现名为海城街），西邻公司街，南邻花园街，北邻大直街，即原哈尔滨建筑大学教学楼后身。这里原来是俄国政府驻哈尔滨总领事馆的房产，校区占地总面积为 20 470 平方米。其中主要建筑物是：①位于花园街和公司街角上的一幢两层楼房，建筑面积为 1 590 平方米；②曾作为铁路学校的平房，建筑面积为 1 112 平方米；③位于花园街和技术街相交处的商业学校的两层楼房，建筑面积为 1 930 平方米。后来，又陆续扩建了一些校舍。首任校长是阿·阿·摄罗阔夫。

哈尔滨中俄工业学校建校时规模不大，开设了铁路建筑和电气机械工程两个科，学制 4 年，用俄语授课。当年，考虑到部分俄国学生已在俄国国内上过一年大学，故铁路建筑科招收一年级和二年级各一个班；电气机械工程科招收一年级学生一个班。每个班定额为 40 人。当时，报考学生 214 名，录取 103 名。此外，学校还为中国学生开设预科班，补习俄语。预科班学生入学年龄不小于 17 岁，招收中学毕业并通过数学和俄语入学考试的中国学生。预科班专门为俄语基础不好的中国学生报考中俄工业学校提供培训机会。1920 年，首届预科班共招收 17 名中国学生。

二、哈尔滨中俄工业大学校（1923—1928.1）

哈尔滨中俄工业学校建立之后，引起了广泛关注。社会对学校的要求不断提高，不仅要求学校增加学生数量，而且在教学质量上也要有所提高。

1922 年 4 月 2 日，哈尔滨中俄工业学校筹建协会全体会议决定，将哈尔滨中俄工业学校改名为哈尔滨中俄工业大学校，筹建协会相应改名为哈尔滨中俄工业大学校筹建协会，即理事会。学制由 4 年改为 5 年，招收中学毕业生，讲授的课程也做了相应的改变。原来开设的两个科分别改为铁路建筑系（1928 年改为建筑工程系）和机电工程系。铁路建筑系的培养目标是交通工程师，机电工程系的培养目标是电气工程师。哈尔滨中俄工业大学校的毕业生须经考试委员会的答辩，答辩合格者才能被授予工程师称号。

1922—1923 学年，随着大学的成立，学校的组织结构也做了一系列的改变。各系都设有办公室，由系主任执行教务处的各项决议。第一批主任是：机电工程系的思·英·奥布霍夫教授和铁路建筑系的波·弗·科茨洛夫斯基工程师。在这个时期，学校还制定了班长委员会制度，为学校与学生之间保持联系起了桥梁作用。

1923—1924 学年，学校第一次录取了 31 名女大学生。

1924 年 6 月 12 日,理事会制定了《哈尔滨中俄工业大学校章程》。从此,哈尔滨中俄工业大学校进入了新的发展时期。根据这一章程,理事会实行集体领导,它领导学校中的各种组织及其下属机关,也负责器材管理和人员编制。教学管理的日常工作由校长负责,校长通过在必要的情况下参加教学会议、教学委员会和经济委员会,对学校的行政、教学和财经等工作进行全面领导。

这一时期,第一期论文集《中俄工业大学校报道和著作》出版了,即学报,以后不定期出版,主要由教学人员撰写。这种学术性刊物的出版表明,哈尔滨中俄工业大学校在基本理论研究和教学经验探讨方面均达到了一定的水平。

1924 年 10 月,铁路建筑系 22 名学生毕业,并获得交通工程师称号,这是哈尔滨中俄工业大学校的第一届毕业生。1925 年 1 月,该系又有 8 人毕业。

1925 年,机电工程系有了第一届毕业生,共 22 人,也获得工程师称号。

毕业生人数比入学人数少得如此之多,除了少数人由于经济原因外,主要是因为哈尔滨中俄工业大学校治学严谨、要求严格、注重质量,对不符合要求的学生不发给毕业证书,不授予工程师称号,而只发给结业证书。

这些毕业生的毕业设计答辩和毕业考试都是由专门委员会负责的。这个委员会由学校的教学人员、中东铁路和工程师协会代表组成。

1924 年,在校学生达到 347 人。

1925 年 12 月 4 日,首任校长阿·阿·摄罗阔夫因病离职,勒·阿·乌斯特鲁洛夫工程师继任校长。

在这个时期,学校对教学组织机构进行了重大调整,即把两个系都开设的理论基础课程划归到一个课程小组里,称为教研室。全校共建成 17 个教研室和 2 个教研组。教研室主任由教研室全体教师选举产生。

与此同时,学校图书馆有了较大发展。1920 年建校时,图书馆藏书只有二三百册。从 1927 年开始,图书馆的投资剧增,连续几年,每年达到 7 000 金卢布,平均每年购买图书 2 000 余册,并同 233 个中外图书机构建立了交换关系。图书语种除俄文外,还有德文、法文、日文等 18 个语种,并建立了新的馆藏体系。图书馆工作的加强,有力地促进了教学工作。

1925 年春季,学校第一次选拔部分毕业生留校从事研究和教学工作。留校的毕业生必须是优秀学生,人数由学校行政机关和管理协会共同研究决定。

1927 年春,在校的本科生和预科生共 550 名。2 月 28 日,学校重新修订了《哈尔滨中俄工业大学校章程》,赋予教授等教学人员更多的权力。10 月 15 日,管理协会通过决议,成立教授协会,取代教学会议。首届教授协会共有 19 名会员,由校长勒·阿·乌斯特鲁洛夫教授兼任主席,勒·阿·乌斯特鲁洛夫教授等 4 人被推选为常务教授。修订章程和成立教授协会,进一步调动了教学人员的积极性。

1928 年 1 月,铁路建筑系改为建筑工程系。

随着哈尔滨中俄工业大学校的稳步发展,学校的声望日益提高,规模不断扩大,在校学生逐年增加。1928 年,在校生人数已达 815 人。

三、东省特区工业大学校（1928）

1928 年 2 月 4 日,学校改由中华民国东省特别区领导,校名改为东省特区工业大学校。为了制订全面的国民教育计划,加强对高等学校的管理,东省特别区行政长官张寰湘任副校长。

1928 年 3 月 1 日,刘哲任东省特区工业大学校校长,成为哈尔滨工业大学历史上第一任中国校长。

1928 年夏天,学校在花园街盖了一栋建筑面积 1 928 平方米的楼房。与此同时,在技术街开始了实验室和绘图室的建筑施工。在离学校不远的一些地方开始盖学生宿舍。

1928 年 8 月 17 日,刘哲辞去了校长职务,张寰湘兼任校长。

1928 年 8 月 18 日,张寰湘通知学校:哈尔滨的高等院校,如工业大学校、法政学院、商学院,以及计划成立的农学院必须联合起来,接受统一领导,并说服张学良同意担任领导职务。

四、哈尔滨工业大学（1928—1935）

1928 年 10 月 20 日,东省特别区政府和中东铁路董事长达成协议:法政学院和商学院并入东省特区工业大学校,学校更名为哈尔滨工业大学,由中苏共管。按对等原则,共同派人组成理事会,双方各派 5 名代表。张学良任哈尔滨工业大学理事会主席,他的助手是刘清山;副主席是沃·格·奇尔金(中东铁路董事会副主席),他的助手是阿·依·也木沙诺夫(中东铁路局局长)。校长、副校长由双方各自提名,中国人任校长,苏联人任副校长。刘哲再任校长,苏联的勒·阿·乌斯特鲁洛夫任副校长。副校长作为理事会苏联方面的代表,有和校长同样的权力,所以实际学校的行政管理权在两个人手里。

中东铁路局每年向哈尔滨工业大学提供 24 万金卢布。

1930 年后，学校改为 4 年制。两个系下面分别设了科，即专业。机电工程系下设电工科、机械和工艺制造科，建筑工程系下设道路交通科、城市建设和重型建筑工程科。

1931 年春，学校开始招收研究生，机电工程系的任栋梁，建筑工程系的王竹亭、夏树森是哈尔滨工业大学的首届中国籍研究生。

1931 年秋季开始，学校开设了第三个系——商业运输系。该系于 1935 年停办。

随着日本帝国主义入侵中国东北，哈尔滨工业大学逐步被日本人接管。1932 年，伪满洲国政府从中东铁路聘请了 26 名工程师来校任教并担任领导工作；解聘了 12 名苏联教授和教员。新组织起来的教师队伍对教学工作不够熟悉，影响了正常的教学活动。

从 1932 年起，学校的教学经费锐减。1933 年，伪满洲国政府拨给学校的经费为 5.3 万金卢布，仅为原来经费的 1/4；1934 年，又锐减为 2.5 万金卢布。在这种动荡不安的局势下，不少学生纷纷离校。

1933 年 6 月 24 日，刘梦庚任哈尔滨工业大学校长。

1935 年，学校完全被日本帝国主义侵占接管，除少数行政人员外，其他所有人员都被解雇，学校改用日语授课；学校指定招收中、日籍学生。

1935 年初，王树声任哈尔滨工业大学校长。同年，王宇清接任哈尔滨工业大学校长。

五、哈尔滨高等工业学校（1936—1937）

1936 年 1 月 1 日，伪满洲国文教部命令哈尔滨工业大学改名为哈尔滨高等工业学校。学校分教务和行政两部，行政部分为三课（科）：文书课、会计课、庶务课。系科设置未变，学制为 4 年。校长是王宇清，顾问是古泽幸吉。

同年 2 月，为了让更多关心高等教育的人和中学生了解本校，学校在实验室举办了展览会，并做了公开实验；同时，还在图书馆展出了学生的毕业设计和教学参考资料。大约 1 500 人参观了展览。

4 月，学校开始招收基督教青年会所属北满工业大学的学生，也招收 1935 年春天和夏天离开哈尔滨工业大学的学生。这次招生总数大约 100 人。

10月,学校招收俄语科一年级学生。当时学生总数为347人。

11月初,学校取消顾问职务,设立学监职务,奥扎瓦被任命为学监。

1937年,学校建立了电机、机械、化学、采矿、建筑、冶金6个系。所有课程完全采用日语授课。

从1937年开始,哈尔滨工业大学由日本人任校长。铃木正雄从1937年4月任校长,直到1945年8月15日离任。

六、哈尔滨工业大学（1938—1945）

1938年1月1日,哈尔滨高等工业学校又改名为哈尔滨工业大学。从此,哈尔滨工业大学的校名一直沿用至今。

1938年改名后,学制4年,学校仍用日语授课,正式开设土木、建筑、电气、机械、应用化学、采矿冶金6个学科。

1938年4月,日文班第二学期学生入学。从这期开始招收日本学生,首批日本新生共30名,入学资格为中等学校五年级毕业生。从此,日本学生的比例逐年增加。到第六期后,日本学生已达半数。

1938年5月26日,学校公布了章程。学校任命了一批日本人担任各科的行政领导职务和负责教学工作。同年夏季,学校制订了扩建实验室的计划,在技术街又盖了一栋楼。至1939年年末,学校有教职员工107名,学生421名,其中日本学生68名,为中国学生设有一年制的预科。

1940年4月,第四期205名学生入学。此时在校生已达626名,其中日本学生百余名。至1940年12月,日文班第一期学生毕业,共有毕业生69名,其中土木科13人,建筑科12人,电气科11人,机械科7人,应用化学科13人（包括女生3人）,采矿冶金科13人。毕业生到伪满洲国的各个部门就业,到政府各部门工作的有20人,到各学校任教的有33人,到民政部门工作的有16人。1942年初,第六期学生入学,被录取的新生名单刊登在伪满洲国政府公报上。这批学生从1月至3月进行预科学习,4月8日升入本科。全校学生500余名,日本及朝鲜学生占2/3,中国学生占1/3。

随着学生人数及专业数量的增加,学校增设了一些实验室,如化学、液体燃料、矿藏实验室,购置了一些仪器和机床。校舍总面积达14 000平方米。

到1945年8月,在校生达700余名,学校有教授31人,助教20余人,其他教师百余名。

七、中华人民共和国成立前夕，中苏共管（1945—1949）

1945 年，日本投降后，根据中苏两国政府的协定，中长铁路①由中苏两国共同管理，哈尔滨工业大学由中长铁路领导。在此时期，哈尔滨工业大学的性质发生了根本的变化。学校医治了日伪时期留下的创伤，在各个方面开始恢复、发展，逐步兴盛，为中华人民共和国接管哈工大并改建扩建打下了基础。

学校规模扩大，系和专业设置增加。1946 年 7 月，哈尔滨工业大学建立了第四个系，即东方经济系，目的是为中长铁路培养精通汉语又熟悉中国经济的专家。

同年 11 月，运输经济系改为工程经济系，采用相应的高等工业学校的教学计划和教学大纲。

1947 年 11 月，哈尔滨工业大学开设了第五个系，即铁路管理和货物运输系，目的是为中长铁路培养铁路管理和货物运输方面的专家。这个系按照苏联高等运输学校制订的教学计划和教学大纲开课。

1948—1949 学年，学校又增加了矿冶、化工和航空 3 个系。

至 1949 年，学校共有 7 个系 10 个专业，分别是①土木建筑系：铁路道路专业、建筑专业，②机电系：铁路机械专业、铁路电气专业，③工程经济系：工程经济专业、铁路管理专业，④采矿系：采矿专业，⑤化工系：化工专业，⑥航空工程系：航空工程专业，⑦东方经济系：东方经济专业。

学校共有本科生 641 名，本科教师 104 名，其中教授 12 名；预科学生 900 余名，预科教师 42 名。在校生合计 1 500 余名，全校教师 146 名。

八、国际性大学

哈尔滨工业大学在历史上就是一所国际性大学，校友遍布亚洲、欧洲、美洲、大洋洲等地。

从 1920 年建校起，到俄文班最后一批学生于 1938 年年末毕业，学校在按俄（苏）模式办学时期，共培养毕业生 1 267 人，其中中国学生 382 人，占 30%，苏联及

---

① 　中东铁路后来与南满铁路合并为中国长春铁路，简称中长铁路。

波兰学生 885 人,占 70% 。这些毕业生分布在祖国大陆及台湾、香港地区,以及苏联、澳大利亚、波兰、美国、加拿大、新西兰和巴西等国。哈工大的毕业文凭被苏联等欧洲国家承认。许多毕业生因此得以顺利进入欧洲著名大学深造,取得更高的学位。在国外的哈工大毕业生,都能够以工程师或技术专家的身份,在经济、科学技术研究及教育事业中做出自己的贡献。

从 1937 年至 1945 年,学校共招收 8 期日文班学生,按日式办学。前 6 期学生中,687 人毕业(其中日本学生 208 名,朝鲜学生 6 名,中国学生 473 名);后两期即第七期(1943 年入学)和第八期(1944 年入学)学生,由于日本投降,学校的日本人撤退而使教学中断,没有毕业就离开了学校。

中华人民共和国成立前的 30 年,哈尔滨工业大学(以下简称哈工大)培养了许多在科技界、教育界享有声望的学者和社会活动家。例如,1934 年毕业的范绪箕曾任上海交通大学校长,1940 年毕业的王竹亭曾任北方交通大学副校长;台湾地区行政管理机构前负责人孙运璇是 1934 年哈工大机电工程系毕业生;朝鲜前政务院总理、国家副主席李钟玉是 1943 年哈工大应用化学系毕业生。在日本有一个"哈工大同窗会",参加这个同窗会的 300 多名学者、专家和有关人士都是哈工大的老校友。他们成为中日经济文化与科学技术交流的重要媒介。

第二节　第一个黄金时代

1949 年 10 月 1 日,中华人民共和国成立。从此,哈尔滨工业大学获得了新生,进入了学习苏联、改建扩建的新阶段。

根据中苏有关协议,1950 年 6 月 7 日,哈工大被正式移交给中国政府管理。这对于哈工大的建设和发展具有决定性的意义。因此,6 月 7 日这个日子对哈工大来说,具有重大历史意义,后来学校决定将 6 月 7 日定为哈尔滨工业大学的建校纪念日。

一、加强党对学校的领导

为了加强党对学校的领导,从 1949 年起,党和政府派了一批富有革命斗争经验、决心献身高等教育事业的干部到哈工大担任领导工作。他们没有辜负党和人民的重托,在中华人民共和国成立初期,为使哈工大废除旧的教育制度、进入新的历史发展时期做出了重要的贡献。

1949 年 5 月,松江省主席冯仲云兼任哈工大校长,原合江省教育厅厅长刘德本为副校长。次年 3 月,高铁奉东北局之命,从东北人民政府工业部调到哈工大,接替刘德本任副校长。

冯仲云兼任哈工大校长时,正处在由中长铁路管理权逐步移交给中国的过渡时期。

冯仲云每星期固定一天到学校办公。他非常守时,上班时间一到,他一定仪容整洁地出现在岗位上。他的秘书赵连顺则每天都在学校。冯仲云在兼任校长期间为学校后来的发展打下了良好基础。

当时,学校各部门几乎都由苏联人管理,讲课用俄语,连清扫员也是苏联侨民。教师中只有几名教中文的讲师是中国人。

冯仲云认为,要办好哈工大,首先要解决干部队伍,特别是教师队伍的问题,要以中国人为主。他先给省委打报告要人,配齐了从党总支书记到各科室的干部。然后,他又派干部到刚解放的杭州、上海、南京和北京等地招聘教师,同时聘请苏联专家。

冯仲云热爱学生,他经常到学生中间,同学生谈理想、谈学习,了解情况,征求意见。在大会上给学生做了多次报告。当年的学生还记得他不拿讲稿、一讲几个小时的风采。

冯仲云兼任校长后,苏联铁路部门对办好哈工大有很高的积极性。他们想选派一批教授来帮助培养研究生。不久,中长铁路局决定把哈工大移交中国政府管理。此后,苏联铁路部门不便直接选派教师来哈工大工作,但他们转达了苏联政府方面的一个信息:如果中国政府希望聘请苏联教授来哈工大工作,苏联方面是会同意的。冯仲云和副校长高铁商量的结果是发电报给东北局,建议中国政府向苏联政府提出聘请苏联专家来哈工大工作的要求,希望把哈工大改建扩建成一个学习苏联的 5 年制的理工科大学,并为全国的理工科大学培养师资。理由是:①哈工大有俄文教学的传统,有一批苏联教师任教,学生能听懂俄文和阅读俄文,苏联教授能够培养大批大学生和研究生,能充分发挥专家作用;②苏联援建的工程将大部分在东北,便于学生就地实习,学生毕业以后到工作单位便于配合苏联专家工作;③哈工大是解放区较早的大学,党和政府派了一批干部到大学工作,学习苏联大学的阻力少、启动快。东北局将学校的意见报请中央并得到批准。这项措施对哈工大成为全国第一批重点大学起了重要作用。

由于冯仲云还担任省主席,政务繁忙,较少到校。高铁调到哈工大后,实际上负责了学校的日常工作。

1950 年 6 月初,高铁赴北京参加新中国第一次高校工作会议,聆听了周恩来总理的报告。这次会议主要研究如何改造旧大学,克服旧教育理论脱离实际的弊端,使高校更好地为新中国建设服务的问题。

如何坚决贯彻执行全国高校会议精神,如何加速进行哈工大的改建和扩建工作,使之成为全国重点理工科大学,不辜负党中央对哈工大的殷切希望,是摆在当时哈工大领导面前的迫切问题。

1951 年 4 月初,由留学德国的著名化学家陈康白接替冯仲云任哈工大校长。

1952 年 10 月,根据中央对东北各院校进行专业调整的指示,哈工大划归第一机械工业部(简称一机部),由教育部和一机部实行双重领导,由一机部具体分管。在这一阶段,学校的领导能力逐步得到加强,系与专业的设置都有很大发展。

1953 年上半年,教育部党组、一机部党组、中共中央东北局和哈尔滨市委共同组成检查组,对哈尔滨工业大学的工作进行了检查,对学校领导班子进行了调整。

1953 年 9 月,中共中央政治局召开常委扩大会议,讨论教育问题。毛泽东、刘少奇、周恩来等中央领导出席了会议。当时,李昌同志是团中央书记处书记、中央扫盲委员会副主任兼党组书记,列席了这次会议。毛泽东在会上指出,随着经济建设高潮的到来,将要掀起文化建设的高潮。现在不忙于大力去搞扫盲,而要抓重点,要办好重点高校,要大力培养干部。在此之前,蒋南翔已于 1952 年由团中央书记调任清华大学校长,颇有成绩。毛泽东提出再从团中央抽调几位领导干部到高等学校当校长。周恩来总理认为李昌比较合适。中央征求李昌的意见,是去天津大学,还是去哈尔滨工业大学工作。李昌选择了当时学习苏联办社会主义工业大学经验的重点大学——哈尔滨工业大学。于是经过毛泽东同志批准,李昌于 1953 年 10 月从团中央书记处调到哈工大任校长。李昌任哈工大校长后,陈康白调离哈工大,高铁继续任副校长。

二、全国理工科院校学习苏联的样板

哈工大在 20 世纪 50 年代初就和北京大学、清华大学、中国人民大学齐名,是全国院校学习苏联的样板。

　　1951 年 5 月，政务院第 85 次会议批准教育部部长马叙伦在会上所做的《教育工作报告》。报告指出："要大力加强中国人民大学、哈尔滨工业大学的工作，及时总结推广学习苏联的先进经验。"从此，哈工大承担起学习苏联先进经验、推动我国教育体制改革的使命，在中央的亲切关怀下，哈工大成为中华人民共和国成立初期苏联援助建设的两所大学（另一所是中国人民大学）之一。

　　苏联专家帮助哈工大培养研究生和进修教师，为学校的改建和扩建做出了重要贡献。

　　（1）筹备设立研究生班。为了培养能直接吸收苏联先进科学技术的师资，并使他们成为教学骨干，在 1949 年 11 月至 1950 年 3 月期间，学校两次招收研究生共 81 人；1950 年秋再次招收 218 人。这些研究生入校后先学习俄文，以便在苏联专家的指导下进行专业学习，这是培养师资工作的准备阶段。

　　（2）苏联专家开始培养研究生。1951 年 3 月，古林等苏联专家来校。为了迅速培养新的师资队伍，苏联专家介绍了苏联通过研究生院培养高等学校师资的经验，根据我国的实际情况，帮助建立了 3 年制师资研究生制度。那时，有 305 人在苏联专家指导下学习。

　　（3）研究生在学习中参加教研室的改造与新建工作。原来有许多教研室的领导工作是由本地苏联侨民担任的。苏联专家建议进行组织改造，调配正在学习的研究生担任教研室和系的领导工作。这种措施是正确的，这是建设社会主义大学的重要步骤，也是培养研究生独立工作能力的重要方法。

　　（4）研究生一边学习专业知识一边掌握教学过程。苏联专家系统地介绍苏联教学制度，帮助制订教学计划，进行示范性教学活动，使研究生逐步掌握全部教学过程。学校还发动研究生翻译苏联教科书，这对当时高等工业学校的教学改革起了一定的作用。

　　（5）协助工矿企业解决生产上的技术问题，这是我校开展科学研究工作的良好开端。苏联专家建议，选定科学研究题目时应该和国民经济的要求相结合，各教研室应该同工矿企业取得紧密的联系，全体教师都应该做科学研究工作，同时要建立学生科学技术研究小组。

　　（6）及时交流学习苏联教学与科技的经验，举办教学与科学研究工作会议。在学习苏联的过程中，哈工大注意结合中国实际，灵活运用苏联的经验，从国民经济建设的实际需要来确定专业的设置及科研的课题，并且保持和发扬了老解放区的教育传统，注意加强党对教育工作的领导，提倡理论联系实际的学习，强调同志式的师生关系。学校认真贯彻党的教育方针,培养学生德智体全面发展,因此办学是成功的。1951 年—1957 年,哈工大是传播苏联高等教育先进经验的中心之一,在我国高等教育的改革和建设中起到了推动作用。

三、国内最早培养研究生的院校之一

1949 年,哈工大开始从全国招收研究生,是国内最早培养研究生的高等院校之一。学校按照国家的要求,接收全国各主要大学选派的年轻助教、讲师来校做研究生,为全国培育了一代骨干教师,其中有几十位现已成为中国科学院或中国工程院院士。

1949 年 11 月,东北干部队派送了 21 人来校学习,组成第一个研究生班;翌年春,沈阳工学院选送助教 18 人来校学习,同时学校亦在北京、上海、武汉等地招收了数十名大学毕业生,加上一部分科研院所等部门派来学习的干部,共成立了 4 个班,统称为第一期研究生,共 87 人。

1950 年秋,除学校直接招收,以及东北工业部教育处派来的研究生外,教育部又电告各省,从各高等学校中选派 2~3 名讲师、助教来校学习及研究,成立了 10 个班,称为第二期研究生,共 218 人。

到 1954 年,已有 5 期研究生 860 余人入校学习,其中有 615 人来自全国各地 60 多所高等院校。

在培养研究生的过程中,学校严格遵循研究生培养计划。研究生的培养计划是按个人学习计划进行的,由导师根据每个人各自的专业基础而制订出个人的学习计划,明确定出专业学习的内容和时间的分配。政治学习和俄文学习是每个研究生的必修课,不列入学习计划,研究生的培养时间与学习内容具体安排如下:研究生修学年限规定为 3 年。第一年主要学习俄文,学时占本年学时的 89%,政治学习学时数为 11%,要求俄语水平达到“四会”,即会读、会听、会说、会写。第二年,便按专业课程把研究生分成组,分配到各教研室担任助教,在指导教师(苏联专家)的安排下进行研究。研究的方式主要是自学,学习导师指定的教科书和参考书,并按照导师规定的阅读进度完成。研究生可以在课堂上提问或集体讨论,还要帮助导师做一定的教学工作,必须旁听导师相关科目的授课,了解教学方法和顺序。第三年,按本专业的教学计划,选择 1~2 门课,要全面系统学透,不仅能用汉语讲解,还要能用俄语讲出,因此在第二、三年,专业课的学时数占全年的 89%。研究生还要完成论文并进行论文答辩。对于准备留校工作的研究生,其俄文学习量要更多一些,且要求他们学会管理教研室,初步掌握科学研究的方法。

学校培养研究生的数量逐年增加,到 1954 年止,正式留校任教的研究生已有 164 人(不包括院系调整调往外校的研究生),1955 年暑假有 155 名,1956 年暑假有 200 余名研究生结业。到 1957 年,有 700 余名外校教师完成进修计划。

四、黄金时代,优良校风

20 世纪 50 年代至 60 年代中期,哈工大在改建扩建的基础上,进入了大建设、大发展、大提高的阶段,为国家培养了上万名学子,被誉为“工程师的摇篮”。党和国家领导人叶选平、邹家华、宋健、王兆国、李长春,以及省、部级干部和共和国将军刘忠德、朱育理、朱育诚、戚元靖、林汉雄、李伯勇、陈焕友、邵奇惠、李继耐、李元正、胡世祥,中国科学院、中国工程院的潘际銮、杨叔子、管惟炎、蔡其巩等许多院士和著名企业家耿昭杰等,都是这一时期由哈工大培养出来的。回忆那个年代,许多老哈工大人都情不自禁地说:“这是我们哈工大历史上的第一个‘黄金时代’。”

1951 年 5 月,哈工大成为学习苏联重点建设的两所学校之一。1954 年 10 月 5 日,高教部发出《关于重点学校和专家工作范围的决议》,第一次确定中国人民大学、北京大学、清华大学、哈尔滨工业大学、北京农业大学、北京医学院等 6 所高校为全国重点大学。哈尔滨工业大学是京外唯一一所全国重点大学。

1959 年 3 月 22 日,中共中央发布《关于在高等学校中指定一批重点学校的决定》,哈工大再次被定为全国 16 所重点院校之一。

1960 年 10 月 20 日,中共中央发布《关于增加全国重点学校的决定》,哈工大又一次被列为全国 32 所重点院校之一。

哈工大的毕业生基础扎实、外语水平高、动手能力强,有苦干实干精神,这是社会公认的。“规格严格,功夫到家”是哈工大的校风,是哈工大几代人经过数十年沿袭相传形成的优良传统和作风。“爱国、敬业、团结、求实”的哈工大精神激励着一代又一代哈工大人。由于苏联的教育制度比较严格,而哈工大又承担着向全国介绍并推广学习苏联经验的任务。因此,学校从 20 世纪 50 年代初便有一套严格的教育规章制度。

20 世纪 50 年代,哈工大的教师队伍由具有高度责任感和事业心的青年教师组成。很多教师讲课质量高,对学生严格要求,深受学生爱戴;广大学生刻苦勤奋地学习。李昌校长把群众中的好做法、好经验总结概括为"规格严格,功夫到家"。李昌校长号召全校师生进一步树立"规格严格,功夫到家"的好教风和好学风。此后,"规格严格,功夫到家"就成为哈工大鲜明的个性和特点,逐渐形成哈工大的校风。"规格严格"和"功夫到家"是有内在联系的。"规格严格"是目标控制,提倡严肃;"功夫到家"是过程控制,要求认真。"规格"是指目标和标准。"功夫"是指过程及本领和功底。"规格"和"严格","功夫"和"到家"是定性的概念。是什么样的规格呢?是"严格"的规格。要下什么样的功夫呢?要下"到家"的功夫。这里的"严格"和"到家",是指程度、高低、深浅等定量的概念。所以,"规格严格,功夫到家"既有定性的要求,又有定量的要求,是比较科学的。

第三节 改革开放,蓬勃发展

"文化大革命"期间,从1970年开始,哈尔滨工业大学部分人员与绝大部分物资设备南迁到重庆,与哈尔滨工业大学军事工程学院二系合并成立重庆工业大学。哈工大留在哈尔滨的部分与黑龙江工学院、哈尔滨电工学院组成新的哈尔滨工业大学。这样就拆散了哈工大原有的教师队伍,分割了哈工大的教学设备,严重地影响了学校教学、科研工作的开展。1973年,在哈工大、重工大两校教师、干部的强烈要求下,国务院、中央军委于1973年7月3日发出通知:"重庆工业大学仍迁回哈尔滨与原哈工大留哈部分合并,组成哈尔滨工业大学。"1974年秋,哈工大迁往重庆的部分人员和物资设备迁回学校。

1978年12月,党的十一届三中全会决定全党工作的重点转移到社会主义现代化建设上来。

全校师生员工在校党委的领导下,认真学习贯彻执行党的十一届三中全会精神。从此,哈工大步入发展提高、全面开创新局面的新时期。

哈工大在改革中阔步前进,哈工大在改革中蓬勃发展。

为加强和健全哈工大领导班子,1981年5月7日,黄文虎、李家宝、姜以宏、靖伯文被任命为哈工大副校长。

1983年1月21日,航天工业部任命黄文虎为哈工大校长。同年10月31日,杨士勤被任命为哈工大副校长。

1985年2月9日,杨士勤被任命为哈工大校长,周长源、强文义、王魁业被任命为副校长,免去黄文虎的校长职务,免去李家宝、姜以宏、张真、杨士勤的副校长职务。1986 年 12 月 12 日,谭铭文被任命为副校长。

经过两年时间,学校对组织机构、干部配备进行了 3 次较大规模的调整,基本改变了各级领导班子不齐不力的状况。学校认真贯彻中央关于干部"四化"的方针,较好地解决了新老干部的交替,为学校的发展提供了组织上的保证。

一、哈工大发展史上一个重要的里程碑——全国首批试办研究生院

哈尔滨工业大学是全国最早开展研究生教育的高校之一。早在 20 世纪 50 年代,学校就在当时高教部的领导下,开始招收培养研究生,为全国各高校培养师资和出国预备人才。1978 年,我国恢复研究生招生,以及 1981 年实施学位制度以来,哈工大以其雄厚的师资力量、较高的教学和管理水平,迅速扩大了研究生教育的规模,研究生教育改革不断深入,培养质量不断提高,并逐步建立了研究生教育的管理体制。

1984 年 6 月 7 日,国务院批准了教育部《关于在部分重点高等院校试办研究生院的请示报告》,同意哈工大首批进行试办研究生院的工作,标志着哈工大的研究生教育进入了新的发展阶段。哈工大是全国首批试办研究生院的 22 所院校之一,它为学校提高办学水平、推动科学研究、提高管理水平创造了良好的条件,为加快改革与发展开拓了广阔的前景。这是哈工大发展史上一个重要的里程碑。

二、成立我国第一个航天学院

1987 年 6 月,学校把与航天关系较为密切的几个系和研究室集中、合并,组建了航天学院,这是我国第一个以培养高级航天专门人才和从事航天技术研究为主的学院。

航天学院的建立,标志着哈工大在为航天事业服务的道路上又迈出了新的一步。

三、建立威海分校

1985 年 1 月 26 日,在航天部和山东省委省政府的关怀和支持下,哈尔滨工业大学

与威海市人民政府签订了《关于建立哈尔滨工业大学威海分校的协议书》。杨士勤校长和威海市市长李同轩分别在协议文本上签字。2月4日，《威海日报》以《太阳岛与刘公岛架起友谊桥》为题，报道了哈工大威海分校成立的消息，引起了强烈反响。

1987年4月6日，哈工大威海分校正式举行开工典礼。非常有意思的是，开工典礼那两天，天气预报有雨，5号晚上就下起了雨，直到6号早上8点，雨一直下。大家都很着急。可是偏偏到了9点，要举行仪式时，雨停了，天晴了。威海分校的同志们眉开眼笑地举行了隆重的开工典礼。

四、"211 工程"通过正式立项审查，并进入全面实施阶段

1993年7月15日，国家教委发出《关于印发〈关于重点建设一批高等学校和重点学科点的若干意见〉的通知》。根据中共中央、国务院发布的《中国教育改革和发展纲要》和《国务院批转国家教委关于加快改革和积极发展普通高等教育意见的通知》，决定设置"211 工程"重点建设项目，即面向21世纪，重点建设100所左右的高等学校和一批重点学科点。

根据"211 工程"办公室的安排，经国家计划委员会、国家教育委员会和财政部同意，由航天总公司聘请专家组，于1996年7月31日至8月1日对哈尔滨工业大学"211 工程"建设项目的可行性研究报告进行审核。专家组听取了哈尔滨工业大学校长杨士勤教授关于哈尔滨工业大学"211 工程"建设项目可行性研究报告的汇报，并对可行性研究报告进行了认真的研究和审议。

1997年2月，国家计划委员会对哈工大"211 工程"建设项目可行性研究报告正式批复，同意哈尔滨工业大学为"211 工程"项目院校，在"九五"期间进行建设。

五、建设世界知名的高水平大学

1999年5月1日，在北京举行的"五一"国际劳动节庆祝大会上，哈工大被全国总工会授予"五一劳动奖状"全国先进集体荣誉。校党委书记李生同志赴京出席了大会。

在世纪之交，哈尔滨工业大学被国家确定为以世界知名的高水平大学为目标重点建设的9所大学之一。这标志着学校又进一步确立了国内一流大学的地位。这是几代哈工大人和各届领导班子共同努力的结果。哈工大由此进入了新的发

展时期。中共哈工大第九次党代会明确提出：面向 21 世纪，经过几十年的奋斗，把学校建设成为世界知名的高水平大学，是根据江泽民总书记在北大百年校庆大会上提出的"我国要有若干所具有世界先进水平的一流大学"的要求而制定的奋斗目标。

制定这个目标，既是党和国家的要求，也完全符合哈工大的实际，更是全校师生员工（包括广大哈工大校友）的共同愿望：第一，哈工大从中华人民共和国成立初期开始，一直是一所为适应时代发展需要而不断锐意改革、拼搏奋进的国内一流大学。第二，哈工大已有 80 年的历史，80 年来，哈工大积淀了许多优秀的思想并取得了显著的业绩。第三，哈工大拥有着雄厚的办学基础和力量，哈工大的教学、科研水平一直位于全国重点高校前列，特别是有一批处于国内外前沿地位的学科和一支水平高、实力强、立志振兴哈工大的教师、干部队伍。建设世界知名的高水平大学的目标是宏伟的，我们要认真研究世界知名的高水平大学的内涵，分析目前我们的差距，制订出切实可行的规划与措施。作为起步，我们的目标是在学科、队伍、基地、管理、学生、成果等各方面争创一流，特别是要尽快培养出一批国内知名的拔尖人才，创造出一批在国内外都有影响的重大科技成果。在最前沿参与国际竞争，为国家和世界的发展做出贡献。

1999 年 9 月，哈尔滨市政府决定将原哈尔滨动物园的土地划归哈工大。按学校规划，面积为 37.25 公顷的原动物园土地划归哈工大后，将把高科技研究所和研究中心迁到该处，在保护原有绿地的基础上进一步扩大面积，建成花园式的高科技园。

1999 年 11 月，占地 200 多公顷的中国轻工业甜菜糖业研究所正式并入哈工大。该所并入学校后更名为哈工大甜菜糖业研究院，成为学校的一个二级学院。

1999 年 11 月 14 日，国防科工委、教育部、黑龙江省人民政府就重点共建哈尔滨工业大学在北京签订协议。

第四节　校 训 解 读

校训是一所学校展示给社会和历史的标志。哈工大校训是我校教育理念、治学传统、办学理念的理性提炼，它阐释了我校精神文化的核心内涵，彰显了我校爱国奉献的优良传统、求真务实的求是作风、兼容并蓄的团结精神和自强奋进的崇高品格。2014 年 10 月 18 日，哈尔滨工业大学校长周玉院士在《哈工大报》发表文章《规格严

格 功夫到家——我对哈工大校训之理解》,对校训进行了深入解读,全文如下。

哈工大校训已经传承了几十年,是学校在长期的办学历史与办学传统中不断总结、凝练、升华而产生的。我是哈工大 77 级本科生,没有亲身经历校训产生的过程,但经过学习和实践,我对校训的内涵有着自己的理解和感悟。

应该说,我既是校训的受训者、学习者和感悟者,也是校训的践行者和传承者,更是校训的受益者。今天我对校训的理解是,规格严格就是高标准、严要求,功夫到家是追求卓越、做到最好。当你有这个能力时就要发挥出潜能做到最好;如果暂时能力还不具备,就要通过不断的学习提高能力以满足目标的要求。

一、校训之形成

"规格严格,功夫到家"的校训形成于 20 世纪 50 年代中期。最初这八个字是以教学为主、对学生学业和教师教学工作严格要求的一句口号。"规格严格"是对过程的要求,"功夫到家"是对目标的要求。半个多世纪以来,这句教学和人才培养工作的口号逐渐延伸成为对全体师生员工、对全校各项工作的普遍要求,并在弘扬传统的前提下被不断赋予新的时代内涵,进而成为哈工大的校训。

哈工大校训的形成与学校的办学传统有关,而这种办学传统的形成则与其办学历史密不可分。始建于 1920 年的哈工大,是苏俄专门为中东铁路培养高级工程技术人才而建立的工业大学。当时的教师和学生以俄国人为主,中俄混合,采用俄文版教材并用俄语授课。受苏俄高等教育的影响,哈工大建校之初就要求学生基础理论扎实、工程实践能力强,学生面对工程实践能独立解决问题,必须严谨、细致、务实。这种传统一直延续至今。因此追根溯源,"规格严格,功夫到家"的办学传统是有着深厚的历史背景的。

而这一口号的正式提出,则是在 50 年代中期。1953 年,一批工农速成中学学员进入哈工大预科学习俄文,并于 1954 年升入本科学习。在基础课学习中,他们遇到了严重困难,期末考试出现了大量不及格现象。在一次座谈会上,有教师和学员代表提出:哈工大是不是可以有两个规格,对工农速成中学学员是否可以考虑降低培养标准。李昌校长等领导同志面对现实做出了影响深远的政策抉择,明确提出"规格严格,功夫到家"这一指导原则。

李昌强调:"规格(要)严格,功夫(要)到家",哈工大只有而且只能有一个"规格",学校要从教和学两个方面开展工作,帮助学员达到学校人才培养的规格和目标。学生基础差、学得吃力，老师要帮助学员补课、帮他们提高，学员也要靠自身的不断努力来克服困难。于是从 50 年代中期开始，哈工大就逐渐形成了"规格严格，功夫到家"的传统，并且将这种传统升华为一种文化、一种精神。

回顾"规格严格，功夫到家"的内涵与指导范围的扩展，有一个与时俱进的演化过程。初期阶段，这一原则主要是针对"教与学"。前半句是对学生的要求，不因人而异，绝不降低标准；后半句针对教师以及与教学直接有关的所有工作人员，必须对学生全力辅导，讲求方法、持之以恒，使之不掉队。事实证明，师生同心、共同努力，最终取得了很好的结果。后来"规格严格，功夫到家"逐渐成为哈工大培养人才的准则，要求一方面有严格的规格，从严治学、从严治教，保证人才培养的高水平；另一方面要尽心尽力、下功夫培养学生，力求高成才率（而不是高淘汰率）来保证毕业生质量。正因如此，哈工大始终提倡"铁将军把关"，紧紧把住"入学关"、"升级关"和"毕业关"。

由于"规格严格，功夫到家"这一指导原则深入人心，其影响范围不断扩展，内涵也有所变化。许多师生都把它当作自我鞭策的警示，成为一种追求与约束；许多党政工作人员也逐渐把这一原则当作工作的准绳。随着其影响的深度与广度与日俱增，最后这八个字水到渠成地演化为哈工大校训。

二、校训之理解

个人理解"规格严格，功夫到家"校训的形成与发展还与哈工大的教育体系、专业设置等有着密切关系。回顾哈工大的办学历程，自建校至今在专业设置上一直以工科为主。改革开放前学校主要参照苏联模式按照行业甚至按企业的工种设置专业，如金属热加工学科的铸造、锻压、焊接、热处理，机械制造学科的机床、刀具等，甚至有的专业名称与工厂的车间同名，专业划分相当细，培养目标针对性极强。这种专业设置加之 6 年（1 年预科加 5 年本科）的长学制、扎实的基础理论训练和很强的实践教学环节（包括工程训练、认识实习、生产实习、毕业实习等），使毕业生既有理论知识，又有实践能力，可以比较快地适应经济建设和工作岗位的客观需要，因此受到用人单位的高度评价，哈工大也一度被誉为"工程师的摇篮"。哈工大为新中国培养了一大批具有扎实的理论基础和很强的工程实践能力的高级专门技术人才，也为中国高等教育特别是理工科高等教育体系的建立与完善（包括专业设置、培养方案、教学管理、师资队伍建设、教材建设和实验室建设）作出了重要贡献。

哈工大受苏联工科教育影响很深，专业设置、课程设置和教学管理都传承了苏联的传统和鲜明特色，基础厚、实践强、过程严。纵观英美与苏联的教育体系，各有长短。美国确实是在创新教育个性化培养方面有其特殊之处，但苏联凭借自己独到的教育和科技创新体系，既培养了一大批世界著名的自然科学理论大师和科学家，其中不乏诺贝尔奖获得者，如朗道、巴索夫、康托诺维奇等，又培养了成千上万的工程技术大师，如图波列夫、米高扬、苏霍伊等。如果说美国的高等教育是宽进严出、重视目标管理，苏联的工程教育则是严进严出、重视过程管理。由于有严格的淘汰机制，能坚持到最后的都是精品。哈工大既继承了苏联的基础理论扎实、工程训练强、过程管理严格等特点，又吸收了英美的个性化培养和柔性化管理、创新教育等特色。教学上，哈工大始终保留了自建校初期就逐步形成的重视基本理论、基本概念和基本技能，重视工程实践和动手能力的训练，重视理论与实践结合，重视创新能力培养，重视规范严格管理等特点，形成了过程管理与目标管理相结合的人才培养风格。

改革开放以来，哈工大吸收苏联和英美国家各自的长处，在人才培养方面选择了一条通识教育与专业教育相结合的道路。学校在加强基础的同时适当拓宽学生的知识面，但又不是无限地拓宽，要求学生在打牢一定的基础后在专业上有深入的学习，要有较好的专业知识和较强的专业能力。打一个比方，人才培养就像石油钻井，钻井的目的是找石油，前提要先立井架、打基础，基础要宽厚，包括自然科学基础、专业基础、技术基础甚至人文与艺术修养等综合素质。打好基础的目的是为了使专业更加出色，因为只有"下功夫"往深钻才能找到石油，才能实现目标。否则如果专业口径一味拓宽，没有"规格严格"的专业教育，没有"功夫到家"的专业本领，而社会仍然按行业、按专业需求人才，就会造成供求错位，用人单位就会对高等学校培养人才的能力不满意。

高等教育培养的是高级专门人才，不是每样都懂些皮毛的肤浅的"万金油"，更不是"样样通，样样松"的人。要干一行、爱一行、精一行，三百六十行，行行出状元。要当上各行各业的状元，就需要"规格严格，功夫到家"。哈工大毕业生中有一批优秀者走上了高级领导岗位甚至成为国家领导人，这除了他们拥有优秀的思想道德与政治素质，从专业教育上看，坚实的基础理论和系统的专业教育使他们养成了理性思维、求真务实、严谨审思、认真细致的科学思维方法和开拓创新的品格作风,同时造就了他们不断学习、不断完善自我、提高综合素质的本领。专业教育就像解剖麻雀,可以举一反三、触类旁通,通过高标准、严要求地学深学透一门专业,掌握科学的学习方法、提高创新思维和创新能力,从而在相关专业甚至是不相关的领域也能做得非常好。比如通过锅炉专业训练的能力,能够研究机床甚至研究卫星,这就是"功夫"。深邃之处见素质,微细之处见功夫。从事任何岗位的工作都需要这种素质,反过来,有了这种素质,转换岗位也能很快进入角色并取得成绩。

三、校训之践行

我没有亲身经历过李昌校长的领导,但从我的长辈、我的老师、老领导们讲述的故事中,我好像被他亲自领导过一样,能够感受到他怎样要求老师、怎样要求学生,这让我在耳濡目染中成为校训的受训者、学习者、感悟者、践行者、传承者和受益者。

在李昌当校长的时期,哈工大的教师要过"三关",即教学关、科研关、水平关;学生要掌握"三基",即基本理论、基本概念、基本技能;学校要抓"三才(材)"建设,即人才、教材、器材。时至今日,我们在人才培养中仍然强调这"三个'三'工程",这对于我们构建创新人才培养体系、培养学生的创新精神与实践能力、打好坚实基础至关重要。

孟子云:"不以规矩,不能成方圆。"规者正圆,矩者正方,因此,没有规矩,就无法校正方圆。大到一个国家,小到一个家庭,都要有一定之规。这个规,就是一种规矩、一种准则和约束。个人以为,哈工大校训中的"规格严格"与孟子的"规矩方圆"之说有异曲同工之处。我们既可以把"规"和"格"理解为正圆、正方之器,也可以把"规格"理解为一种规范和准则。有了高标准、严要求,下了大力气、苦功夫,才能形成方圆、做出成绩,才能成大器、好器、精器。

我还听说过一个故事。据说曾经有一门专业核心课程,期末考试整个班级只有3人及格。有人提出异议。这位老师重新认真批阅试卷后说:"对不起,应该只有两人及格。"因为有一名学生是在及格的边缘。于是,这个班的学生全部重修这门课程。学校90周年校庆时这个班的同学回来,找到当年的老师,说非常感谢他,因为重新学习并牢牢掌握了这门课的知识,走上工作岗位后大家都非常受益。这说明了当年教学的严格程度,也说明了"规格严格,功夫到家"对人才培养的重要性。

校训的传承不是短期形成的,是长时间历史的积淀形成的传统与特色。我看过一本1935年沙荫田校友的俄文本科毕业论文,300页,工工整整,数据翔实,以这篇论文为基础可以设计建厂,这篇论文的学术价值与应用价值可见一斑。我还记得我们上大学时用的教科书,每一章后面都贴着一张纸,上面写的是我们总结提炼的这一章的精华。这种方法让书越读越薄、知识越学越精。

我还经常把《钱学森手稿》摆在案边。当年钱学森回国时一片纸页也没带回来。他在加州理工学院的同事深为他的科学精神所感动,把他的所有手稿完整地保存下来,并表示有一天要交给他本人。后来这些手稿被交到钱学森手中,由中科院力学所保存,并由山西教育出版社正式出版。通过这部手稿我们可以看到钱学森的整个思维创新过程以及他对待科学严谨缜密的态度和求实探索的精神。他的每一页手稿都写得极其工整,每一个公式的推导都极其严谨,这不是一天两天,而是数十年如一日,严谨已经成为他的一种习惯。在哈工大也有一大批人,从做学术到做人,都有这样一种优秀的品质,这是哈工大的传统与精神使然。因此,作为学习者,我要认真学习校训的历史和背后的内涵;作为践行者,我要以老师的身份把校训精神传递给我的学生们,让更多的人成为校训的受益者。

四、校训之传承

经过一代代哈工大人的不懈努力、不断感悟、不断总结、不断凝练与升华,哈工大已形成了优良的办学传统、鲜明的办学特色和学科优势,形成了特有的哈工大精神,也使"规格严格,功夫到家"的校训成为镌刻在每一位哈工大人身上的深深烙印。这是全校师生员工的宝贵精神财富,是我们不断创造辉煌、向世界一流大学迈进的基石。

"规格严格,功夫到家"作为哈工大的校训已为历代师生所认同。规格严格有两层意思:首先要有"规格",其次要"严格"遵守。功夫到家也有两层意思:一是要肯下"功夫",二是功夫要下到点子上、下到程度。然而,传统不仅要继承,而且要发扬。没有发扬,传统就无从继承。"规格"与"功夫"有着强烈的时代特征,"严格"与"到家"同样需要不断深化。随着时代的发展,哈工大的培养目标也已由培养国家急需的专业非常对口的高级工程技术人才,发展为培养具有优良的思想道德素质、科学文化素质和人文素养,具有宽厚的基础理论与先进的专业知识,具有创新与创业精神,具有发明创造与工程实践能力,具有国际视野,爱国敬业、求真务实的有竞争力的精英型人才。在这个背景下,我们有必要给予"规格严格"与"功夫到家"新的诠释,既要将哈工大在改革开放以来所进行的卓越的实践沉淀进去,也要将哈工大在向世界一流大学迈进的进程中必须吸纳的新理念、新思想和新风格凝练其中,赋予其新的内涵与时代特征,使哈工大在继承和弘扬优良传统的同时,坚持与时俱进、日新月异。

思考题

请认真阅读周玉院士《规格严格,功夫到家——我对哈工大校训之理解》,谈谈自己的感想。

第三章　了解专业特色

　　在大学里,对学习进行组织的方式有很多。在当代,一种比较典型的方式就是主修或专业。西方国家称为主修,我国则称为专业。所谓主修或专业,就是为给予学生关于某学术领域或专业(职业)领域的知识能力基础,而将一套能够达到这一目的的课程和活动以一定的方式加以组织而成的课程集合体。

　　始建于1920年的哈尔滨工业大学,是当时专门为中东铁路(后改名为中长铁路)培养高级工程技术人才而建立的学校。建校之初,学校仅设立铁路建筑和电气机械工程两个专业,学制4年,用俄语授课。到中华人民共和国成立前夕,哈工大已经有了10个专业,即铁路道路、建筑、铁路机械、铁路电气、工程经济、铁路管理、采矿、化工、航空工程和东方经济专业。

第一节　专业规模不断扩大

　　从1951年至1957年,哈工大在党的领导下,在全校师生员工的共同努力下,发展成一所崭新的高等工业大学。

一、系与专业逐年增加

　　1951年春,教育部党组为哈工大拟订的改革计划草案中,确定在原有的土木建筑、机械、电气工程、化学、采矿等系的基础上扩展为7个系25个专业、35个专业组,其中机械制造工艺、金属切削机床及工具、金相学及热处理设备、冶金、民用建筑、取暖、给水及上下水道等专业于当年开始招生,其他专业则处于筹建阶段。

　　1952年暑假,根据中央指示,东北各院校进行了院系调整。这次院系调整是一次教育改革。在这次调整中,哈工大的铁路系被调整到东北铁路学院,冶金、采矿系被调整到东北工学院,化工系被调整到大连工学院。1952 年 10 月,哈尔滨工业大学划归第一机械工业部(以下简称一机部)领导,成为部属学校。学校由教育部和一机部双重领导,由一机部具体分管。院系调整后,学校保留了 3 个系 13 个专业,即机械系的机械制造、机床刀具、金属热处理、铸造、锻压、焊接 6 个专业,电机系的发电厂及输配电、电机及电器制造、工厂电力装备 3 个专业,土木建筑系的工业及民用建筑、建筑结构、上下水道、暖气通风 4 个专业。从专业设置可以看出,哈工大已完全转为为发展重工业服务的高等院校。

1952 年,哈工大增设了一批专业与教研室。学校从这时起,开始从使用俄文教学全面改为用中文教学。20 世纪 50 年代的中国,急需大量工程技术人才,这一举措无疑起到了雪中送炭的作用。

1952 年,哈工大获批试行授予 5 年制毕业生"工程师学位毕业证书"的制度。这样,哈工大在国内最早建立起 5 年制本科(培养工程师)和两年制研究生部(培养高校师资)的新教育制度。

1954 年,动力机械系增设了锅炉制造和蒸汽透平(后改名为汽轮机制造)两个专业;1955 年,动力机械系增设了企业组织与计划专业,电机系增设了动力经济专业;1956 年,学校发展到 6 个系 22 个专业;1957 年,锅炉制造、汽轮机制造和水力机械 3 个专业由机器制造系分出,另成立了动力机械系,仪器制造系又增设了数学计算机仪器专业。至此,哈工大共设立 7 个系 26 个专业(见表 3.1),下设 57 个教研室、76 个实验室和资料室,基本上建设成学习苏联教学制度的新型的多科性工业大学。这个专业体系的形成为哈工大的发展奠定了坚实的基础。直到今天,这些系和专业大部分仍然是哈工大的重要组成部分,是发展科学技术的排头兵,是培养硕士和博士研究生的重点单位。

表 3.1 1957—1958 学年,系与专业的设置情况

（一）土木建筑系	
1. 工业及民用建筑专业	2. 供热供煤气及通风专业
3. 给水排水专业	
（二）机械制造系	
4. 机械制造工艺专业	5. 金属切削机床及刀具专业
（三）电机系	
6. 电站、电力网和电力系统专业(水力发电专门化、火力发电专门化、电力系统继电保护专门化、电力网及电力系统专门化、高压工程专门化)	7. 工业企业电器专业

续表

8. 电机与电气专业（电机专门化、电器专门化）	9. 电气仪表及电测技术专业
10. 无线电工程专业	
（四）机械工艺系	
11. 金属学热处理及热处理车间设备专业	12. 焊接设备及工艺专业
13. 铸造机器及工艺专业	14. 锻压机器及工艺专业
15. 轧钢拉丝机器及工艺专业	
（五）工程经济系	
16. 机械制造企业经济组织计划专业	17. 动力经济组织与计划专业
（六）仪器制造系	
18. 精密仪器专业（量仪及自动机专门化、精密仪器制造专门化、计时仪器专门化）	19. 仪器制造工艺专业
20. 自动学与运动学专业	21. 数学及计算仪器和装置专业
22. 光学仪器专业	
（七）动力机械系	
23. 锅炉制造专业	24. 汽轮机专业
25. 水力机械专业（水轮机专门化、水泵机专门化）	26. 冷却机和压缩机装置专业

注：无线电工程专业所招新生，后来转到上海交通大学。光学仪器专业和冷却机和压缩装置专业，后来由国家教育行政部门决定撤销。

二、专业设置独具特色

在专业设置上，哈工大自建校至今一直以工科为主，改革开放前主要参照苏联模式，按照行业甚至按企业的工种设置专业，如金属热加工学科的铸造、锻压、焊接、热处理，机械制造学科的机床、刀具等，甚至有的专业名称与工厂的车间同名。专业划分相当细，培养的针对性强。这种专业设置加之 6 年（含 1 年预科）的长学制，以及很强的实践教学环节，使毕业生分配到对口的岗位后，短期内便能适应工作的要求，因此受到用人单位的高度评价，哈工大也一度被誉为"工程师的摇篮"。在这种教育体制下，哈工大为我国培养了一大批具有扎实的理论基础和很强的工程实践能力的高级专门技术人才。哈工大作为我国高等教育的样板,不仅为我国高等教育,特别是理工科高等教育体系的建立与完善(包括专业设置、培养方案、教学管理、师资队伍建设、教材建设和实验室建设)做出了重要贡献,也为我国工业、企业、科研院所,乃至政府培养输送了大批人才,从而也造就了哈工大的第一个黄金时代。在这一时期,哈工大教师与学生工程实践能力强的特色日趋凸现。

三、由民到军的转变的新阶段

1958 年 9 月 15 日,邓小平同志来哈工大视察时,对李昌校长说:"大厂大校要关心国家命运,高等学校要成为突破科学技术的基点之一。"同年 9 月下旬,中共黑龙江省委召开会议讨论哈工大建立新专业的问题,会上传达了一机部赵尔陆部长的指示:"哈工大要搞尖端,要增加一些新专业。"就是在这个新的形势下,根据国家需要,学校专业设置做了重大调整,学校陆续创建了航空工程、工程物理、工程力学、无线电工程、自动化控制等系和有关航天工程的一批尖端专业。1958 年,化学系、数理力学系成立。

1958 年 9 月,经一机部和教育部批准,哈尔滨航空工业学校合并到哈尔滨工业大学。哈工大以前者的专业为基础建立了航空工程系。

1958 年末,根据上级决定,在土木建筑系基础上分建哈尔滨建筑工程学院,土木楼划归哈尔滨建筑工程学院。哈工大校部机关随之迁至复华二道街 1 号(原学生宿舍)。

1958 年,经教育部和一机部批准,成立了哈尔滨工业大学富拉尔基重型机械学院,1959 年改名为哈尔滨工业大学重型机械学院,1960 年 10 月 29 日更名为东北重型机械学院,与哈工大分开独立办学,划归一机部领导。

1958 年是哈工大发展壮大的一年。学校发展到了 12 个系,43 个专业和 1 个分校,成为培养工程技术人才和尖端科学技术人才并举的工业大学。

为适应学校发展,加强对国防专业、系的建设和管理,学校于 1959 年建立了二部,下属 5 个系和中专部,并建立了工作机构。1961 年 3 月,二部撤销,所属各系直属校本部。

1959 年 3 月 22 日,中共中央印发了《关于在高等学校中指定一批重点学校的决定》,哈工大被确定为全国 16 所重点院校之一。

1962 年,学校由民到军的转变工作基本完成,形成了门类齐全、学科互相配套的专业体制。哈工大已成为为国防工业和科研服务的多科性工业大学。根据中央"调整、巩固、充实、提高"的八字方针,军委装备会议提出对院校专业进行调整,哈工大又进行了一次专业调整工作,从 12 个系 36 个专业调整为 9 个系 36 个专业,见表 3.2。

表 3.2　1962 年,哈工大的系与专业设置

系别	专业名称
数学力学系	计算数学、飞行力学及飞行操纵、火箭结构力学及强度计算
工程物理系	核物理、船舶反应堆、船舶原子动力装置及锅炉、船舶涡轮机(汽轮机专门化、燃气轮机专门化)、特种泵及液力传动(特种泵专门化、液力传动专门化)
航空工程系	飞机设计、飞机发动机设计
自动控制及无线电系	火箭控制与稳定装置、陀螺仪及自动驾驶仪、解算装置、无线电定位、无线电遥测及遥控
工程力学系	火箭弹体设计、火箭发动机设计、火箭发射装置及地面机械设备
电机及仪器系	特种电机电器、火箭检验设备及电气测量技术、热工仪表、光学仪器、工业企业电气化及自动化(工业企业电气专门化、自动装置专门化)、电物理
工程化学系	非金属材料及成型工艺、电化学及化学电源、金属材料及热处理(金属材料专门化、金属热处理专门化)
精密机械系	机床及自动化(机床设计专门化)、精密机械仪器、特种精密机械制造工艺(精密机械制造工艺专门化、金属切削刀具专门化、仪器制造专门化)、机械制造企业组织与经济
机械制造系	火箭弹体设计、火箭发动机工艺、特种铸造工艺及设备、特种压力加工工艺及设备、特种焊接工艺及设备

第二节　专业建设蓬勃发展

改革开放以来,哈工大重视基础理论教学,强化工程实践训练,注重与企业和科研单位的合作,本科教学质量不断提高。

一、改革开放至 2000 年本科教育概述

哈尔滨工业大学的本科教育,坚持面向现代化、面向世界、面向未来,全面贯彻党和国家的教育方针,以培养思路开阔,具有强烈的创新意识,能适应科技发展和社会进步,具备解决工程实际问题能力的高级社会主义建设人才为宗旨。

根据培养目标和本科专业设置,哈尔滨工业大学的本科人才培养规格可以分为 3 大类:攻读硕士、博士学位的科学研究型人才,跨学科(双学位)的复合型科学、技术、工程及管理人才,开发、设计、制造类型的科学、技术、工程及管理人才,社会各个就业部门的经营管理人才,以及人文、社科等方面的专门人才。在知识层面,要求本科生掌握扎实的自然科学和技术的基础知识;在能力方面,要求本科生具有较强的分析问题和解决问题的能力、工程实践能力、语言交流能力、群体合作和组织管理能力,具有现代化大工程的质量与效益观念,在素质层面,要求本科生热爱祖国,具有振兴中华民族的强烈责任心和使命感,有较强的求知欲和开拓进取、严谨务实、勤奋敬业的作风。

学校明确规定,教授必须为本科生授课,院士、博士生导师应坚持每学期为本科生开设学科发展前沿和科学研究方法的选修课或专题讲座,确保本科生的教学质量。

哈工大逐步完善教学质量保障体系,在 20 世纪 80 年代建立校、院、系三级教学质量监控体系,进一步完善院系评估工作,根据新的要求,对评估体系的指标进行必要的修改,实行科学化、持续化的评估工作。学校于 1996 年成立了本科教学委员会,它是本科教学的咨询机构。这一机构将为课程内容、教学方法、本科教学评估、教学质量监控、教学计划及实验室建设方案、新系新专业的建立,以及院、系、专业的调整等提出重要的决策意见。同时,学校实施基础教学带头人制度,每年评出 5~10 名学术造诣较深的基础课程教学成绩突出的教授为课程首席教授,以此促进公共课、基础课、技术基础课的教学改革和年轻教师的培养,提高教学质量。

学校始终把教学研究、课程建设、教材建设和实验室建设视为保证教学质量的基础和关键环节。在教育部组织的"面向 21 世纪高等工程教育教学内容课程体系改革计划"的研究项目中,由哈工大主持的项目有 7 项,参加的项目有 7 项。历年来共获高等教育国家级教学成果奖特等奖 1 项,一等奖 1 项,二等奖 5 项,优秀奖 3 项;被国家有关部委聘为全国高校专业(课程)教学指导委员会成员的教师共 61 人次,其中主任 3 人,副主任 10 人,组长 3 人,副组长 8 人。1978 年以来,主编国家级

规划教材242种,其中有十几年长盛不衰的《电工学》《理论力学》,也有《模糊控制,神经控制和智能控制论》《陶瓷材料学》等一批由中青年教师编写的教材,还有一批适应教学改革,知识面宽、内容新的教材,如《线性系统理论》《张量分析与连续体力学》等。1987年以来,学校获国家级和部级教材奖64项,其中国家级11项,部级53项。青年教师段广仁教授编著的《线性系统理论》1998年荣获第11届中国图书奖。

哈工大历来重视教学条件改善和教学基地建设。2000年,学校建设了数学、力学、机械基础3个国家工科基础课教学基地;利用世行贷款建设了现代工程训练中心、物理实验中心、化学实验中心。这些实验基地的建设目标是要在硬件建设、课程改革、师资队伍、创新性人才培养等方面成为国家示范基地;后来又申请到"大学生文化素质教育基地"的建设资格。通过这些基地的建设,学校力图实现对学生的科研技能、创新能力、文化素质等方面进行全方位培养。

教务部门组织全校著名教授,对国内外兄弟高校的教学计划进行了较为深入的研究,本着务实、创新、遵循现代教育发展规律的精神,制定了以"整体优化知识结构,培养创新意识,提高综合素质"为目标的"以工为主、学科渗透"的教学计划。教学计划中突出了数、理、化的学习,学时略有增加,旨在切实加强学生的自然科学基础;同时,还加强了课程设计、工程培训、毕业论文等实践环节。此外,为培养学生的综合素质,将人文选修课的比例强化为14%,第二课堂的教学内容正式列入了教学计划中。新教学计划的总学时定在2 600学时以内,同时减少必修课的学时,增加选修课的数量,使之达到170门左右。

在市场经济条件下,工程技术人员不仅要懂技术,还要懂成本;不仅能经营、会管理,还要能协作,并且在工程中全面考虑环境和可持续发展的问题。根据社会经济、科学技术的发展和人才市场的需要,在教育改革中突出强调加强基础、拓宽知识面,给学生更多发挥主观能动性和创造性的空间和条件。为了加强对创造性人才的培养,哈工大采取了一系列改革措施。

第一,实现从以教师为中心到以学生为中心的教育模式的转变。将工科学生的总学时限制在2 600学时以内,同时减少必修课的学时,增加选修课的数量,使之达到170门左右。为确保改革能得到教师的支持,对指导教师进行定期培训,对优秀指导教师在职称晋级和物质方面给予奖励。

第二,改革传统的专业课内容过深、过窄的倾向,加大基础课和公共课程的比重,为学生终身学习和适应科学技术发展打下坚实的基础。通过改革把分割过细的课程变成综合性课程。在教学计划中,88%的课程是公共课、基础课和技术基础课,专业课的比重只占 12%。同时注意将前沿学科、边缘学科和科学技术的最新发展纳入选修课计划。

第三，加强自然科学基础，拓宽专业，文理交叉。保持哈工大的学科特色与优势；不仅理工类，人文、管理类专业也必须限选数学、物理、化学课程，生物课为必选课；人文、管理类专业必须选修不少于 4% 的工科专业课或专业基础课。

第四，加强工程管理训练与外语教学。新生入学第一学期实施计算机操作培训；外语（英语）实行分级教学；各专业必须选 1～2 门专业课使用外文原版教材或参考书；将金工实习的内容与功能扩展为未来工程的综合训练，包括环境、可持续发展、经济管理、成本管理、质量管理、产品推荐等方面的训练。

第五，强化综合素质的养成。本科生自入学起，每学期有 40 名院士、博士生导师为他们开设学科前沿讲座。学校将第二课堂纳入教学计划，举办大型系列讲座、学科知识竞赛、科技制作竞赛。大型系列讲座是校园文化建设的重要组成部分。全校性的大型系列讲座由教务处、校团委、人文与社会科学学院统筹组织、安排，小型和临时性的讲座由各院系自主安排。由教务处、校团委、人文与社会科学学院组织的面向世界、面向现代化、面向未来的"201 讲坛"目前已开设 6 个系列，分别为走向世界，专家、教授谈热点问题，伟人风采，科技之光，学生论坛，名著、名片、名曲赏析。"201 讲坛"的地点设在新教学楼能容纳 380 人的 201 教室。"201 讲坛"已经成为校园文化中的一张"名片"。

第六，教学方法改革。通过多媒体、网络等教学手段的应用和教学内容的改革，学校精简课内学时，增加学生的自由思考和自学的时间；倡导和推广讨论式、启发式授课方式；改革考试制度，将知识考试与能力考试相结合，进行论文式、开卷式、口试等的试点。实验教学实行开放式、自行设计式的实验，开设知识性、趣味性的实验。

第七，拔尖人才培养。创办实验学院对尖子生实行本硕连读、本博连读。本硕连读学制为 6 年，本博连读学制为 9 年。在管理上实行分段、分流，这种培养模式将本科教育划分为两段。第一阶段为基础教育阶段，学制为两年，主要学习自然科学理论、语言、人文社会科学。第二阶段为工程教育阶段，基本学制为两年，主要学习工程技术基础，并参加科研。优秀的本科生，4 年后实行本硕、本博连读，在整体规划时打通本科、硕士、博士的通道。

第八，创新能力的培养。培养创造性人才，必须实现以教师为中心向以学生为中心的转变。为此，实验教学实行开放式、自行设计式的实验，开设知识性、趣味性的实验；逐步实施本科生在第 5 学期进入实验室参与科研，提前开始毕业设计的制度;奖励和推广教学方法改革的典型经验;在全校范围内进行学科知识竞赛。教务部将全校性的竞赛规划成 12 种,每学期进行 6 种,分为限时和非限时两类。每种限时赛都有固定的时间。非限时赛的题目难度较大,在任何参考书上都找不到现成的答案,学生可以自愿组成攻关小组进行合作,寻求解答。这 12 种竞赛分别为:高等数学、数学建模、大学物理、物理实验、化学、电工电子、计算机、制图、机械设计、力学、英语能力与讲演、中文写作。学科知识竞赛既培养了学生的创造能力和协作能力,又培养了学生的竞赛意识。

二、形成国防航天特色，凸显工程实践能力

改革开放以来,伴随着国家经济体制转轨和学校综合实力的不断增强,哈工大得到了快速发展,学校综合实力不断增强,创造了哈工大的第二个黄金时代。在此期间,在主管部门的领导和大力支持下,学校承担了大量的航天、国防研究项目,取得了一大批高水平的科研成果,攻克了一大批航天、国防领域的尖端关键技术,为我国的航天、国防事业做出了突出贡献,教师队伍得到了很大的锻炼和提高。学生的培养,特别是研究生的培养从中受益匪浅,研究生学位论文课题都是导师承担的科研课题中提炼出来的问题。同时,学校还为国防、航天领域输送了一大批优秀的高级专门技术人才。在这段时间里,广大教师和学生情系国防、航天的情怀也日见升华。在载人航天工程中,无论是高级管理与专门技术人才的培养,还是攻克关键技术方面,哈工大都做出了突出贡献,特别是由哈工大为主研制的"试验卫星一号"成功发射,哈工大研制的新体制雷达的研制成功与应用,载人航天大型空间模拟器的成功制造,"神舟"飞船焊接变形控制技术难关的攻克,系列特种机器人研制成功及机器人码垛包装生产线的产业化,惯性制导与物理仿真系列设备的研制成功与应用,国家信息安全工程重大项目的胜利完成等一大批标志性成果的取得,使哈工大的国防、航天特色和优势也凸显到了巅峰,同时哈工大的工程能力强、承担大型工程项目见长的特色和优势也愈加突出。

1998 年,教育部重新调整专业目录后,哈工大从社会需求和学校的办学条件出发,对传统的专业进行整合与改造,拓宽了专业口径,扩大了专业适应面,保留特色专业,并新建了一些国民经济急需的、属于交叉学科和新兴学科的专业,至此基本形成了理工为主、经管文法相结合的专业格局。学校依托强大的国防科技背景,科学研究与人才培养服务于国防、航天领域,坚持军民两用原则,走通用学科为主,加强国防特色专业建设的发展道路。因此,随着时代的发展,学校既能继承和发扬优良

传统,又能与时俱进,不断创造出新的辉煌。

改革开放以来,哈工大发展迅猛,综合实力居全国高校前列。截至 2000 年 3 月,哈工大(本部)有 10 个学院、33 个系、38 个本科专业、32 个博士点、54 个硕士点、11 个博士后流动站(见表 3.3)。

表 3.3 2000 年,哈工大院系与专业设置

学院名称	系名称	专业名称
航天学院	航天工程与力学系	工程力学
		飞行器设计与工程
		飞行器环境与生命保障工程
	电子科学与技术系	电子科学与技术
	控制科学与工程系	自动化
		探测制导与控制技术
	电子与通信工程系	通信工程
		电子信息工程
机电工程学院	机械工程及自动化系	机械设计制造及自动化
材料科学与工程学院	材料科学系	金属材料工程
		无机非金属材料工程
	材料工程系	材料成型及控制工程
	焊接技术与工程系	焊接技术与工程
能源科学与工程学院	热能动力工程系	热能与动力工程
计算机与电气工程学院	计算机科学与工程系	计算机科学与技术
	电气工程系	电气工程及其自动化
	自动化测试与控制系	测控技术与仪器
理学院	数学系	数学与应用数学
		信息与计算科学
	应用物理系	应用物理学
	应用化学系	化学工程与工艺
		高分子材料与工程
	环境科学与工程系	环境工程
	生命科学与工程系	生物技术

续表

学院名称	系名称	专业名称
管理学院	管理科学与工程系	信息管理与信息系统
	工商管理系	工商管理
		市场营销
		会计学
	金融与贸易系	金融学
		国际经济与贸易(理科)
人文与社会科学学院	哲学与社会学系	社会学
	法政系	思想政治教育(专转本)
	经济系	国际经济与贸易(文科)
建筑工程与设计学院	土木工程系	土木工程
	艺术设计系	艺术设计
	建筑系	建筑学
外语系		英语
		俄语
汽车工程学院(威海校区)	人文系	英语
	信息工程系	自动化
		计算机与科学与技术
	机械工程系	材料成型及控制工程
		机械设计制造及其自动化
	汽车工程系	热能与动力工程
		交通运输
		会计学
	经济管理系	国际经济与贸易
	理学系	

注:此表包括哈工大本部和威海校区的专业。

三、进入新世纪,学校专业实力进一步增强

学校抓住"211工程"和"985工程"建设的机遇,深化改革,开拓创新,从更高的

层面和更长远的时间跨度规划学校的发展,做好各项工作,通过全面贯彻党的教育方针,坚持教育为社会主义现代化建设服务,为人民服务,与生产劳动和社会实践相结合,培养德智体美全面发展的社会主义建设者和接班人。深化教育教学改革,着力培养学生的创新精神和实践能力,全面推进素质教育,使我校本科教育工作取得了长足发展,为成为世界一流大学奠定了坚实基础。

学校十分重视教育创新,不断更新教育思想和教育观念,不断改革和完善教学体系、内容和方法。学校坚持以学生为中心,力求做到知识、能力、素质三者的统一,培养学生的学习兴趣,尊重学生的自我选择,推行培养目标个性化、培养过程柔性化、培养方案多样化,注重培养学生的奉献精神与合作精神,大力提高学生的创新和创业能力。

学校注重开放式办学,和伯明翰大学、玛丽皇后学院、里尔科技大学、都柏林工业大学、悉尼大学、仁川大学、香港大学、香港科技大学等知名学校建立了长期合作关系,通过2+2、3+1、4+1等多种方式交换培养本科学生。采取聘请对方教师来校上课、引进国外先进的教学理念、吸纳采用国外大学的培养方案和教材,派出青年教师到对方学校专修课程等措施,提升我校的教学水平,加速办学的国际化进程。

学校非常注重教学质量,适时调整专业结构,修订本科生培养方案,改革办学模式,加强课程建设,深化实践教学改革,逐年增加教学经费,改善教学条件,强化教学督导与院(系)教学工作状态评价制度,以教风建设带动学风建设,本科教育教学质量和水平不断提高。

至 2006 年 9 月,我校本科招生专业共计 66 个,涉及理学、工学、管理学、文学、经济学、法学 6 个大学科门类,其中工学类 36 个,占专业总数的 54.6%;理学类 13 个,占 19.7%;管理学类 7 个,占 10.6%;文学类 6 个,占 9.1%;经济学类 2 个,占 3.0%;法学类 2 个,占 3.0%。基本形成了门类较为齐全、工学为主、理学支撑、多学科协调发展的结构体系。"十一五""十二五"期间,学校依托学科优势建设本科专业,专业建设水平显著提高。21 个专业入选"卓越工程师教育培养计划"试点专业,4 个专业获批国家"专业综合改革"试点专业,10 个专业获评工业和信息化部重点专业,33 个专业获评黑龙江省重点专业,省级以上重点专业数占专业总数的比例达67.5%。8 个专业通过工程教育专业认证,6 个土建类专业通过住房和城乡建设部专业评估。

截至 2015 年,学校共有专业 81 个,见表 3.4。

表 3.4　哈尔滨工业大学 2015 年招生专业（类）一览表

学院名称	招生专业（类）		学科门类	学位门类
	编号	名称		
航天学院	041	自动化	工学	工学
	042	探测制导与控制技术	工学	工学
	181	工程力学	工学	工学
	182	飞行器设计与工程	工学	工学
	183	飞行器环境与生命保障工程	工学	工学
	184	复合材料与工程	工学	工学
	185	空间科学与技术	理学	工学
	211	电子科学与技术	工学	工学
	212	电子信息科学与技术	工学	工学
	213	光电信息科学与工程（光学工程方向）	工学	工学
电子与信息工程学院	051	通信工程	工学	工学
	052	电子信息工程	工学	工学
	053	信息对抗技术	工学	工学
	054	遥感科学与技术	工学	工学
	055	电磁场与无线技术	工学	工学
机电工程学院	081	机械设计制造及其自动化	工学	工学
	082	工业设计	工学	工学
	083	飞行器制造工程	工学	工学
	084	工业工程	管理学	工学
	085	机械电子工程	工学	工学
	303	数字媒体技术	工学	工学
	304	数字媒体艺术	艺术学	艺术学
材料科学与工程学院	091	材料成型及控制工程	工学	工学
	190	材料科学与工程	工学	工学
	291	焊接技术与工程	工学	工学
	292	电子封装技术	工学	工学
	351	材料物理	工学	工学
	442	光电信息科学与工程（系统方向）	工学	工学

续表

学院名称	招生专业（类）		学科门类	学位门类
	编号	名称		
能源科学与工程学院	022	飞行器动力工程	工学	工学
	024	能源与动力工程	工学	工学
	025	核工程与核技术	工学	工学
电气工程及自动化学院	011	测控技术与仪器（精密光机电技术与仪器方向、电子信息技术与仪器方向）	工学	工学
	013	光电信息科学与工程（光电仪器方向）	工学	工学
	061	电气工程及其自动化	工学	工学
	062	建筑电气与智能化	工学	工学
	063	电气工程及其自动化（中澳合作办学）	工学	工学
化工学院	141	高分子材料与工程	工学	工学
	142	化学工程与工艺（电化学方向、材料化工方向、生物化工方向）	工学	工学
	143	能源化学工程	工学	工学
	146	食品科学与工程	工学	工学
理学院化学系	070	化学类（材料化学、应用化学）	工学、理学	理学
理学院物理系	110	物理学类（应用物理学、核物理）	理学	理学
	114	光电信息科学与工程	工学	理学
理学院数学系	120	数学类（数学与应用数学、信息与计算科学）	理学	理学
	123	统计学	理学	理学
经济与管理学院	101	信息管理与信息系统	管理学	管理学
	102	电子商务	管理学	管理学
	131	工程管理	管理学	工学
	201	工商管理	管理学	管理学
	202	市场营销	管理学	管理学
	203	会计学	管理学	管理学
	204	财务管理	管理学	管理学
	221	金融学	经济学	经济学
	222	国际经济与贸易	经济学	经济学

续表

学院名称	招生专业（类）		学科门类	学位门类
	编号	名称		
人文与社会科学学院	161	社会学	法学	法学
	231	国际经济与贸易	经济学	经济学
	232	经济学	经济学	经济学
法学院	242	法学	法学	法学
土木工程学院	331	土木工程（含土木工程材料方向）	工学	工学
	334	城市地下空间工程	工学	工学
市政环境工程学院	251	给排水科学与工程	工学	工学
	262	建筑环境与能源应用工程	工学	工学
	271	环境工程	工学	工学
	272	环境科学	工学	理学
建筑学院	341	建筑学	工学	工学
	345	城乡规划	工学	工学
	347	风景园林	工学	工学
	346	环境设计	艺术学	艺术学
交通科学与工程学院	321	道路桥梁与渡河工程	工学	工学
	322	交通工程	工学	工学
	325	交通设备与控制工程	工学	工学
计算机科学与技术学院	031	计算机科学与技术	工学	工学
	032	信息安全	工学	工学
	034	生物信息学	理学	工学
软件学院	371	软件工程	工学	工学
	373	物联网工程	工学	工学
外国语学院	151	英语	文学	文学
	152	俄语	文学	文学
	153	日语	文学	文学
基础与交叉科学研究院	450	化学类（材料化学、应用化学）	工学、理学	理学
英才学院	360	无专业，按学院招生		
生命科学与技术学院	280	生物科学类（生物技术、生物工程）	理学、工学	理学、工学

2019 年 1 月,根据我校人才培养定位和办学特色,为夯实基础、加强通识、固本培元,对接一流专业建设"双万计划",优化专业布局,学校开始深入推进本科生大类招生大类培养机制改革,按照工、理、管、文四大学科门类,经过充分论证,形成 8 个招生培养大类。原则上,本科生第一学年按 8 个大类培养,第一学年末按 35 个专业类分流,第二学年末按专业(方向)分流。

2019 级分别在工科试验班(航天与自动化)大类的航天学院、工科试验班(智能装备)大类的材料科学与工程学院、理科试验班大类的理学院物理系设置光电信息科学与工程专业,2020 级开始仅在理科试验班大类的理学院物理系设置此专业。

英语专业 2019 级继续为文理兼招,2020 级开始只招收文科生。

大类招生、大类培养方案见表 3.5。

表 3.5 哈尔滨工业大学大类招生大类培养方案

序号	招生大类	学院	专业类	专业(方向)	分流时间节点
1	工科试验班(航天与自动化)	航天学院	自动化类	自动化	1. 第一学年末按专业类分流 2. 第二学年末按专业(方向)分流
				探测制导与控制技术	
			空天力学与工程	工程力学	
				复合材料与工程	
			飞行器设计与工程	飞行器设计与工程	
				飞行器环境与生命保障工程	
				空间科学与技术	
			光电工程类	电子科学与技术	
				光电信息科学与工程(光学工程方向)	
			微电子科学与工程		
		电气工程及自动化学院	电气工程及其自动化	电气工程及其自动化	
				建筑电气与智能化	
2	工科试验班(计算机与电子通信)	电子与信息工程学院	信息与通信工程	通信工程	1. 第一学年末按专业类分流
				电子信息工程	
				信息对抗技术	
				遥感科学与技术	
				电磁场与无线技术	

续表

序号	招生大类	学院	专业类	专业（方向）	分流时间节点
2	工科试验班（计算机与电子通信）	计算机科学与技术学院	计算机类	计算机科学与技术	2. 第二学年末按专业（方向）分流
				信息安全	
				生物信息学	
				物联网工程	
				数据科学与大数据技术	
			软件工程		
3	工科试验班（智能装备）	机电工程学院	机械类	机械设计制造及其自动化	1. 第一学年末按专业类分流 2. 第二学年末按专业（方向）分流
				工业设计	
				飞行器制造工程	
				工业工程	
				机械电子工程	
		材料科学与工程学院	材料成型及控制工程		
			材料科学与工程	材料科学与工程	
				材料物理	
				光电信息科学与工程（系统方向）	
			焊接技术与工程	焊接技术与工程	
				电子封装技术	
		能源科学与工程学院	能源动力类	能源与动力工程	
				飞行器动力工程	
				核工程与核技术	
		仪器科学与工程学院	精密仪器及智能化	测控技术与仪器	
				精密仪器	
4	工科试验班（资源环境与新材料化工）	化工与化学学院	功能新材料与化工	能源化学工程	1. 第一学年末按专业类分流
				化学工程与工艺	
				高分子材料与工程	
				食品科学与工程	
				应用化学	

续表

序号	招生大类	学院	专业类	专业（方向）	分流时间节点
4	工科试验班（资源环境与新材料化工）	化工与化学学院	化学类	材料化学	2. 第二学年末按专业（方向）分流
				化学	
		环境学院	环境科学与工程类	环境工程	
				环境科学	
			给排水科学与工程		
5	工科试验班（土木建筑与交通类）	土木工程学院	土木类	土木工程（建筑工程方向）	1. 第一学年开学初建筑学院按专业类分流，土木工程学院、交通科学与工程学院大类培养 2. 第一学年末土木工程学院、交通科学与工程学院按专业类分流 3. 第二学年末按专业（方向）分流
				土木工程（土木工程材料方向）	
				土木工程（土木工程力学精英班）	
				城市地下空间工程	
				工程管理	
		建筑学院	建筑学		
			城乡规划	城乡规划	
				风景园林	
			建筑环境与能源应用工程		
			设计学类	数字媒体技术	
				数字媒体艺术	
		交通科学与工程学院	道路桥梁与渡河工程		
			智能交通类	交通工程	
				交通设备与控制工程	
6	理科试验班	物理学院	物理学类	应用物理学	1. 第一学年第一学期末按专业类分流 2. 第二学年末按专业（方向）分流
				核物理	
			光电信息科学与工程		
		数学学院	数学类	数学与应用数学	
				信息与计算科学	
				统计学	
		生命科学与技术学院	生物科学类	生物技术	
				生物工程	

续表

序号	招生大类	学院	专业类	专业（方向）	分流时间节点
7	经济管理试验班	经济与管理学院	经济管理试验班	信息管理与信息系统	第二学年末按专业（方向）分流
				电子商务	
				工商管理	
				大数据管理与应用	
				市场营销	
				会计学	
				财务管理	
				金融学	
				国际经济与贸易	
8	文科试验班	人文社科与法学学院	社会学		第一学年末按专业类分流
			经济学		
9		人文社科与法学学院	法学		
10		外国语学院	英语		
			俄语（小语种）		
			日语（小语种）		

第三节　增强对专业与职业的认识

每年高考结束，除了焦急地等待成绩和分数线，选择哪所大学的哪个专业也常常令考生和家长纠结。大学专业选择与未来职业及人生的长远规划存在直接的相关性。大学专业选择就是人生规划的第一步！选择专业就是在选择职业，就是在选择未来。

一、重视专业学习，提升核心竞争力

专业教育是我国高校培养学生的基本模式，是大学生形成知识体系的有效形式。然而，由于传统教育体制的目标导向存在偏差，学生对自身兴趣、特长缺乏清晰的认识，出现了专业选择上的盲从现象，导致出现很多学生专业学习动机不明确、动力不强的问题。在大学期间，很多人对自己的专业认同感弱，进校之后就开始谋求转专业，进而出现专业课学习懈怠的现象。在大学，专业教育对于大学生的成长究竟意味着什么？探究专业教育的内涵，有利于我们增强专业认同感，科学设置学业目标、端正学习态度、调整精神状态，利用好大学时光。

　　大学的专业教育总是伴随着一系列通识教育课、专业基础课、专业课的学习，在这些课程中既有课堂理论讲授，也有专业实践训练。一个大学专业的建立、发展与成熟，是一批批教育工作者经过数十年甚至上百年的探索、继承、创新、完善才得以成型的。专业知识是围绕特定行业需求的系统化的知识体系。随着时空条件的变化，专业知识的结构和体系会不断地更新，但是贯穿始终的是知识的科学性、全面性和系统性。

　　从实践和认识的辩证关系看，认识来源于实践，并随着时间的推移而不断深化。系统学习和思维能力的形成只能通过系统的教育过程来获得。大学专业教育的科学性和系统性，决定了其在大学教育中的不可替代性。由此不难理解，为什么很多学生感觉在大学里没学到什么，却无形中实现了蜕变，正是因为他自觉或不自觉地经历了一个系统的学习过程，在获得专业知识的过程中，形成了专业思维能力、学科思维能力。很多人一叶障目，不见森林，他只是对某一专业的知识体系不感兴趣，却没有发现这一知识体系中蕴含的思维能力才是融入社会、创造价值的关键法宝。学什么未必做什么，但不论大学生以后从事什么行业，都要自觉地接纳专业教育，重视专业学习，借以提升自己的核心竞争能力。

二、不喜欢自己的专业怎么办？

　　当经过十年寒窗苦读，用汗水与拼搏换来一张大学的入场券时，同学们有的欣喜也有的惆怅，有的同学被录取的学校虽然是自己梦寐以求的名校，但是专业并非自己所爱，更有一些同学被录取后发现学校和专业都不是自己喜欢的。专业问题，在高校中已经成为心理问题、学风问题产生的重要原因之一。因此，如何使学生正确对待不喜欢的专业，是亟待解决的问题。

　　一般产生专业问题的原因有两种，一是所学专业是被调剂的，二是在深入了解这个专业后发现并不适合自己。

　　不喜欢自己的专业怎么办呢？是为了自己的梦想，退学重新复读？还是考研、转专业、修双学位？还是混日子，最终导致无法正常毕业呢？其实，即使不喜欢自己的专业,你依然可以在大学中活出自己的精彩。

请大家看一个真实的例子。某著名高校有这样一名学生,因为专业被调剂,入学一个月后就要退学复读高三,但是家长坚决不同意。这位同学非常苦闷,情绪低落到极点,基本无法正常上课,经常失眠。他甚至已经偷偷地联系好复读的学校,并且要与家长决裂。辅导员得知此事后,请家长到学校就该生目前的状态进行了深入分析,并疏导该生的专业情绪。在辅导员近一个月的深入谈心、引导和帮助下,他在学生社团和社会实践中找到了自己突围的方向。

该生答应辅导员,保证在好好上课、不挂科的前提下,做好自己想做的事情,拓展自己的兴趣爱好,锻炼综合能力。最终他通过努力,兑现了自己的诺言。大学四年时间里,他不但顺利通过所有课程的学习和考试,而且参加了喜欢的社团,锻炼了自己各方面的能力,并利用寒暑假通过层层筛选进入国内知名企业实习。他找到了自己的职业理想,那就是专业对口的管理类岗位,他还凭借自己的英语强项占据了优势。最终,该生顺利毕业,并找到了理想的工作。

这只是一个比较典型的案例。在各高校中,不喜欢自己专业的同学不在少数,那出路到底在哪里呢? 这需要同学们深入分析自己的综合能力和性格特点,才能选择最适合自己的那个方向。

不喜欢自己专业的同学,到底有几条出路呢?

(1) 不轻言放弃,深入了解专业及就业去向,反复确认是否真的不喜欢。在前期用一段足够长的时间,让自己对所学的专业充分了解。可能在真正了解这个专业后,你会发现自己对它也很感兴趣。只有尝试过,才能确认到底喜不喜欢。因此要反复地问自己:"我真的不喜欢吗?""我讨厌这个专业吗?""学习这个专业真的让我无法忍受吗?"反复地调查:"学这个专业今后会做什么工作?"然后,再得出答案:"我要……"这个办法的核心是:反复确认,理清自己要什么。

(2) 问问自己真正的爱好是什么,有没有明确的目标。很多同学只是从表面上感觉对目前所学的专业不感兴趣,但其实自己也没有明确的专业方向和兴趣。此时就需要明确自己的兴趣爱好,这是找到方向的第一步。这个办法的核心是:真正了解自己的爱好,而不是仅凭主观印象进行评价。

(3) 在学习本专业的时候尽可能去旁听感兴趣专业的课程,确认自己对这个专业是否感兴趣。只有通过亲身体会和感受,才能真正了解自己的爱好。如果依旧想要坚持原来的想法,再做出跨专业考研或者辅修的决定也不晚。这个办法的核心是:得不到的也不一定是最美的,只有真正接触才能得到最真实的体会。利用学校的资源深入了解自己之前想学的专业后,再进行评估。

（4）如果确定不喜欢目前的专业,迫切地想学习自己喜欢的专业,那么就要另辟蹊径。比如了解本校内部转专业有哪些途径,如果转不了,可以通过辅修来选择自己喜欢的专业,这样还可以成为复合型人才。另外,还可以在考研时选择自己喜欢专业,这就需要在学好本专业课程的前提下,做好自己喜欢专业的知识储备。不管是考研还是工作,都有大量的例子表明,很多同学通过自己的第二学位,成功进行跨专业考研或者找到不错的工作。可是需要注意的是,在辅修第二学位的同时需要平衡好和本专业的关系,不能顾此失彼。这个办法的核心是：对自己追求的事物要有坚定的信念,并且为之不懈努力,最终选择自己的最爱。

（5）如果在深入参与了本专业的学习后,依旧完全不感兴趣,对大学生活感到失望,那么可以考虑从大学退学,重新参加高考。当然这种办法要承受来自方方面面的压力,并且要与家人进行深入的沟通,做好充分的思想准备才可以实施。这是一种比较极端的办法,适用于对自己目前的专业特别失望、有严重厌学情绪并且做好复读准备的同学。这个办法的核心是：勇于选择需要的是勇气,坚持走下去需要的是毅力,为理想宁肯付出代价。

不喜欢自己专业的同学,请相信,只要积极面对困难,认真分析自身特点,确定人生目标和职业目标,找准突破点和着力点,努力向前,你就一定可以拥有精彩的大学生活!

三、慎重考虑转专业

专业,从某种程度上来说决定了职业选择。转专业,充分体现了大学生对职业生涯选择的觉醒与反思。转专业是高校顺应形势、满足学生个体成长需要的一种举措。目前,很多高校都允许符合条件的学生转专业。

一般来说,进校后希望或者适合转专业的学生主要有 4 种情况：一是学生在大学录取时,被调剂到非第一志愿专业,入学后发现自己不能适应,所以想通过这个机会转到自己喜欢的专业;二是考虑到以后就业时自己的专业不占优势,就想转一个热门专业;三是相当一部分学生在高考填志愿时不能对自己的兴趣、爱好、志向进行准确把握,对专业的概念比较模糊,选择时有一些随意,在考上大学并经过一段时间的学习后,才发现自己真正的学习兴趣所在,所以想转专业;四是考分不是特别理想,想先进入一所较好学校的低分专业,进校后再转入自己喜欢的专业,最终达到理想的目标。

并不是每一个有转专业意向的学生都能获得成功，各高校转专业都有一定的条件和限制，学生要提出申请、通过相关测试与面试，即使考核合格也还要受到名额限制等。转专业要注意以下几道"门槛"：

第一，转专业要得到双方院系的同意，特别是院系和专业之间差异大的专业转起来难度更大。一般而言，转入的学院要组织基础学科和专业知识的考试。在本学院内转专业，或者转入冷门专业，则相对容易一些。一些比较热门的专业对转入学生的成绩要求很高，名额也少。对于文科学生转到理科或者工科专业难度会更大，反之亦然。

第二，转专业严格控制人数。高校各专业的招生计划与教学资源和师资力量紧密相关，并且学校需要保持各专业人数的相对稳定性，所以一般转专业的名额控制在全年级总人数的 10%～20%，有的更低，所以即使申请人考核合格，也还要面临名额的竞争。

第三，转专业对学生成绩有一定的限制。大多数高校对申请转专业的学生都要求成绩优秀，比如要求申请者平均学分绩在 75 分（或 80 分）以上，否则不予考虑。从某种程度上说，平均学分绩的高低反映了学生学习能力的强弱。

第四，转专业成功后将面临漫长的补课过程。面对课程和学习的压力，需要有较好的心理素质和心理调适能力。一般来说，所转入的专业都要求学生补修之前没学过的课程，这样将导致转专业的学生不仅要学好正常开课的课程，还要花费大量时间和精力补修之前的基础课程。另外，还有一个矛盾就是，因为基础课程的缺位，导致后续课程的理解和吸收的难度加大，这都是转专业应该考虑的问题。

既然转专业成功的只是部分同学，对于那些不能成功转入自己心仪专业的学生来说，要做的事情就是调整好心态，接受现实，合理规划。

首先，"既来之则安之"，与其愤愤不平、内心焦躁，不如静下心来好好学习自己现在的专业。大学学习更重要的是学习科学的思维方式和培养积极健康的心态。无论是学习哪个专业，这些素质都是最重要的。专业没有好坏之分，行行都能出状元，是金子总会发光的，只要潜心学习，无论学哪个专业都能取得好的成绩。

其次，在时间、精力允许的情况下，可以充分利用各种学习机会，如修双学位、辅修课程、随堂听课等，广泛涉猎各类专业知识，完善知识结构，开阔眼界，实现"宽口径、厚基础"的目标，增加就业砝码。当然，对自己本专业的学习也是不能忽视的，不能因噎废食，影响正常毕业，最好做到"两手都要抓，两手都要硬"。从社会需求来看,高素质复合型人才最受欢迎。

再次,对于有考研愿望的学生来说,将喜欢的专业作为考研方向会增强考研动力。发掘自身的兴趣和发展方向,抓住考研机会。如果实在是不愿意将本专业作为终生职业的话,那么考研也是一个不错的选择。考研报名并没有专业的限制,你完全可以依据自己的兴趣报考,加之平时对该专业的精心准备,是完全有可能通过跨专业考研实现梦想的。

最后,无论是学习哪个专业,最重要的是学习能力的提升、综合素质的提高,要树立终身学习的理念。资料显示,毕业两年后,在大学里所学的知识已经有一半过时了。大学期间的学习是一种开放式的学习,更注重能力和思维的培养。要主动做好人生和职业的规划,为个人发展做好充分的准备。

思考题

学习学校专业发展历史后,思考如何确定自己未来的专业方向。

第四章　掌握学习方法

美国著名的未来学家阿尔温·托夫勒曾一针见血地指出："21 世纪的文盲不再是目不识丁的人，而是不会学习的人。"在知识爆炸时代，面对如此浩瀚的知识和信息，只有会学习的人，才不会被知识的洪流淹没，才能从容不迫，不断学习与创新。新时代的大学生担负着实现中华民族伟大复兴的时代重任，因此必须学会学习。

第一节　大学学习的基本环节

哈尔滨工业大学校长周玉院士提出："学生的天职是学习，学习好是前提、是根本。新生们要尽快适应大学学习节奏，主动调整学习方法，拥有勤学善思的决心和恒心，养成课前预习、上课认真听讲做好笔记、课后及时复习消化、主动答疑、认真完成作业、认真做实验、勤于总结等学习的好习惯。把学习作为一种责任来践行，重视学习、不断学习、善于学习。"

大学的学习环境、学习方法、学习内容等与中学有着较大的不同，在开放的教学方式下，更加强调自主学习、自我管理及学习方法。而学习的好与坏，可能会直接影响学生的自信与未来，因此，在大一阶段学会自主学习、学会自我管理、掌握适合的学习方法对今后的发展至关重要。经验表明，新生学习上出现的问题，都是由于学习的基本环节出现了问题，既抓不住课堂，也没有利用好课下。因此，学会学习最关键的就是抓住"大学学习的基本环节"。

第一，做到课前预习，有准备地去上每一节课。学生应当在课前预习老师的授课内容，避免因不熟悉所讲内容而产生厌学心理，切实提高听课效率；通过提前预习教材中的相关内容和课后习题，把不懂的部分重点标注，在课堂上重点解决，这样可以集中注意力、提高课堂效率,并培养自学能力;学会利用在线学习平台上的优质课程资源,提前进行预习。

第二,做到课上认真听讲,认真记笔记。学生应当紧跟老师的讲课思路,记好笔记,为课后复习准备好个性化的复习资料;要学会记笔记,不是记流水账,而是要记课程的要点、重点、难点、关键点和典型例证,还要记下尚未听懂的问题,以便课后钻研。

第三,做到课后认真复习,理解消化课堂所学内容。学生应当在课后及时对课堂所学内容进行复习,加深对知识的理解和掌握;充分利用课堂笔记、教材、讲义等资料,对学过的内容进行理解和记忆。

第四,做到积极主动参加答疑,解疑明惑。学生应当充分利用答疑机会和习题课,向教师多请教,与同学多讨论、多研究,相互学习,进一步强化对所学知识的理解;通过答疑和习题课,可以加深对知识的理解,做到举一反三。

第五,做到认真完成作业,将所学知识融会贯通。学生应当独立自主地完成作业,决不抄袭,做到真懂真会,用作业来检验学习的实际效果。认真完成作业能够加深对知识的理解,培养分析和解决问题的能力,也能发现课程学习过程中的问题所在,做到靶向提高。

第六,做到认真做实验,理论联系实际,提高实践能力。学生应当学会以问题为导向开展学习,通过实验、科创、项目学习、学科竞赛和社会实践等实践环节,训练批判思维,提高动手能力和发现问题、解决问题的能力;通过实践对所学知识进行检验,通过解决实际问题激发学习兴趣。

第七,做到勤于总结,打牢基础,固本求新。学生应当以掌握基础理论、基本概念和基本技能为根本,打牢学业基础,同时不断总结,勇于开拓创新;要注重知识积累,要善于总结升华,在厘清各章节知识点的基础上,系统地进行阶段性总结,贯通各章节间知识脉络。

上述七个基本环节之间互相影响,每一个环节的落实程度如何,都直接关系到下一环节的进展和效果。

一、课前预习

预习就是预先学习,是上课前自学有关新知识的学习过程。它是取得良好学习成绩的第一步。预习可以开阔听课思路、提高学习效率、发展自学能力。在预习的过程中,不可避免地要经过自己阅读、自己思考、自己练习、自己检验等阶段,久而久之,自学的能力就形成和提高了。大学课堂学习内容多、范围广,许多大学生总是抱怨老师讲得快,听不懂,学校的课程安排也不合理。如果课前做充分的预习,对所听课程进行整体了解,重点是什么,难点是什么,做到了心中有数,听起课来就会得心应手。

大学生不应该只会跟在老师的身后亦步亦趋,而应该主动走在老师的前面。例如,大学老师在一个课时里所讲授的内容通常涵盖教材中几十页的内容,仅仅通过课堂听讲是无法把所有的知识学通、学透的。最好的学习方法是在老师讲课之前就把教材中的相关问题琢磨清楚,然后在课堂上对照老师的讲解弥补自己在理解和认识上的不足。

1. 预习的种类

从时间和内容上划分,预习大致有 3 种:①课前预习:指在上课前预习下一节课的内容;②阶段预习:用比较完整的时间,预习某章节的内容;③学期预习:指在假期中预习下学期的内容。

2. 怎样进行预习

（1）预习要有计划,要保证时间。大学学习的科目较多,如果随便拿起一本书就看,可能因不够专心而影响学习效率。有时候功课较多,要复习,还要完成作业,容易把预习时间挤掉,因此,要订好预习计划。一般在复习完当天所学的内容并完成作业后,开始预习第二天上课的内容。预习时间和上课时间间隔不要过长,以免忘记。如果某一章刚讲完,最好能抽出一段时间(一般用周末)预习下一章。假期里时间较充裕,可以把下学期的内容都预习一下。

预习的时间要根据学习计划和实际学习时间来安排。不能因为过多的预习,而挤占了别的学科的学习时间。

时间多时,预习的内容可以多一点,钻研得可以深一点;预习时间少,则可以预习少一点,钻研得浅一点。

（2）预习要有重点,要讲求质量。由于学习时间紧,用于预习的时间不可能很多,所以,预习要有重点,不必科科俱到,最好选择一、二门学科作为重点,这一、二门学科最好是自己学起来最吃力的,这样才能收到实效。预习时不应有依赖老师的想法,要聚精会神,讲求质量,力争完成预习任务。

（3）预习教材要细读深思。预习首先要读进去,要仔细读教材,对不懂的地方和想不透之处,要提出疑点,找出问题。预习时,要边读边划,边读边批,边读边写。

"划"就是分层次,划重点;"批"就是把自己的体会、看法写在书旁;"写"就是把自己不懂的问题简单地整理出来。

（4）把握学科差异,有的放矢。不同学科特点不同,预习方法也各有差异。例如:政治等文科学科,主要是梳理线条,可以列提纲式预习;数学等学科,可以抓住主要概念进行分析理解;物理、化学的某些内容可以抓住实验原理去预习;英语课的预习可以先学新单词,再看课文,总结主要语法等。

（5）复习巩固旧知识。新知识与学过的知识是有关联的,学习新知识建立在对旧知识的理解的基础上。预习时若发现与新课相联系的旧知识掌握不牢时,一定要回过头来把有关的旧知识弄懂,以免成为听课时的"拦路虎"。

（6）尝试练习和笔记。结合预习,可以做一些自选的练习题,或进行一些必要而又可能做到的某些实际操作、现场观察、调查研究等,以丰富的感性认知,加深对教材内容的理解。

预习笔记的记法也要因科而异,基本的原则是通过笔记要能反映新课的基本内容、重点和难点,提出自己在预习中未解决的问题。

二、上课认真听讲

在大学四年的学习中,上课是系统地掌握科学知识和技能的主要形式之一。

课堂学习是获取知识的重要来源。在课堂上,不仅可以听到老师对知识的精心讲解,还可学到老师分析问题、解决问题的方法,并通过课堂练习,使所学知识得以巩固。课堂学习是发展智力的重要途径,因为要提高课堂学习的效果,就必须充分运用智力,即充分运用观察力、思维力、记忆力和想象力。

课堂学习是一种集体学习形式。课堂学习具有计划性强、学习效率高、环境好等特点,并具备实验及现代化的视听教学设备等手段。借助现代化的学习手段,可以节省学习时间,使我们的多种感官协调起来,手脑并用,高效率地进行学习。

学会听课,用自己的头脑去思考、去鉴别,创造性地吸收,是大学生听课要把握的基本原则。

要想学习好,高效听课是关键。课堂上若能解决当天新课学习的问题,那么,除了完成作业之外,其余的时间就都是个人自主学习的时间。课堂学习效率不高的学生,把许多本该课堂解决的问题留到了课外,既加重了课外学习的负担,也不利于掌握学习的主动权。

概括地讲,学生在听课时要力争做到"五到":心到、耳到、眼到、口到、手到。心理学认为,人的大脑分为主管听觉活动的听觉区,主管视觉活动的视觉区和主管活动的运动区等。大脑的这些不同区域既有各自分工,又互相协作,大脑同时活动的区域越多,则大脑的积极性发挥得越充分。我们要充分调动各方面因素来帮助自己听好课。

具体来说,学生听讲时要做到以下4点。

1. 带着问题听课

带着问题听课这种方法适用于新授课、综合课。上课前要认真预习、阅读教材,把不懂的问题记下来。这样,上课时老师讲些什么,哪些自己已经知道,哪些需要弄明白,就能做到心中有数,上课时听讲就有了针对性。带着问题听课,注意力往往会比较集中。

2. 把握住老师讲课的思路

有一定教学经验的教师授课,往往是把教材按学生容易接受的原则,用通俗、简练的语言讲给学生。教师讲授的重点基本上就是学生在预习时不理解的,急于想知道的。他们有的善于从实例入手,逐步揭示问题核心;有的则是先讲清原理,然后进行推理;有的喜欢用简明的语言点明问题的实质,然后让学生消化练习;有的则是启发诱导学生自己去掌握知识。听课能开拓思路,使艰深的内容一目了然,有时还能收到"画龙点睛"的效果。因此,听课时一定要抓住老师的思路。

3. 养成反思的习惯

养成边听讲、边思考、边总结、边记忆的习惯,力争当堂理解知识。

课堂的时间很有限,集中精力和积极思考很容易产生矛盾,学生应充分利用老师讲课的空隙时间。譬如,利用抄完一段笔记,或老师讲完一个内容后短暂的停顿,进行思考、总结、记忆,只要坚持不懈,一定会收到显著的效果。

4. 自觉参与讨论

自学还不能解决的问题,可寻求通过分组讨论解决。讨论有利于学生在平等的气氛中共同探寻真理。课堂讨论能促使学生积极思考,加深学生对所学知识的理解。讨论时因听取了各种意见,自己容易受到启发而产生新的想法。讨论还能锻炼一个人的口头表达能力,提高人的辩论能力。

课堂讨论的好处很多。学生一定要珍惜讨论的机遇,不做局外人,而要自觉参与到小组讨论之中。

三、记好笔记

有句俗话说："好脑子不如烂笔头"。记笔记实际上是把复述和组织的许多功能都结合在一起了。一些实验结果表明，回想起当时记过笔记的内容的概率，是不做笔记的 7 倍。对一些大学生的研究也发现，学生在听讲时自己记笔记，在 3 周后的回忆测验中，与听讲时不记笔记或事后看过别人笔记的学生相比，成绩明显要好得多。

大学老师与中学老师的讲课有些不同，许多老师在课堂上都会将自己的研究成果、研究心得融入课堂讲授中，或者作为对教材的补充与深化，或者从另一种思路来阐释有关内容。因此，学生一定要认真记下老师讲授的内容，以便于课后消化吸收。如何做好笔记见本书第四章第二节。

四、课后及时复习

复习是对前面已学过的知识进行系统再加工，并根据学习情况对学习进行适当调整，为下一阶段的学习做好准备。因此，每学完一个章节、一个单元、一册书都要及时复习。若复习得适时恰当，知识得遗忘就少。所有的人，学习知识时都会发生先快后慢的遗忘过程。一些记性好的学生是因为能经常从不同的角度、不同的层次上进行复习，从而形成了惊人的记忆力。因此，很多学生对所学知识记不住，并不是脑子笨，而是不善于复习或复习功夫不深。

1. 养成科学的复习习惯

（1）及时复习。一些学习成绩优异的学生，不管老师是否布置了作业，不管第二天有没有考试，他们都能自觉地及时复习当天的功课，事半功倍，不仅对当天的学习有好处，而且还对学习第二天的新内容大有裨益。

（2）抓住学科特点复习。复习时，应根据学科特点采用不同的复习方法。例如，英语就要多阅读，多背诵；数学就要多练习、多思考等。

（3）要变换复习方式。心理学告诉我们，单调的、简单的重复容易引起大脑细胞的疲劳，不能激发学习兴趣，会使学生学习的主动性受到抑制，这自然会降低复习效果。因此，必须变换复习方式才可以提高学习效率。例如，可以阅读、复述、回忆老师课堂上的讲解和其他学生的发言，回答书中或老师提出的问题，通过笔记领会老师讲课的重点，利用图表等感知形象加深理解，还可以利用不同颜色和符号区分不同内容,以及编写提纲、归纳中心思想,等等。

2. 复习的要求

(1)课后应及时把老师讲的内容在脑子里过一遍,看看能想起多少,忘了多少,翻开笔记,查漏补缺。

(2)看教材时,应一边看一边思考,深思重点、难点,分析疑点,深化理解。

(3)查阅必要的参考书,充实课堂所学的内容。

(4)整理与充实笔记,对知识进行归类,使知识深化、简化、条理化,并按照规律加强记忆。

(5)加强练习。练习一般应在复习后进行,也可一边复习一边练习。在复习的过程中,加强练习能提高复习效果。

3. 复习要注意的问题

(1)要及时复习。当天学的知识,应当天进行复习,不要拖拉,做到不欠"账",否则,内容生疏了,知识结构散了,就要花费更多时间重新学习。要明白"修复总比重建省事得多"的道理。

(2)要反复复习。要有计划、周期性地复习以前所学内容,每过一周、一个月进行一次总结性复习,不断增强记忆与理解。

(3)要明确复习重点。紧紧围绕概念、公式、法则、定理、定律复习,思考它们是怎么形成和推导出来的,能应用到哪些方面,需要什么条件,有无其他说法或证明方法,与哪些知识有联系……通过追根溯源、牢固掌握知识。

(4)复习要有自己的思路。通过复习,把自己的想法、思路写成小结,列出图表或者用提纲摘要的方法,把前后知识贯穿起来,形成一个完整的知识网。

(5)复习中遇到问题,不要急于看书或问人,要先想后问。这对于集中注意力、强化记忆、提高学习效率很有好处。每次复习时,要先把上次的内容回忆一下。这样做不仅保持了学习的连贯性,而且对记忆有很好的效果。

(6)复习中要适当做点题,围绕复习的中心选择题目。在解题前,要先回忆一下过去做过的有关习题的解题思路,在这基础上再做题。做题的目的是检查自己的复习效果,加深对知识的理解,培养解决问题的能力。

五、主动提问

1. 要不耻上问

看到这个题目有人会说:"写错了,是不耻下问"。其实没错。"不耻下问"是指向学问、资历比自己低的人学习而不以为耻。这里谈的是向教师、向学问高的人请教,所以应当是"不耻上问"。为什么谈起这个问题?因为确实有学生没有悟出这个道理,新知识没理解,还懒得向老师请教,不懂就不懂,结果造成知识上的漏洞;考试解题失误找不到问题所在,也不去请老师指导,以后仍然犯同类的错误。这种"耻于上问"的做法确实是影响学习进步的一大障碍。

为什么会出现"耻于上问"的现象?一是怕他人笑话,二是怕他人不理睬,三是没有问的习惯,四是不知问什么。因此,大学生要养成勤学好问的习惯,深入思考钻研。

古人讲:"质疑解疑,方为学问。"在读书中能自己提出问题,通过思考正确解决问题,就是更好地学习。多请教他人,借助他人的经验,集他人的智慧,学到知识、得到见识,何乐而不为?

2. 要善于提问

北京大学的朱青生教授曾尝试用每人提 10 个问题作为期末考试,鼓励学生自我学习和独立思考。有几个评分规则可供我们在每日提问中参照:①可以在一般的工具书或教材中找到答案的问题无价值(不得分);②不能由现有的研究基础加以处理的问题不是科学问题(不得分);③经过反思的问题(自我问难,反复思考过的),对你个人有价值,同时也反映你的学术基础和理论能力(得分);④经过反思,问题消除或升级(得分)。

以上这几条评分标准实际上反映了提问的 3 种方法。疑问:如评分标准中的第一种,目的是寻求知识。质疑:如第二、三种,目的是寻求问题。怀疑:如第四种,目的是寻求观念。观念就是对世事人生的观点和见识,人情练达,直指本性,就是从怀疑开始的。当然这已经超出了科学提问的范畴。

以上评分标准中第一种问题不得分,不表示这个问题无意义,而是要求个人勤于思考,主动寻求答案。问题虽有深浅,但是没有问题比"有疑而不问"更愚蠢。

六、认真完成作业

托尔斯泰说过:"知识只有当它是靠积极思维得来的时候,才是真正的知识。"无论学哪一门功课,课堂上老师讲的,笔记本上记的,课外阅读的,等等,都是书本上的知识,要把它们转化为自己的知识,使自己能够自如地运用,就必须通过作业实践。

1. 作业的作用

(1)检查学习效果。经过预习、上课、课后复习,知识究竟理解没有,能否运用,这些问题单凭自我感受是不准确的,要在做作业时,通过对知识的应用才能得到检验。如果做作业时很顺利,在一定程度上可以说明预习、上课和课后复习的效果是好的。相反,则说明对知识没有掌握好,要及时查找原因进行调整。

(2)加深对知识的理解和记忆。通过做作业时的思考,可以把容易混淆的概念区分开,把事物之间的联系找出来。可以说,做作业促进了知识的"消化",使学生加深了对知识的理解和记忆,使知识的掌握进入应用的高级阶段。

(3)提高思维能力。俗话说:"脑子越用越灵活。"学生面对作业中提出的各种问题,必然会引起自己的积极思考。在分析问题和解决问题的过程中,所学的知识得到了运用,思维得到了锻炼,思维能力在完成作业的过程中得到了提高。

(4)为复习积累资料。作业,特别是教材上的习题,一般是经过选择的,有很强的代表性和典型性。做完作业后,定期进行分类整理,到了复习时,就成为一份宝贵的必读资料。

2. 做作业的程序

(1)先复习后作业。做作业不是一项孤立的学习活动。从做作业的角度看,课后复习就是完成作业的准备工作。如果连书本都没有弄明白,又怎么会应用书本上的原理、法则、定律去解答习题呢?有的学生做作业很慢,究其原因,就是缺乏知识上的准备,结果欲速则不达,甚至还要返工。

(2)审题。所谓审题,一般就是了解题意,搞清楚题中所给的条件和问题,明确题目的要求。审题要解决 3 个问题:一是要看得准确,二是要善于解剖,三是要把握联系。

(3)做题。做题就是审题后把解题思路表达出来,是既要动脑又要动手的过程。做题时要把握"准确、规范、快速"这 6 个字。

(4)检查。检查是保证作业质量的不可缺少的环节,是培养自己独立思考能力的重要途径。

检查作业的方法有逐步检查法、代入法、逆推法等。学生可以根据具体学科和不同题目,选用相应的方法来进行检查。

(5)改错。在学习的过程中,难免出现这样或者那样的错误,而出错的地方正是知识和能力的薄弱之处,经过改错,可以弥补自己的不足,有效地防止错误重现。

练习是巩固知识的过程,并以此达到加深理解、熟练运用的目的。练习有两忌:一忌盲目地练,二忌题海战术。要充分发挥每一道习题的作用,努力把握解题的技巧,由被动做题到逐渐学会研究题,以不变应万变。

七、勤于总结

大学的学习气氛、方法和模式都与高中不同。大学里不仅教授学生知识,更要培养学习的方法和发现问题、分析问题与解决问题的能力,主要是教会学生总结、提炼和升华,能够把 500 页的书凝练成 50 页。因为经过自己的总结、实践得到的知识,才是最宝贵的,才能够牢牢记住并灵活应用。

因此,要做好系统化的小结。所谓系统化小结就是用比较集中的时间,对学过的知识进行再加工的学习过程。从时间上划分,系统化小结包括周复习、期中复习、期末复习等;从知识上划分,则包括章复习、单元复习、总复习等。

1. 系统化小结的作用

(1)记忆重现,使知识牢固化。有些学生总抱怨自己的记忆力太差,学过的知识到了该用的时候却想不起来了,对学习逐渐丧失信心;有的学生认为,学过的东西反正要遗忘,早记没用,寄希望在考试前突击,但由于临考试要记的东西太多,又记不住,感到很苦恼。其实,遗忘是一种正常的生理现象,打个比方,遗忘与记忆就像是一对孪生姐妹,没有遗忘也就没有记忆。科学家发现,每一个人记忆时,都会发生先快后慢的遗忘过程。经过学习,学到的知识在大脑形成了一定的神经联系,这种联系,如果不通过反复的、有效的刺激来强化,那么就会慢慢消退,表现为遗忘。系统化小结可以强化和完善这种神经联系。

有的学生认为,只要理解了知识,自然就会记住。这种看法是片面的。事实证明,理解了的知识容易记住,但理解了的知识还要通过复习才能真正记牢。

(2)查漏补缺,便于知识完整化。影响学习的因素很多,在一个漫长的学习过程中,很难保证各种因素都处于最佳状态。如生病缺课,往往使某一部分知识出现漏洞和欠缺,通过复习,自己检查出来后,就可以及时得到弥补,使所学知识完整和系统,如果所有的"学习债"都要拖到期末复习时算总账,那么我们就很难承受总复习的负担。做好系统化小结的学生,学习中的漏洞和欠缺都能及时地得到弥补,因此,他们的知识总是比较完整的。

(3)融会贯通,使知识系统化。经过系统化小结,将支离破碎的、孤立的或堆积式的知识,变得少而精,也就便于从整体、全局或联系中去掌握具体的概念和原理,使所学的概念和原理回到知识系统中应有的位置上,有利于强化记忆效果。

通过平时分科、分章、分节的学习,可以说基本完成了对各种基本概念、基础知识的理解任务,通过课后复习、系统化小结、全面回顾、查漏补缺,保证了知识的完整性,但对知识的认识还没有完成。因为此时头脑中的知识还是"半成品",需要采用分析综合、比较归类、抽象概括、归纳演绎等思维方法,把长期学习的各部分知识"组装"起来,融会贯通、透彻理解,使之成为系统化的知识。这样,才能说完成了学习过程的全部任务。

2. 系统化小结的基本要求

(1)抓紧平时的学习时间,做好系统化小结前的准备工作。要充分利用平时的学习时间,因为从系统小结的角度来看,平时学习的概念、原理正是在为系统化小结准备"原材料",而系统小结正是用这些"原材料"来组建"知识大厦"。要处理好平时学习与系统小结的关系,把系统小结建立在搞好平时学习的基础上,通过系统化小结使平时学到的知识得到巩固和深化。

(2)系统化小结要围绕一个中心内容来进行。教材章节的排列顺序是根据学生初次学习的接受能力而定的,在学完一遍进行复习时,就不应当重复走老路了,因为按章节阅读,顶多只能起到熟悉的作用,不利于知识的系统化。系统小结要围绕专题进行,按照专题把有关的章节加以重组,然后再围绕专题阅读相关章节。

(3)系统化小结要以教材为依据。应以教材为依据,参考笔记、作业和有关参考资料进行系统化小结。

(4)要有比较集中的时间。系统化小结时,要处理较多的知识,要看、要想、要写、要查资料,还要填写表格,书写小结笔记,这需要比较长时间的脑力劳动,因此,特别需要比较集中的时间,一些学生可能会问:"平时我们没有那么多的集中时间怎么办?"可以采用"零星时间集中使用法",即把一个时期(如一周)的自由时间全部集中起来复习某一专题,虽然时间分散,但学习内容是专一的,比较容易集中注意力,能够收到好的效果。

(5)做好小结笔记。系统化小结时,通过艰苦的脑力劳动形成了完整而系统的知识,应及时用笔记的形式记录下来,以备今后使用。厚厚的一本书变成薄薄的几张笔记,形成了知识精华,这就是自己的学习成果。

(6)要坚持循环小结。循环小结是指在学完一部分内容后,及时地进行一次小结,接着就是学习下一部分内容,学完了后再进行第二次小结,第二次小结要包括前一次小结的内容,如此继续下去,一环套一环,学完了一个单元或一个"大块",可以在大循环中穿插小循环,从而在自己的头脑中想象一张网,通过这张"网"把知识要点、现象、概念、原理之间的关系,清清楚楚地展现出来。

第二节　怎样做好课堂笔记

记笔记是学生试图借以保持注意力的活动之一,也是帮助记忆的一种手段。记笔记使我们能够对课堂内容加以筛选和整理,提高学习效率。记笔记还能加深我们对知识的理解,使知识更具有系统性、条理性。记笔记包括了听、记、看多个过程,相当于一个信息重复了多次,可以有效地加强、加深记忆。记笔记还可以为我们提供宝贵的复习资料,在复习考试时,翻阅课堂笔记,能使我们更容易把握重点难点,提高复习效率。

做好笔记要注意以下 3 点:

1. 记什么

(1)记讲课提纲,解题思路,难以理解的重点、难点及自己悟出的重要体会。

(2)记老师解决问题时提出的观点、论据与推导论证过程,精、巧、新的解题方法。

(3)记课堂上没有解决的疑难问题,新知识和旧知识的联系或结合点,容易发生错误和混淆的概念。

(4)记要点,书上有的不必多记,可在笔记上留下空白,课后补记或对照教材复习。

(5)记预习时发现的问题、体会,自己掌握不好的旧知识。

(6)摘录参考书上与教材内容相关的材料。

2. 怎么记

记课堂笔记要求一边听,一边记,开始可能不大习惯,有时记了上句就记不了下句,或者只顾记就顾不得听了,出现顾此失彼的现象,笔记也可能不准确。要想解决这个问题,必须掌握一种既省力又能记清楚的方法。

首先,记课堂笔记不能像抄课文一样一字不落,文字要简洁。一些常用的词汇和术语可以用其中的一两个字来代替,甚至可以用字母来代替,用外文字头来代写,还可用注释性的语言或者能使自己产生联想的一些词,一个标点符号。譬如,对重点内容标一个"!"号,对疑问标上"?"号。采用上述方法有一点要十分注意,就是所用的笔记语言必须是自己熟悉的和能看懂的。如果为了一时省力,过后自己再也看不懂,那就前功尽弃了。

其次,当课堂上听和记发生矛盾时,一定要以听为主,可以先在笔记上记几个字,下课后再通过回忆、思考补上笔记,切不可主次不分,顾此失彼。如果课堂上没听懂,即使笔记完整,复习时也可能不知道怎么回事,笔记就发挥不了应有的作用。

最后,笔记不要写得密密麻麻,要在底边或两侧留出空白,以便以后补记。

3. 笔记整理方法

(1) 要系统。课堂上随手草记的内容,由于为了争取时间,不影响听课,往往次序失当,轻重不一,缺乏系统性。课下整理的笔记,应当是一个知识的体系。当然,这里说的"体系"并不是固定的,可以和教材上的知识体系相一致,也可以和老师讲课的体系相一致,还可以是学生自己对知识理解之后所悟出的和前面两个体系不同的体系。

(2) 要完整。整理笔记时首先要把课堂上没有记下来的内容补充上,将不太准确的内容更正过来。完整并不是烦琐,仍要求简洁,中心突出,内容精炼。

(3) 要留出副页。笔记留副页,可以留出一页的三分之一或四分之一空白,无论是预习笔记、课堂笔记、课后整理的笔记都是需要的。副页的内容,一般有以下四个方面:①预习时发现的自己掌握不够好或忘记的内容和问题,预习中产生的见解或体会;②听课时产生的见解或体会,易出现的错误(用于提醒自己),易混淆的概念(以示区别),温习笔记时产生的见解和体会;③从教材以外的同类书中摘录的与笔记内容有关的内容;④补充教材或老师讲课中的不足。

总而言之,整理笔记是把知识深化、简化和系统化的过程,带有浓厚的个人特点,而不是教材的节录。

记笔记并不是为记而记,而是为了使用才记的。有的人记了笔记后就搁在一边,从来不用,这样笔记就没多大用途了。作为一个学生,应当经常看笔记,才不致遗忘。同时,学习过的知识是学习新课的基础,有必要经常温习。经过一段新课的学习,自己的认识水平提高了,对问题的认识深刻了,再去温习笔记可以纠正过去笔记中的错误,补充新的认识,使记笔记的水平不断提高。

一、记笔记是一个连续的过程

记课堂笔记与为演讲者做记录是完全不同的两回事。听课的中心任务是通过听和看接受教师传出来的信息,通过积极的思维去理解教学内容,并把新知识"嵌入"自己头脑中已有知识结构的合适位置,建立起一个增加了新成分的新的结构体系,使认识提高一步。记笔记就是要在这个新认识的高度上,将教师讲授的、经过自己理解了的知识,除定义、定律、定理等要严格照抄原文之外,用自己的语言写出来。由于听课的中心是听、看和充分理解,所以记笔记不宜占用较多的时间。再者,笔记是供自己看的,所以笔记要文句精炼,书写迅速,不必追求笔迹工整,还可自创各种代替常用词组的代码、符号,或采用简便的外文字母。有的学生记笔记,近乎实录讲课内容,这样得到的不是一本好笔记。此外,为便于课后自学、复习时写补充材料和记下心得与疑问,最好在页边上留下较大的空白。

记笔记有什么用处呢?第一个作用表现在课堂上,它可以使学生集中注意力,更重要的是积极思维,把相关的知识联系起来加以理解,弄清各种关系,这就训练了思维能力、想象力、联想力,同时,在无形之中将知识系统化;用简练的文字写下教师讲授的课程内容,训练了学生语言的逻辑性和文字表达能力。第二个作用是在课后,因为翻开笔记就可以一目了然地看出教师讲授内容的思路和结构,有时还留下了教材中没有的补充内容及教师的独特见解与心得;还可在阅读教材之后将一些内容补充到笔记中。第三个作用是为今后工作中记各种笔记奠定良好的基础。

记笔记与听讲是否有矛盾呢?在某些情况下是会出现矛盾的,例如,听教师讲难懂的内容时,思考都来不及,哪里还有时间去记笔记呢!又如教师写了一个长长的公式,自己还没抄完老师却讲完了。这怎么办?遇到这类听与记有矛盾的情况时,办法就是一个:听而不记,就让笔记本留一块空白。因为听课时,听与思考是中心,记主要是为听与思考服务的,不能主次颠倒。不过,只要记笔记方法得当,经过一段时间的锻炼之后,在大多数情况下,听与记是不会矛盾的。

有效地记笔记包括3个部分:观察、记录和复习。首先,要做出观察,观察老师的实验、幻灯片或者必读的章节内容;其次,把自己所观察到的记下来,也就是"记笔记";最后,回顾自己所记录的内容。

二、观察

聪明的观察者看到的是事物及其相互之间的关系。他们清楚地知道如何将注意力集中在细节上,然后运用创造力找出其中的模式。要提高在课堂上的观察技能,可以试用以下技巧,找出适合自己的方式并加以保持。

（一）课前预备阶段

1. 做好课前预习

一般情况下，老师都会认为学生已经完成课前预习，做了相关阅读，并且在这个基础上架构自己的讲课内容。学生对主题越熟悉，在课堂上找到重要信息点就越简单。

2. 选择前排中央的座位

坐在教室前排中央的学生常常会取得比较好的考试成绩，这是有一些原因的：你坐得离老师越近，就越难睡着；你坐得越靠前，就越不容易受隔在你和老师之间的同学的影响，注意力越容易集中；你坐得靠前，能更轻松地看清黑板上的内容；而且当你有疑问的时候，老师也更容易注意到坐在前排的你。

选择前排的位置也可以表现出你好好学习的决心。学生会倾向于坐到后排，常常是因为他们觉得这样老师点到自己回答问题的可能性会减小。坐在后排传达的是你不愿或缺乏主动投入这一信息，坐到前排则表现了你乐于参与的意愿。

3. 课前花几分钟复习之前的笔记

提早到教室，温习上一堂课的笔记，让自己的脑子转动起来。看看画了下划线的重点部分，复习老师布置的问题和练习，标出自己想要提问的问题。

（二）在课堂上"回神"

1. 允许大脑有游离状态

动力源泉中的"回神"技巧，在思绪飘到九霄云外的时候特别有用。不要排斥做白日梦或与之抗争。如果你发现自己在课堂上走神，就把这当成是重新集中注意力的一个机会。

2. 跟随老师的思路

在脑海中，把自己和老师放在最中央。试着想象教室里就只有老师和自己，这堂课是你们之间的私下谈话。注意老师的身体语言和面部表情，与老师进行眼神的交流。

3. 延迟意见分歧引起的辩论

当听到自己不认同的观点，标注一下就任由它去。如果这种不一致强烈而持久，不妨记录下来，然后继续听课。脑海中的内部挣扎会阻碍获取新信息，对其过分关注只会屏蔽老师接下来的讲课内容。获得与自己意见不一致的信息并不是坏事，只需有保留地接收,在大脑中贴个标签:"老师说……但我不同意。"

4. 别对老师的讲课风格品头论足

可以对老师的讲课风格、习惯和长相有自己的看法,但千万别让这些看法妨碍自己的学习。意识到这些,并有意识地摆脱它们,就能减少评判偏见带来的影响。

即便有的老师讲课散乱,甚至毫无条理,也可以将这个缺点转变为自己的优势,主动将知识脉络理顺。例如,在记笔记的时候,分辨主要观点、例证和支持论据,标出有困惑的地方,将疑问一一列下来。

5. 参与课堂活动

学生应该主动提问,自愿给大家做演示,参与课堂讨论。在学习过程中,别害怕冒风险或者出丑,这是值得的。应该认识到,一些"愚蠢"的问题可能也是其他同学想问的。

6. 将课堂和自己的目标联系起来

如果你常在某门课上犯困,就要在笔记的最上面写下这堂课与自己目标的重要关系,想一想实现目标会给自己带来的收获。

7. 批判性地接收所听到的内容

从表面上看,这一条可能和之前的"延迟意见分歧引起的辩论"技巧自相矛盾,事实并非如此。可以选择在听课过程中对老师的观点单纯地记述而不加任何评判思考,在课后回顾和整理笔记时再认真地评判其观点。这是一个列出问题或者写下自己意见(同意或不同意)的时机。

(三)留意重要资料的线索

1. 对反复强调的知识点多加注意

当你听到老师不断地重复一个短语或概念时,一定要将其记录下来。重复是一个信号,意味着这个信息在老师看来是重要的。

2. 留意介绍性、结论性或者过渡性的词句

这些词句包括但不限于"以下的3个原因""总而言之""最重要的一点""除此之外"和"另一方面"等。类似的词语暗示着联系、定义、新主题、结论、因果和举例。它们透露出的是整个讲课内容的结构。你可以利用这些词语来组织自己的笔记。

3. 看黑板或者教室前端的投影幻灯

如果老师专门花时间把某一点写下来,可以断定这是重要的知识点。记得要抄

下所有的图表、公式、名词、日期、数据或者定义。

4. 注视老师的眼睛

如果老师在阐述一个知识点前,特别注意自己的备课笔记,这极有可能意味着这一知识点非常重要。所有来自他笔记中的知识点都可能是考试会涉及的考点。

5. 突出老师明显指出的重要知识点

老师常常直接告诉学生,某些特定的信息经常会出现在考试中,此时,应用星号或者其他符号在笔记上将这些点标记出来。

6. 注意老师的兴趣点

如果老师在讲述某个课题时极富激情,往往说明这个知识点出现在考试中的可能性很大,所以要注意他讲课的兴趣点。

三、记录

笔记的格式和结构比你的写字速度和书写的优美程度重要。以下几个技巧可以帮助学生提高笔记效率。

(一)记笔记的常规技巧

1. 使用关键词

要想在记笔记时分清主次,区别不相干的信息和重要信息点,一个简单的办法就是使用关键词。关键词或关键短语包含的是沟通的本质部分。它包括以下几方面内容。

(1)概念、专业术语、名词和数字。

(2)连接词,包括指示行为、关系和程度(如最多、至少、更快等)等的词语。

关键词能使人联想其他词语和思想,能帮助学生打开记忆之门。这也使它成为很好的复习工具。一个关键词可以让人回忆起整组思想。一系列关键词则能帮助学生串联整堂课的结构和内容。

2. 使用图片和图表

让关系可视化。将黑板上的所有图表都抄下来,并进行自我创造。

3. 分段记笔记

如果很难把一堂课的内容以提纲的形式表现出来,则采用列非正式段落的格式。这些段落很少包括完整语句。如果是准确的定义、直接引言、老师再三强调或指出的重要知识点(比如"这是一个很重要的点"),那就需要用完整的语句。

4. 从黑板或幻灯片上抄写知识点

将老师写下的所有公式、图表和问题记录下来,抄写日期、数字、人名、地名和其他数据。如果这是在黑板上的,就把它写到笔记里去,甚至可以用自己的符号标记这个知识。

5. 使用活页本

活页本与其他笔记本比起来有以下几个优势:第一,在复习的时候,它的分页是可以拆下来并且放在一起展开的,这样,就能对整堂课有总体的把握;第二,可以随手将讲义插入笔记本对应的位置;第三,有利于以正确的顺序排列一些课外笔记。

6. 每次只用纸的一面

只用纸的一面,可以将所有笔记摊开并列摆放,更易于复习和组织。很多学生都已经发现其带来的好处远远超过纸的价格。或许有人担心这样做就会用更多的纸,不环保。如果是这样,那么可以使用旧笔记空白的那一页。

7. 使用卡片

作为笔记本的备选,可以用卡片来记课堂笔记。将每一个新概念记录到不同的卡片上。

8. 别把自己的想法混淆其中

在大多数时候,要尽量避免在课堂笔记上做评论,因为如果那样做,在重新看笔记时,会分不清哪个是自己的评论,哪个是老师的想法。如果想要做些评论,应清楚地标记出哪些是个人的想法。

9. 使用一个记号来标明"迷茫"

无论有多么专心致志,还是有可能会在课堂上感到迷茫和混乱。如果不方便直接提问,可以在笔记上相应的位置做记号。发明自己的记号,比如画个问号再打个圈。在写下这个代表"迷茫"的符号后,在下面留一块空白,方便以后再进行解释或阐述。空白本身也是一个"笔记不完整"的信号。下课后或晚些时候,可以直接和老师沟通,或者借同班同学的笔记看一下。

10. 给所有的笔记作标记、标页码和日期

要养成每堂课开始前在笔记上作标记、标页码和日期的习惯。有时,课堂笔记素材的排序很重要。在每一本笔记本上写上名字和电话,以防丢失。

11. 使用标准缩写

保持缩写的一致性。如果有自创的缩写或者符号,要在笔记的相应位置写好注

解,并要尽量避免意思含糊的缩写。

12. 注意留白

如果在每一页的每个角落都密密麻麻地记满笔记,将会造成阅读上的不便,复习起来也很困难。应该留适当的空白,让眼睛休息一下。在后期复习的时候,可以用笔记中的空白处来阐述知识点、写问题或者做补充。

13. 用不同颜色记笔记

可以用不同颜色来记笔记。比如,可以用红色标记出重要知识点,也可以用一种颜色来记课本的笔记,用另一种颜色来做课堂笔记。

14. 使用符号记笔记

以表4.1所示的符号及其含意在所有笔记格式中都是通用的。

表 4.1　笔记符号字典

符号	含意
〔　〕,（　）,○,□	同一类型的信息
＊,↓,—	重要
＊＊,↓↓,═	非常重要
>,<,=	大于,小于,等于
→	导向,成为,例如:上学→工作→挣钱
?	啊?迷茫了
??	很不理解,需要马上解答

15. 有效使用录音设备

不推荐使用手机或录音笔,因为有了录音,就可以选择稍后再听课,容易产生惰性,从而错过很有价值的学习过程。然而,可以将录音作为手写笔记的后备。

（二）康奈尔笔记法

一个适用全世界学生的记笔记方法就是康奈尔笔记法。这是由康奈尔大学的沃尔特·波克于20世纪50年代发明的,直到现在,仍在美国和其他国家广为流行。

这种方法包括5个阶段,即记录、简化、背诵、思考及复习。

第一步是记录。首先在距纸的左边3～4 cm的地方画一条垂直线,如果使用计算机就调整页边距的位置。左栏为回忆栏,在进行第二步骤之前,这部分先空着。在老师讲课的过程中,要认真地听。同时,把认为重要的内容以段落或提纲的形式写在每页右边的大栏目里。

第二步是简化。下课后要尽早精简或归纳笔记内容,将它们写在回忆栏里。尽快采取行动有助于降低遗忘曲线,所以做到这一点很重要。简化笔记时要省略形容词和副词,保留名词和动词。归纳笔记时要寻找内容的共同点以确定它们所属的范畴,或者通过检查细节来确定中心内容。重要的一点是要尽可能简化用词。可以找时间把这些提示内容抄在索引卡上并带在身边,以便随时进行迅速而有效的复习。简化步骤会提高理解能力并加强记忆。

第三步是背诵。首先合上笔记,然后尽量用自己的话表述其中的内容。利用回忆栏的提示唤醒记忆,接下来是翻开笔记进行核对。这种复习同样有助于降低遗忘曲线。

第四步是思考。背诵笔记后给自己留一点"等待时间"。重读一遍笔记,然后思考笔记内容,再阅读教材以增加一些内容来补充和澄清笔记上的内容。最后,利用笔记进行概括并得出结论以找出问题的因果关系,对重要术语做出解释并说明概念之间的关系。这一步将帮助学生更积极地思考。

第五步是复习。每周几次简要地复习笔记有助于记住所学内容。这种分散式复习为学生提供了不断温故知新的机会,同时也减少了遗忘所学内容的可能性。

四、复习

将复习当作记笔记过程的组成部分,而不是额外任务。要使新学的知识变得有用,就要把它们进行有效编码并存入长期记忆。而这个过程的关键就是复习。

1. 在上课或阅读后 24 小时内进行复习

许多学生惊讶地发现在课后几分钟甚至几小时,他们还能记住课堂上的内容,甚至可以读懂模糊不清的笔记。不幸的是,短期记忆很快就会减弱。如果能尽快复习笔记,便可以把短期记忆转变为长期记忆。这个过程不需要太长时间,不超过 10 分钟。

为了研究记忆和遗忘过程,在 1885 年,德国心理学家艾宾浩斯用无意义的音乐作为材料进行实验,发现刚记住的内容,一小时后,只能保持 44%;经过两天,保留下来的只有 28%;6 天后为 25%。他创造了著名的"遗忘曲线"(见图 4.1):刚刚记住的内容在最初几个小时内被遗忘的速度很快,两天后就较为缓慢,即"先快后慢"。

越早复习笔记,效果越好,尤其是课堂内容比较难的时候。事实上,可以在课堂

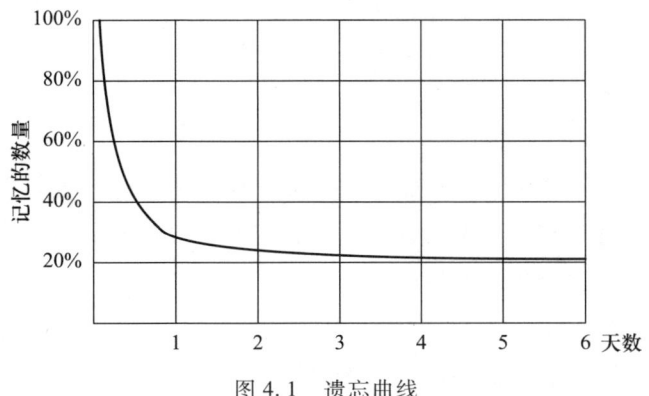

图 4.1　遗忘曲线

上就开始复习。抓住老师设置投影仪或者擦黑板的时间,迅速回顾笔记。另一个使用这种技巧的方法是尽快上下一堂课。利用下一堂课开始前的四五分钟温习刚上完的这堂课的笔记。如果不能在下课后立即复习笔记,晚些时候复习一下也是很有帮助的,比如在睡觉前花点时间复习也很有价值。将这一天没有复习的知识点比作滴水的水龙头,它不停地滴着,流失重要的信息,直至它被拧紧。记住:如果不复习,很有可能在 24 小时内忘记当天所学知识的大部分。

2. 修改编辑笔记

在第一次复习期间,搞定难辨的字迹,确保笔记清楚,能被看懂。如果有些要点无法理解,就做个标记,询问一下老师或其他同学。确保笔记上标上了日期、课程及页码。

3. 在左边栏中写入关键词

仔细回顾笔记,在左边栏中写下关键词或关键短语。这些关键词将有助于之后的复习。阅读笔记的时候,要特别注意摘取最重要的信息。

4. 用关键词作为背诵记忆时的提示

用一张空白纸盖上笔记,露出左边的关键词部分。按顺序将其排列,并尽可能详尽地背出自己对这一知识要点的理解。接着移开空白纸,对照并找出自己没有记住的要点。

5. 做到每周简短回顾

每周都回顾一次笔记。回顾阶段并不需要很长的时间,每周复习 20 分钟就会让人受益匪浅。

复习的时候,时不时地回想一下整体思想。在背诵的时候,问自己一些问题:

"这与我的目标有关吗?""这与我在这个领域或其他领域已知的知识有什么不同?""考试会考到这点吗?""我要怎么运用这个知识点?""如何将它与我很感兴趣的要点联系起来?"……

6. 考虑将笔记输入计算机

一些学生会将手写的笔记重新在计算机上打一遍。这样做的好处有 3 个:第一,计算机打出来的笔记更易阅读;第二,它们所占的空间更小;第三,录入的过程就是强迫自己对笔记进行复习的过程。

7. 进行总结

用自己喜欢的笔记格式,将所有的笔记都写在一张纸上。这样做的好处在于它强迫学生去总结中心思想和关键细节,因为空间很小,容不下无关的信息。

总结是一个很好的复习方法。有些老师会允许学生在考试的时候使用总结单。即便不行,在备考时做一张总结单也会对复习很有好处。

五、善用 PPT,巧妙做笔记

现在大学课堂上老师基本都要用到演示文稿(PPT)这种工具。然而,PPT 同时也可能让你走神,忘记做笔记,甚至呼呼大睡。

有了 PPT 之后,很多学生就懒得做笔记了,这对学业是非常有害的。原因有以下 3 点。

(1)PPT 并没有包含附加内容。老师用 PPT 来组织所要讲的东西,每一页中包含的内容都只有大纲、主题和比较简单的过渡。讲课的过程中,老师通常会讲到一些 PPT 上没有的例子和解释。PPT 上也没有任何课堂讨论和老师在提问环节回答的内容。

(2)不做笔记会让学生停止学习。做笔记的行为强迫学生用自己的语言来记录观点和信息,而且写下这些东西能帮助记忆。如果停止做笔记,注意力就容易转移,很快就茫然不知所云了。

(3)笔记中可能会有明显的空白。回看笔记的时候,PPT 上的内容就没有出现在笔记中。在复习考试的时候,这可能让学生迷茫。

为了善用 PPT,学生还是需要好好做笔记,保持观察、记录和复习。将 PPT 看作一个指导,但不能替代笔记。不管老师讲得多详细、多好,也不能代替学生的自主思考。以下有一些建议,不妨试一试。

（一）　上课前

有时候在上课之前,老师就会把 PPT 发给大家,此时可以利用计算机下载这些文件,浏览每一页,作为预习。

考虑一下将这些 PPT 打印出来,带去上课,并且直接在页面上做笔记。

如果课堂上用笔记本电脑记笔记,那么就不用打印了。打开 PPT 文件,在下面的每一个窗口做笔记即可。课后,可以把这些东西都打印出来作为复习笔记。

（二）　上课中

很多时候,老师只在讲课的时候才播放 PPT,不会将 PPT 打印成讲义并发放,也不会让学生自己去下载打印。这样一来,做好笔记就更加重要了。

笔记的内容要选择课上的精华部分。看看每一页都有什么内容,注意听新的观点、主题和重要的细节。如果做的笔记太多就可能会跟不上老师的进度,而且容易分不清重点。

学习不应局限于 PPT,应该记下课堂讨论中有价值的回答。

（三）下课后

如果提前打印了 PPT 并带去上课,那么就把它们和自己的笔记整合起来。比如,在笔记本中标记相应的页码,或者对阅读、课堂讨论和 PPT 中的主要观点进行总结。

打印的 PPT 能够成为有效的复习工具,可以将它们作为背诵的线索。将笔记盖住,只露出每一页的主题,看看能否记得其他内容,包括本来的内容和自己加上的笔记。

同时,也考虑一下对 PPT 进行修改。如果电脑里储存有相应的 PPT 文件,那就再复制一份。打开复制的文件,看看能否将其精简一下,将那些自己认为不必记忆的内容删掉,用自己喜欢的方式重新编排每一页。如果想要看看老师讲课的内容,就可以将未修改的那一份文件打开。

六、让记笔记成为人生的必修课

2015 年 10 月 20 日,哈工大校长周玉院士在《哈工大报》发表署名文章《让记笔记成为人生的必修课》，在国内引起强烈反响，不仅被《中国教育报》全文转载，而且《中国青年报》、人民网、光明网、中青在线、凤凰网、新浪网、搜狐网等媒体都予以报道，更在广大师生中引发了热烈讨论。各学院组织学生进行座谈交流、召开主题班会、参观博物馆笔记展区，重新唤起了师生对笔记的记忆与再认识。周校长的文章全文如下。

为了写《资本论》，马克思阅读了 1 500 多种书，留下了 100 多本读书笔记；列宁在研究帝国主义专题时读了 148 本书、写下 60 多万字的札记；毛泽东提倡不动笔墨不看书，一本约 10 万字的《伦理学原理》上就写了万余言的评语……让人震撼的数据、故事背后，是他们广泛阅读、勤记笔记的精神。

在信息化时代，知识获取更加方便快捷，"记笔记"似乎正在渐渐淡出我们的生活。从某种意义上说，这意味着一种习惯、一种修养、一种文化的渐行渐远。今天重拾这个看起来老生常谈的话题，就是想谈谈我对于记笔记的一些看法，希望能够唤起大家对于"笔记"的记忆与再认识。

让记笔记成为一种习惯

今天，我们还有多少人保持着上课、开会、阅读、学术交流时记笔记的习惯？我们曾经有过这样的习惯吗？我们又是何时把这个习惯淡忘了？

我想大多数人都曾有过记笔记的习惯。那时没有电脑、没有网络，信息不这么发达，所以我们珍惜每一个学习的机会，抓紧一切时间记录那些让我们觉得弥足珍贵的知识、那些启发我们思考的线索、那些可能转瞬即逝的思想火花。我们的一些创意与成果，也许就缘于那些随手记录下来的笔记。

可是随着计算机和网络的普及，学习方式越来越多元化，笔记却记得越来越少。上课，我们可以下载相关课件、拷贝老师的 PPT、上网搜到需要的内容。看起来学习的方式更加轻松了，但并没有经过系统深入的学习和思考，有些知识变得似是而非，有些观点变得人云亦云，有些宝贵的想法一闪而过。海量信息的冲击淹没了我们对知识的选择与吸收，许多知识还没有好好消化就成了过眼云烟。叔本华说："不加思考地滥读或无休止地读书，所读过的东西无法刻骨铭心，其大部分终将消失殆尽。"那么如何让读过的东西刻骨铭心？记笔记是十分重要的途径。

孔子说，学而不思则罔，思而不学则殆。记笔记的过程，就是"学而思"的过程，是"解惑"的过程，是对知识进行记录、整理、提炼、加工、思考、理解、消化、吸收、创造、提高的过程。正如《在斯坦福和哈佛大学连续拿 A：如何学得更快，思考更灵活》一书作者皮特·罗杰斯所说，"你要用自己的方式记录精华。记笔记本身就是学习的过程。"对学生来说，记好笔记是学习好的基本要求和前提。有研究发现，相比不记笔记的学生，那些记录笔记的学生成功记住学习内容的概率高出 7 倍。笔记不仅是在听课过程中记录的重点和难点，更是自身思考和总结的智慧结晶。可以说，笔记是买不到的教科书，其价值远超过教科书。我还记得上大学时用的教科书，每一章后面都贴着一张纸，那是一份特殊的笔记——记录的是我们总结提炼的这一章的精华。这种方法让书越读越薄、知识越学越精。这就是笔记的力量。有人说我们 77 级学生是记笔记的能手，这话不假，因为当时教科书很少，参考资料匮乏，学生在课堂上拼命地记笔记，课后复习也靠看笔记。这样反而使我们在记笔记中受益匪浅。由于形成了习惯，后来有了教科书和参考书，也仍然坚持记笔记。我本人就是记笔记的终身受益者。

俗话说："最淡的墨水，胜过最强的记忆。"美国著名作家、哲学家爱默生说："灵感就像天空的小鸟，不知何时，它会突然飞来停在树上。你稍不留意，它又飞走了。"养成记笔记的习惯，学会记录那些随时出现又随时消失的灵感，才能达到事半功倍的效果。

让记笔记成为一种修养

读书使人明智、使人进步、使人完善，比读书更重要、要求更高的是记笔记。通过笔记可以记录读书过程的所思、所感、所得，让读过的每一本书都深深融入自己的头脑、融入自己的内心。因此记笔记不仅应该成为伴随一生的习惯，更应当成为内化于心的个人修养。

杨绛先生在《钱钟书手稿集》的序言中说，许多人认为钱钟书记忆力特强，过目不忘，其实他只是好读书、肯下功夫，还勤勤谨谨地做笔记。他做的外文笔记有 178 册、34 000 多页；日札有 23 册、2 000 多页。《管锥编》里的许多文章都是日札里的心得经发挥充实而写成的。由此可见，这数量惊人的笔记才是他"神奇"记忆力的源泉。

当记笔记超越习惯，内化为一种个人修养，笔记的含义也就不再停留在笔记本身的层面，而是有了更广更深的延伸，成为一种知识的再创造和思想的再升华。我常常在很多大型国际学术会议、交流活动中，看到很多知名学者在一丝不苟地记着笔记。也许就在这一点一滴的字里行间，伟大的思想、伟大的发明就会应运而生。

　　许多大师、大家都是"笔记迷"。列夫·托尔斯泰的观察笔记、达·芬奇的腰带笔记、狄更斯的夜游笔记、契诃夫的卡片笔记、果戈里的万宝笔记、杰克·伦敦的纸片笔记、黑格尔的活页笔记……记笔记已经成为伴随他们一生的个人修养。据说爱迪生总是随身带一个小笔记本,一想到什么新鲜问题和见解就立刻记在里面。而爱因斯坦去世后留下数万份学术笔记和研究手稿,完整地记录了他毕生研究探索的学术过程。我一直放在案头的《钱学森手稿》,也是一份特殊的学术笔记,真实地记录了钱学森的整个思维创新过程以及他对待科学严谨缜密的态度和求实探索的精神。

　　在我们学校也有很多这样的人,一生都在不停地学习,把记笔记修炼成自身修养。在哈工大博物馆二楼展厅里收藏并展出了上世纪五六十年代我校师生完成的各类笔记、作业等大量实物。有许多教学笔记、课堂笔记的共同特征是图文并茂、书写工整、条理清晰。这些笔记的完成者很多后来成了学界泰斗,如王光远、潘际銮、吴从炘……看到他们的笔记,我仿佛看到了一种精神、一种传统,让我深受触动。

让记笔记成为一种文化

　　在我国历史上,不少名人学者都十分重视做读书笔记,许多笔记涉及政治、历史、经济、文化、自然科学、社会生活等诸多领域,具有很高的学术价值。季羡林老先生曾说,中国是世界上最喜藏书和读书的国家,古籍中便有许多藏书和读书的故事,堪称佳话。

　　相传和苏东坡同时代的一位学者苏子容,对于历史知识记得滚瓜烂熟。苏东坡向他请教读书的经验,他说:我曾经按照年月排史实,这样编写了一遍,以后又在史实下面注出年月,这样又编写了一遍,编来编去自然就熟了。

　　还有一个明朝著名文学家张溥的故事。传说张溥的天资并不聪颖,尤其是记忆力很差,读过的书转眼就忘了,曾被老师罚抄文章十遍。张溥发现,一边写一边在心里默读,很快就领会了文章的精髓,并熟练地背诵下来。"眼过千遍,不如手过一遍",张溥一直坚持着这样的学习方法,后来成为很有名望的文人。他还把自己的书房取名为"七录书斋"。

　　有句话说:读书是门槛最低的高贵。"读书破万卷,下笔如有神"、"读书百遍,其义自见"等名句,记载了先辈热爱读书、热爱记笔记的传统。据记载,唐代诗人白居易把平时记录下来的所见所闻所感装在陶罐内,定期整理成篇从而完成《白氏六帖》;元末著名学者陶宗仪用树叶做笔记,积叶成章而著成《南村辍耕录》；近代著名诗人龚自珍用竹簏储存自己的数百篇诗作，写成著名的《己亥杂诗》。这些都成为中华文化宝库中的"笔记"经典。

然而，当今的碎片化阅读、快餐式阅读冲淡了对经典的深度阅读和思考，蜻蜓点水、走马观花式的阅读已经成为一种普遍现象。中国新闻出版研究院组织实施的最近一次调查显示，2014 年我国成年国民人均纸质图书阅读量为 4.56 本，远低于早先调查显示的法国 20 本、日本 40 本、以色列 60 本。这是我们不得不面对的严峻现实。我在国外访问，发现他们在飞机上、地铁上都喜欢捧一本书静静地读。在国内情形却大不相同，很多人要么低头玩手机，要么大声谈笑，读书成为罕见的风景。同样，在学术交流中，我也发现有些国内学者不太喜欢记笔记。看到这样的统计、这样的现实，我很担忧。一个民族渐渐远离了阅读，如何建立文化自觉、文化自信？一代人远离了阅读、不再记笔记，又如何去思考、去创造？

我去听课时发现，有很多同学不记笔记，这种现象令我为同学们的学习效果担忧。为了弘扬记笔记的文化传统，唤醒同学们记笔记的意识，今年学校举行了"最美笔记"评选活动，有 3 名同学的课堂笔记被哈工大博物馆收藏。我在博物馆看到他们的笔记和老一代哈工大人的笔记共同展出，感到很欣慰，仿佛看到了哈工大校训、精神的传承。正如吴从炘老师说："透过这些学生的笔记，我很高兴地看到，哈工大人才培养的优良传统得以不断传承，'规格严格，功夫到家'的校训得到了很好的诠释。"因此，同学们要把记好笔记提升到思想认识的新高度，继承和发扬哈工大的优良传统。

总而言之，能否记好笔记已不仅仅是一种学习习惯、个人修养的体现，从某种程度上说，更代表着民族素质和文化修养的水平。让我们从民族文化的高度重新认识笔记文化、弘扬笔记文化，让记笔记成为我们每一个人的人生必修课。

第三节　如何准备考试

考试是对大学生学习效果全面的、总结性的检查与评定。大学里一门课程的成绩多由平时成绩和期末成绩构成。平时成绩可能来自考勤情况、课堂发言或提问、小组讨论、随堂测验、课后作业、大作业等，任课教师会在开课时进行说明。期末考试的方式有闭卷、开卷、半开卷或撰写课程论文（报告）等。几乎所有的考试都是百分制,60 分是及格线,如果不及格,要通过补考或重修才能获得学分。

一、考前准备

1. 日常温习

日常温习包括做好课前课后的预习和复习。在开始新的功课之前,先看一下上次标记的笔记和标记的重点内容。日常温习时要特别注意两个方面的内容。一是刚学过的内容,无论是课堂上学到的还是自学而来的。二是那些比较容易记忆的内容,例如方程式、公式、日期、定义等。要从上课的第一天就开始温习。很多老师会在第一次课上对整个课程做一个概述,学生可以在刚学完的时候立刻温习。课间可以复习一下刚记的笔记,下课后再复习一遍。

2. 每周复习

每周至少复习一遍所学的科目,每个科目至少一个小时,包括指定的阅读作业和讲义,看一遍做过的作业、练习题等。

3. 重点复习

重点复习通常是在期末考试或者其他重要考试前一周开始的。它能帮助学生整合一个学期所学的概念,并加深对学习内容的理解。这个复习过程相对长一些,通常是连续 2～5 个小时加上足够的休息时间。复习的效果会在开始后 1 小时左右降低,在过了某一个点之后,每隔 1 小时的短暂休息可能已经不够让自己振作起来了,此时便可以结束这次复习。注意自己专注程度的变化,就会知道自己的临界点在哪里。在进行长时间的复习时,应该将那些较难的科目放在最清醒的时段,也就是复习的初始阶段。

4. 拟定复习计划

在日历上详细地为复习计划安排时间,至少提前 5 天开始复习考试要点,这样才会有足够的时间找到问题的答案,弥补之前的不足。

5. 列一张学习检查表

学习检查表就像飞行员起飞前的检查表一样。飞行员会在起飞前进行例行的标准检查程序。他们会标记每一事项:测试襟翼、检查磁电机、检查燃料箱、调整仪器、检查方向舵等。一张清单会确保他们没有遗漏任何一项检查。如果起飞后才发现问题就来不及了。参加一次考试就像是驾驶一架飞机,一旦开始,就没有时间去后悔没有复习哪个知识点了。

为每一个科目做一张检查表,把阅读任务按照章节或者页码列出来,把需要解决的各种问题都记下来,还要包括需要掌握的其他技巧,如主旨、定义、原理、公式、方程式等。对于数学和科学考试,选择一些问题列在检查表上,重新做一遍这些题目作为复习。检查表不是复习表,上面的内容是待办事项,包含对需要学习的内容的最简单的描述。

6. 制作记忆卡

记忆卡就像是便携的试题。在卡片的一面写上问题,在另一面写上答案。随身携带一些记忆卡,以便能利用任何可以利用的时间来复习这些内容。记忆卡可以用在公式、定义、理论、笔记的关键词、公理、日期、外语词组、假说以及样题上,要养成定时制作记忆卡的习惯。准备一个卡片夹,按照科目分类并好好保存记忆卡。

7. 检验复习成果

准备考试的时候,要对所学和想要学的内容做一个评价。看看学习检查表上的内容学了多少。对照教材的目录,在已经总结过的内容旁边画上一个×,可以帮助自己判断复习得是否彻底,哪些内容还需要进一步复习。

8. 来一次模拟考试

在真正的考试到来之前,把自己觉得会考的问题写出来,进行几次模拟考试。可以从老师、图书馆、辅导室那里找到以前的考题,提前测试一下,以便帮助自己制订复习策略。如果只依靠以前的考试题,可能会漏掉老师后来新增加的内容。一定要弄清楚学校是否允许学生接触过去的考试内容,有的学校可能不允许这样做。

二、预测考题的方法

预测考题不仅能帮学生在考试中获得高分,还可以使学生明确学习这门课程的目的,从而设计相应的学习策略。预测考题是一件有趣的事情,尤其是后来发现自己的预测很准确的时候。

1. 弄清楚考试的性质

尽可能减少凭空猜测,可以请老师描述一下即将进行的考试。尽量在学期前段时间问清楚,这样上课时就会注意到哪些可能是考试的内容。以下是可以提问的问题:①考试将会覆盖哪些课程资料?阅读材料、讲座、实验,还是这些的组合? ②考试内容包括之前所有学过的内容,还是最近刚刚学习的内容? ③考试将注重事实和细节,还是重要的话题和关系? ④考试需要解决问题,还是理解概念? ⑤可以自由选择自己回答哪些题目吗？⑥考试的题型有哪些？是否包含是非判断题、选择题、简答、论文？

注意：为了更好地写论文，要找出老师希望在学生的回答中看到的细节。问清楚考试时间长短及论文的篇幅限制（页数、答题卡数量或者字数限制）。

2. 从老师的角度考虑问题

"如果让你来教这门课，你会出什么样的考题？"针对这个问题和同学一起来一次头脑风暴——这对学习小组而言可是一次好机会。

3. 在笔记和阅读材料中寻找试题

在笔记本上专门留出一个"考题"版块。每节课和作业之后就在上面加几个问题。也可以用一些自己独创的代号或者图标，用同样的符号标记复习题和教材上可能会是考试题的问题。

4. 在课堂上寻找线索

上课时，注意观察老师说的话及说话的方式，以此来预测可能出现的考点。老师通常会透露一些线索，例如他们可能会把重点内容重复好多遍，在黑板上写下来，或者在后面的课堂上反复提到。老师可能会在某处做停顿，看一下笔记，或者逐字朗读大段文字等，这些都需要学生格外注意。另外注意老师是否在某些问题上表达了强烈的观点，这些内容很可能出现在考题中。还要注意老师对学生的提问，以及其他学生提出的问题。如果作业中某道题多次在课堂上被提到，那它很可能也会出现在考题中。对于数学，以及其他包含解决问题的课程，试着用不同的方法去解答那道题。

5. 保留所有的小测验、论文、实验报告及其他所有有分数的作业

小测验的题目通常都会在做过一些改动后出现在期末考试中。如果有以前的考试题目和平时有分数的作业，也可以用来预测考题。

6. 应用自己的预测

要从自己的预测中得到最大的价值，用这些预测的题目来指导自己的复习。

7. 铭记此法

时刻提醒自己这句话："这些内容会出现在考题中。"

三、考试中的注意事项

务必准确记住考试的时间和地点，提前到达考场为考试做准备，利用这段时间

做一次放松练习。在等待考试开始的过程中,不要去想"我为这次考试准备了多少",以免因担心没有做好充分准备而增加焦虑,影响水平发挥。

1. 试卷发下后

仔细阅读考试说明,至少两遍。仅仅因为在考试中忽略这些说明而丢掉分数是很可惜的。有任何不明白的地方,请监考老师做进一步的说明。

快速浏览整个考卷,对每一部分的重要性做出评估,注意每一部分的分数,估算完成每一部分所需要的时间。举例来说,如果某一部分只占全部分数的10%,那就不应该安排20%的时间来完成它。

在做好准备开始答题之前,如果需要的话,给自己1~2分钟的"恐慌时间",缓解紧张情绪。

先回答那些简短的问题,让自己有成功的感觉,同时还能刺激联想,为后面较难的题目做好准备。注意调节自己的考试时间,如果实在想不出答案,可以先放下,要按照自己的时间安排来进行考试。

2. 多重选择题

(1)先在头脑中做出回答。在看选项之前完成这一步,如果确信想出的答案是正确的,在提供的选项中寻找答案。

(2)在选择答案前看完全部的选项。有时候两个答案之间会很接近,但只有一个是正确的。

(3)检验每一个选项。单选题包括两个部分:题干(开头的不完整语句)和多个可能的答案。每个答案和题干结合起来就会成为一个完整的语句,或真或假。当把题干和每个可能的答案结合起来时,单选题就会变成几个是非判断题,选择那个能构成正确陈述的答案。

(4)排除错误答案。去掉那些明显错误的选项。那个自己排除不了的答案很有可能就是最好的选择。

3. 是非判断题

阅读整个问题,把整个句子按照语法分成不同的部分,如单独的从句和短语,然后检验每个部分的真假。如果有任何一个部分是错的,那么整个句子就是错的。

(1)寻找限制词。这里的限制修饰语包括"全部""大部分""有时候""很少""仅仅"等。绝对修饰词像"永远"或"从不"通常意味着这个句子是错误的。

(2)在细节中寻找错误。仔细检查是非题中的每个数字、事实和日期,找出被调换的数字或者被稍稍改动的事实。这些都是错误陈述的表现。

（3）注意否定词。寻找"不"和"不能"这样的否定词,去掉这些词之后再读一遍原来的句子,看看是正确还是错误,然后重新加入这些否定词再看一下这个句子是否更加讲得通。尤其要注意有两个否定词的句子,像在数学运算中一样,双重否定即是肯定。例如,"我们不能说契诃夫没有在短篇小说创作上获得过成功"和"契诃夫在短篇小说创作上获得过成功"表达的意思是一样的。

4. 简答题和填空题

（1）注意关键词和关键事实,简明扼要地回答即可。

（2）熟练掌握所学知识是很有用的。如果对某一内容了若指掌,就可以几乎下笔如飞地回答这方面的问题。

5. 配对题

（1）先通读每一栏的内容,从条目较少的开始。数一下每一栏有多少条目,看所有的栏是否一样。如果不一样,在一栏中找到能和另外一栏中的两条甚至更多条匹配的条目。

（2）找出措辞相似的条目,特别标注一下它们的不同之处。

（3）把那些在语法上相似的词配对。例如,把名词与名词配对。

（4）如果要把单词和短语配对,先看一下短语,然后找出那个逻辑上能完成这个短语的词。

（5）每完成一次配对,划掉每一栏中相应的条目。

6. 论述题

做论述题时,时间的把握至关重要。要注意必须回答的问题,并在考试过程中注意自己答题的进度。简短地回答所有的问题得到的分数可能要比完不成所有题目高一点。

（1）准确地弄清楚题目的要求。如果题目的要求是比较西格蒙德·弗洛伊德和卡尔·马克思二者思想的异同,那么无论多么详尽地"解释"他们各自的思想,也必然和高分无缘。

（2）答题之前先大概列一个提纲。这个提纲有助于加快答题速度,避免遗漏题目要点。如果时间不够,这个提纲还会帮学生多得几分。提纲要尽量简洁,以便更加有效地利用考试时间。答题时要注意突出关键词。

（3）开门见山,直指要害。像"关于这个问题,有很多有意思的事实"这种泛泛而谈的语句会让阅卷老师产生很大的反感。开门见山的一种方法是开头引用问题的一部分。假设这是题目:论述增加城市警察预算能否对打击街头犯罪发挥积极作用。那么答案的第一句可以是这样的："基于以下的原因,增加警用支出并不会对打击街头犯罪产生重大的积极作用。"这句话准确地表明了你的立场。在用论点和事实具体阐述答案时,要从最充分的观点开始。答题时注意语言简洁,避免出现无关的语句。

（4）字迹清楚正规。老师阅卷评分带有很大的主观性,潦草、难以辨认的字迹很有可能拉低分数。

（5）只在纸的一面答题。如果在两面都写字,会出现透字,从而影响另一面的字迹。如果需要的话,可以在边上的空白处添加遗漏的内容。答题时可以在纸的左边及行与行之间留出足够的空隙,方便以后添加内容。

最后,如果有时间,检查一下,看看自己的答案是否清晰易懂。

四、作弊的高昂代价

作弊是要付出代价的。作弊的后果是非常严重的。作弊可能导致考试不合格、课程总评成绩不及格、被停学或者被开除学籍。作弊时害怕被发现会加重考试时的压力。当自己在作弊时,就会感到紧张,即使并没有充分意识到,还是会感到不同程度的不适。即使并没有被发现,作弊学生还是会为这种违反道德标准的行为而愧疚,从而对身体健康以至整个生活产生影响。考试作弊会为以后做出有违诚信的行为大开方便之门。人类会对重复的行为产生一定的适应性,作弊也不例外。几乎所有的行为都会有同样的过程。有了第一次作弊,第二次就会更加容易。如果学生在生活的一个方面放弃了自己的原则,就会在其他方面也很容易放弃。另外,作弊会降低自信心。作弊让学生觉得自己不够聪明或者说没有能力独立完成考试的能力,从而产生自卑心理。

思考题

如何理解、做到大学学习的七个基本环节?

第五章　参加项目学习

项目学习(project-based learning,PBL)是国际流行的教育方式之一。在项目学习中,学生通过完成一系列任务,掌握未来社会生活中应该具备的素质能力,包括问题解决、任务规划、团队协作、自我管理、积极创新,等等。对于 project-based learning,国内有"基于项目的学习""项目化学习""项目学习""基于课题的学习""课题式学习"和"专题式学习"等多种不同译法,本书采用较为通用的译法——项目学习。

项目学习是本科生教育的组成部分,是培养学生创新能力、创新意识和创新精神的措施之一。项目学习可以培养学生的实验技能、计算机技能和时间管理技能,特别是项目设计和按时完成任务的技能。与导师每周一次的见面,可以培养学生非正式的口头表达能力,撰写项目研究报告是练习写作的好机会,参加开题、中检、结题答辩有助于提高交流技巧。项目学习是一种发现学习,由于总是涉及新情况,它可以帮助学生迅速适应、迅速学习、解决难题,有助于培养学生的耐心和毅力。

项目学习的重要目的之一是开发学生的创新潜能。创新教育理论认为,创新潜能是每个正常人都具有的,创新潜能是可以进行开发的,是可以通过学习、实践而被激发出来、转化为创新能力并逐步得到提高的。项目学习改变了传统学习中学生被动接受知识的现象,要求学生主动参与探究活动,体验学习过程,主动积累知识经验,完善知识结构。项目学习中的探究活动是一个学生发挥智力强项的过程,同时也是一个弥补智力弱项和完善智力结构的过程。不同智力特征的学生可以相互学习,形成优势互补,使他们的智力潜能得到开发,智力结构得到完善,从而促进创新潜能的开发。

哈工大高度重视在本科生学习过程中推行基于项目的学习方式,着力提高大学生创新能力。基于项目的学习包括大一学年的年度项目,大二、大三学年的课程大作业、大学生创新实验项目、大学生科技竞赛项目、创新实验课、专业设计项目,大四学年的研究实验室科研项目、企业实习项目和毕业设计项目。

2011 年开始,学校在一年级全面实行大一年度项目计划。截至 2019 年 7 年,大一年度项目计划共立项 7 888 项,其中 6 792 项通过结题答辩,参与大一年度项目计划学习的学生达到 27 933 余名,见表 5.1。

表 5.1　2011—2018 级大一年度项目的统计数据

年级	立项数	结题数	参加人数	学生参与比率
2011 级	758	623	3 101	69%
2012 级	937	787	3 241	76%
2013 级	1 023	938	3 457	79%
2014 级	945	772	3 337	82%
2015 级	990	734	3 560	92%
2016 级	1 063	928	3 653	93%
2017 级	1 074	996	3 762	97%
2018 级	1 098	1 014	3 822	97%
合计	7 888	6 792	27 933	86%

第一节　项目学习的内涵

一、 项目学习的定义

项目学习中的项目是管理学科中的项目在教学领域的延伸、发展和具体运用。因此,项目学习是以学科的概念和原理为中心,以制作作品并将作品推销给客户为目的,在真实世界中借助多种资源开展探究活动,并在一定时间内解决一系列相互关联着的问题的一种新型的探究性学习模式。

项目学习可以使学生围绕一个具体的项目充分学习、选择和利用各种学习资源,在项目构思、实际体验、探索创新、内化吸收的过程中,以团队为组织形式自主地获得较为完整的知识,形成技能;项目学习能够提升学生解决问题的能力,培养学生终身学习的技能,培养学生自主的学习精神和合作的工作态度。

二、 项目学习的意义

项目学习具有多种重要意义:通过项目"做中学"培养学生自主学习的能力、问题求解的能力、综合创新的能力、团队协作的能力和工程领导力。

具体而言,项目学习可以达到多种目的。

1. 提高学生参与创新的积极性

通过创造现实的、有意义的、具有挑战性的项目情境或问题,培养学生的专业兴趣,促进学生主动参与项目并有效利用各种资源解决项目的各种问题。

2. 增强学生个性,树立创造的信心

通过项目给学生按照自己的目标去创造的机会,最终完成一个或一系列自己设计的作品,提高学生的自信心,增强学习的责任心。

3. 培养学生探究式学习的能力

通过项目驱动或启发性的问题来组织学习活动,项目学习要求学生面向问题开展探究式学习并学会如何学习。学生通过探究式学习,掌握本学科的概念和原理,构建知识体系,掌握技术技能。

4. 加强项目体验,拓展思维

项目学习克服了知识学习与思维实践的割裂状况,帮助学生不仅"知",而且体验如何"行"。项目学习将学科知识、概念、原理融入项目任务当中,学习者完成项目任务的过程,也就是体验、感悟学科知识、概念、原理的过程。在此过程中,学习者建构起学科知识、概念、原理的系统化理解,掌握一定的技能,发展高级思维的能力。

5. 提高学生的问题求解能力

项目过程中面向问题的学习、分析、设计与实现等环节,可以提高学生的问题求解能力和实际动手能力。

6. 提高学生的表达能力

项目学习通过要求学生进行开题、结题的报告,要求项目组以书面、口头形式汇报项目方案、进展情况和项目成果等,提高学生的表达能力。

7. 提高学生的沟通交流能力和团队工作精神

项目往往以"团队"为基本组织形式,形成师生的"学习共同体",成员之间密切

合作,成员间共享思维成果,相互合作,充分交流,团队合作精神得到充分体现。同时,团队负责人也在一定程度上得到工程领导力的培养。

8. 促进多学科知识技术内容的交叉融合

项目相关的现实问题往往是多学科交叉融合的,学生需要学习和综合运用多种学科知识来分析和求解问题,这将鼓励学生面向问题主动学习多学科交叉领域的知识。

9. 提高学生运用各种支持工具的能力

学生在项目学习过程中,需综合运用多种信息检索工具、认知工具、开发工具和网络资源平台等,提高自己运用现代化技术和工具的能力。

项目学习不仅仅是一种学习方式,它还是一种协同工作、收集信息和呈现信息的方式。团队协作是项目成功的关键。项目学习不仅包括课程内容的学习,还包括具体技能和思维习惯的养成,这都能够培养学生的工作能力,以满足知识经济时代对人才素质的新要求。

第二节　规划与启动大一年度项目

大一年度项目是由大一学生以项目团队的形式,借助各种教学和科研资源,在两学期内完成一项任务(作品、产品、设计、工艺、模型、装置、软件等),并以书面或口头形式总结、表达项目完成过程及产出物的学习形式。大一年度项目是一种新的基于项目学习的模式。

(1)探索性。大一年度项目是一种让学生进行研究、创作、设计、实验、完善、制作某种产出物的活动,一般要经过发现问题—提出问题—分析问题—提出假设—评价验证—得出结论等阶段。解决问题是一个复杂的思维过程,它要求学生进行多角度、多方位的思考,进行发散与集中的思考,才能使问题得到解决。因此,在问题解决的过程中,可以培养学生创造性的思维能力,发展学生的探索精神。

(2)综合性。大一年度项目的题目来源于现实生活,体现了多学科交叉的思想。在活动过程中,学生需要运用多门学科的知识,单纯地依靠某一门学科的知识是无法完成项目的。它综合了一系列相关学科的基本知识、研究方法及当前社会的问题,需要把各学科知识和技能整合起来以解决学习中产生的问题,其目标是培养学生解决综合性、实践性问题的能力。所以,项目研究一般要求学生运用多种资源,如书籍、网上资料、社会调查、个人访谈及实验。即使项目是关于同一个主题的,不同的学生由于所利用的资料与研究方法不同,所得结果也会不尽相同。

（3）实践性。大一年度项目是让学生依据自己的需要、动机和兴趣,进行参与、体验和研究。学生实践的内容是丰富多彩的,融理论知识和实践操作于一体,包括了多方面的知识和技能。项目一般取材于生活,学习者面对的是真实问题,所涉及的问题贴近生活,不是单纯而抽象的习题。实践的方式也是多种多样的。在项目实施过程中,学生充分利用多媒体和网络等技术手段,再通过收集资料、学习知识、实验研究、分析计算、调查采访、实践体验、创造想象、撰写报告等多种途径来完成。学生在自主发现、协同合作、实践创造中完成学习任务。所有这一切都有效地培养了学生的实践能力和创新精神。

（4）合作性。大一年度项目活动过程中强调协作,项目指导教师、班级导师、班级导师助理、高年级学长、学生、有关部门机构组成一个学习共同体,为完成任务而共同努力,成员之间是一种密切合作的关系。由于项目一般是组队的形式,在组长的领导和协调下共同开展工作,可以锻炼学生的团队协作精神与交流沟通能力,可以培养作为项目负责人等部分精英学生的工程领导力与责任心。

（5）开放性。大一年度项目的内容不是特定的知识体系,而是来源于生活,立足于研究、解决学生关注的问题,涉的范围很广泛。它可能是某学科的,也可能是多学科综合、交叉的。在同一主题下,由于个人兴趣、经验和研究活动需要不同,项目视角的确定、项目目标的定位、项目开展过程的设计、项目研究方法和手段的运用,以及结果的表达等都可能各不相同,为学习者、指导者发挥个性特长和才能提供了广阔的空间,从而形成一个开放的学习过程。

哈工大的大一年度项目计划在每年秋季学期新生军训以后启动,10月,进行项目宣传,11月,开题。大一年度项目规划与启动过程可分为立项动员、组建团队、选择指导教师、寻找项目选题、准备立项报告、参加立项答辩6个阶段。

一、　立项动员

哈工大本科生院于2011年开始推行基于项目的学习计划,目前这项工作已经覆盖了所有院系。

1. 项目学习的内涵

项目学习的内涵,实质上是要学生通过项目学习的过程,来学习一些新知识,更重要的是培养他们的研究素养。哈工大是一所研究型大学,培养的人才将来大部分要从事研究工作,因此,研究素养对工科学生来讲尤其重要。研究素养最重要的一个培养途径就是实践,项目学习的过程就是一个很重要的实践过程,这是学校提倡项目学习的初衷。

项目学习是一个培养兴趣、培养信心的过程,最重要的是自主学习,从立项、设计、制作到完成报告,在这个过程中,学生完全是独立自主的,这是和高中学习差别最大的地方。自主学习是一种研究性学习的过程,实现了从以老师为主体到以学生为主体的转换。

2. 大一年度项目的内容及要求

哈工大的项目学习贯穿大学 4 年。大一阶段,谓之大一年度项目;大二、大三阶段分为两块,一块是课内的项目,一块是课外的项目;大四阶段,主要是毕业设计的项目。

项目学习强调以学生为中心,实施研究性教学,即"做中学"。项目学习的目标是提高学生的研究素养,包括实践能力、表达(文字、语言)能力、管理能力和工程领导能力。项目学习注重过程监控和质量管理,务求实效。学校力求项目学习惠及全体同学。

(1)大一年度项目题目来源采取院系规划和学生自主选择相结合

题目来源之一是院系的项目库。教师提供项目库,学生从项目库中选择,经过与导师探讨后,确定自己要申报的项目。学生也可以根据兴趣自主设计项目题目,同样可以寻求导师的指导。

(2)大一年度项目不求专业性,重在培养兴趣和过程认知

许多大一学生都有这样的困惑:自己没有一点专业知识,刚刚高中毕业,怎么做项目? 多年的实践证明,大一学生是能做点事的。大一年度项目不一定要求专业性,学材料的、学土木的,一样可以做计算机的项目,学机械的也可以去做电子的项目。当然,如果学生能加入相关专业导师的团队,由导师给学生提供专业知识的帮助,就会更方便一些。大一年度项目注重培养兴趣,重在过程,结果并不重要,只要经历一个完整的过程,为后续从事比较难的专业领域的项目打下基础就达到了目的。

(3)大一年度项目注重可操作性,保证"成活率"

在选择项目的时候,要量力而行。大一新生首先要适应大学生活,大一的必修课程又都有一定难度,不能因为项目学习影响课程的学习。项目学习应该作为课堂

学习的有益补充,也就是说,要量力而行,如果能力小、能拿出的时间少,就可以做一个比较简单的项目;如果学有余力,可以做一个比较大的项目。关键要积极参与,可以不成功,但是不能不参与。

3. 如何做好项目学习

做好项目学习,需要注意以下几点:①选择合适的题目,②做好整体规划,③增强责任意识,④贵在坚持,⑤注意全方位锻炼自己,⑥注意与指导教师的沟通。

这里需要强调两点。第一,要有责任意识。既然答应了要做的事情,就要坚持,要在团队里面发挥应有的作用,将来参加工作才能承担大事。第二,要全方位锻炼自己。从立项报告,到中期检查报告,再到总结报告,学生应在做的过程中将所积累的经验上升为理论知识,上升为一种能力;不仅要做,还要总结,甚至还要发表文章。

很显然,学生有了项目学习的经历,有了项目学习的成果,到了工作单位之后,就会迅速成为项目负责人,甚至是领军人物。

4. 典型事例

2012 年 10 月 22 日,由基础学部主办,新睿创新协会承办的基础学部第三届学生论坛之项目学习分论坛正式举行。2011 级优秀学生代表材料学院饶丽、电信学院马忠超、土木学院沈钊永、市政学院杨浩对大一新生项目学习的立项流程及注意事项进行了指导与交流。在活动中,同学们积极思考,踊跃发言提问,取得了良好的效果。此次分论坛促进了新生对大一年度项目计划的了解,激发了新生参与科技创新的热情。

下面是 2011 级大一年度项目计划一等奖获得者饶丽的经验介绍。

如何做好大一年度项目

饶　丽

各位老师、同学们,大家晚上好!

很高兴今天能有机会站在这里向大家做这个项目学习交流报告,我是来自材料学院材料物理专业的饶丽。之前,一些学弟学妹们问过我,在大一年度项目上投入的精力多不多,觉得值不值得,收获了什么。我想可能大家也挺关心这些问题的,那么我希望今天这个简短的报告能对大家有所帮助。

我的报告主要分为以下 3 个部分:大一年度项目的总体流程、我们自己项目的基本情况和你们在项目学习过程中可能遇到的困难及我个人的一些建议和感悟。

一、总体流程

首先总体流程大致有 4 步:确定课题、开题、中期与结题。前两步就是你们现在面临的主要问题,然后在第二年的 3 月,你们需要准备中期报告,最后在同年 6 月就要结题了。

二、自己项目的基本情况

接着介绍一下我们组的基本情况。项目名称:如何使二氧化钛薄膜发光;项目成员:饶丽、梁世麟;指导教师:陈向群副教授;获得荣誉:2011 级大一年度项目计划优秀项目一等奖。

接下来这些也是你们在项目学习过程中需要做的,也是很重要的事。

1. 查阅文献

以中文文献为主,有些比较难的课题需要查阅外文文献。

2. 做实验

这是在你们查阅文献之后对课题有了整体的把握,为了得出结论必须经历的一步。然后,你们要进行实验数据的分析、处理与整理。

3. 阶段性的总结并准备报告

当然,光做实验是不够的,大家还需要进行一些阶段性的总结并准备报告,主要有 3 次报告:开题、中期与结题报告。

三、困难、建议及感悟

再说说大家在项目学习过程中可能会遇到的一些困难和我个人的一些建议与感悟。

1. 困难

最大的困难就是时间安排与欠缺专业知识这两点。当然,大家还可能会有看文献看不懂、实验不成功等更多的问题,但是有问题不可怕,尽力去解决问题就可以了。

2. 建议

(1)选题方面:选自己感兴趣的,当然还要有一定的研究意义的课题,不然也许到了中途就很难坚持下去了。

(2)做实验:一定要自己动手,实事求是地做实验,很多实验操作其实不难,就是要有耐心、要认真,不要怕失败,多做几次,有不懂的多问问,多请教,多查资料。

（3）PPT的制作与讲演：你的PPT和你做的报告（包括演讲与书面形式的）几乎是把你平时的努力成果呈现出来的唯一途径，这个方面做得好能使你事半功倍，所以一定要认真对待、认真准备。

报告时使用的PPT是重要的辅助工具，千万不要把大片的文字资料放在同一张PPT上，要注意排版和清晰度，背景的选择上不能太花哨。尽量用图片、图形、框架图说明内容，因为相比较而言，图比文字给人更直观的感受。报告的条理要清晰，开头就列出你要讲的主要内容。做报告时一定要大方得体，声音洪亮，咬字清晰，语速放慢，穿着得体，使你说的内容被大家接受。

做完报告之后，会有老师进行提问，不要紧张，只要整个项目学习过程你都参与了，大概情况也都了解了，基本都能回答老师的问题。

（4）报告的撰写：一定要严格按照标准格式，所写内容要把你们组的情况介绍清楚，千万不要为了达到字数要求而使叙述过于冗长。开题报告中的进度安排、预期目标要从实际出发，别说太大，给自己留有余地，做到心中有数，参考文献的写法要按照标准格式。

（5）坚持（尤其是时间）：只要大家能坚持完整个过程，认真完成各项要求，那就能结题了。

（6）团队合作：记住，在做项目的不止你一个人，你是属于团队，属于你的小组的，一定要注重团队合作。

（7）与导师的交流：与导师的交流会对你有很大的帮助，因为老师们懂的一定比你多，也许有时候你想破脑袋都想不出的问题，老师一句话就能点通了，所以一定要及时地与导师交流。当然，也不能全依赖导师，毕竟做项目是要锻炼自己的动手动脑能力。

（8）善于利用各种资源：如网络、书籍、师兄师姐等，也可以使用中国知网，需要大部分资料都可以从中国知网找到，以后写论文、做作业也肯定会用到的。

3. 感悟

最后说一点小感悟：不积跬步，无以至千里；不积小流，无以成江海。从一点一滴做起，坚持下去，一定能到达成功的彼岸，感受项目学习的乐趣！预祝大家项目学习取得好成绩！

谢谢！

二、 组建团队

项目学习以团队为基本组织形式,强调师生、生生,以及参与该项目的所有人员相互合作,形成"学习共同体"。

大一年度项目计划要求项目申请者以项目团队的形式申请项目。团队实行负责人制,团队人数一般为 3~4 人。学校鼓励学科交叉融合,鼓励跨院系、跨专业联合申报。每人限主持或参加一个项目,不得在不同项目之间交叉申报。

项目负责人要为团队明确方向、目标和任务,为每个成员确定职责和角色,在项目规划、时间管理和内外协调等方面发挥引领作用。项目团队全体成员要努力培育相互信任、互助合作、积极参与、相互激励和自我管理的团队精神。

团队协作是项目学习的重要特征,当然协作可以有不同的形式。学生可以自己组建团队,也可以在辅导员、班级导师的指导下组建团队。随着项目的进展,学生的分组状况也可以发生改变。选择合适的分组方式也是项目计划和管理的一部分。

在具体的项目活动中,如何分组要考虑组内成员的数量、谁和谁一组、每个小组成员的分工等。不同的项目活动需要不同的分组策略,有的活动最好是由一个学生单独承担,有的活动则需要两个学生或小组完成。分组应该符合具体项目活动的性质和期望达到的学习目标。

在团队建设中,要学会合作,注意"选好"队员,更要选"好"队员。在选队员时,要注重强强联手,不要怕别人抢了自己的风头。"牛"人搭"牛"车,才会更"牛"。

三、 选择指导教师

项目申请人必须选择一名相关学科的教师作为指导教师。指导教师应具有中级及以上技术职称,主要负责项目的指导、监督和管理,协助专家组对所指导的项目进行中期检查、结题验收。

导师对学生科研能力的培养具有巨大的影响。因此,认识不同类型导师的优势及找到有助于创造性发展并能与他人和谐相处的导师便显得非常重要。

最优秀的导师善于帮助学生实现角色转换,即由学生逐步成为研究伙伴。他们关注学生的全面发展,包括知识、专业和个人素质等方面。这样,"导师"这个词就特指那些对学生进行全面指导的教师。导师是学生专业自尊心最重要的保护者,是学生攻读学位过程中的动力源泉,关系着他们将来的职业发展机会。因此,每一位学生都必须明智地选择导师。

在指导技巧、指导经验及对大学所承担的责任等方面,导师们各有特点。在各种头衔、各个年龄的导师中都不乏优秀者。美国学者罗伯特·史密斯根据指导方法的不同,将导师分为3个类型:合作型、放手型和资深科学家型。

合作型导师一般资历较浅(助教或讲师),因而急于希望自己的学生尽快取得成绩。这些导师由于所负担的其他责任较轻,通常研究时间更充裕。在以实验为基础的科研领域,研究时间多就意味着合作型导师可以肩并肩地在实验室里与学生一起工作。在社会科学领域,合作型导师会帮助学生收集数据资料并做出分析。

放手型导师的学术水平通常属于中等水平,且可能兼任管理或其他方面的职务。这些导师直接投入研究课题上的时间相对较少,但可能提供许多好建议,鼓励学生去研究风险较大但意义更深远的课题。

资深科学家型导师是导师队伍中的中坚力量。他们具有丰富的经验,因而对学生的关注可能是各种类型导师中最到位的。如果资深导师在其研究领域是一位杰出的科学家,理想和谐的师生关系就很容易形成。

选择导师应基于候选导师的下列情况:①在教学和科研中的成就,②指导学生的热情,③指导研究生的经验,④对其研究团队的组织和管理,⑤能够在融洽气氛中提出高标准的要求,⑥包容的人格魅力,⑦成为良师益友的能力。

在选择导师时,学生可以向班级导师(班主任)、教学院长、系主任或辅导员寻求帮助。

四、 选择课题

在项目学习中,项目是核心内容,项目选题是关键,一个项目质量的高低、可操作性强不强等直接影响着整个活动的价值。在寻找项目选题的过程中,学生要多请教指导教师,尊重指导教师的建议,这一点尤为重要。如何寻找项目选题,以下建议可供参考。

(一) 寻找项目课题的方法与要求

1. 学生自主寻找课题

学生根据自己对某一现象的兴趣、疑问、爱好拟定课题,进行研究,如果需要经费可申请资助,从零开始,循序渐进,培养自主研究的能力,激发科学创造潜力。大一年度项目的课题不要求专业性,重在培养兴趣和过程认知。

（1）从某个主题倒推。项目的课题可以来自文章、问题报道、当前新闻事件、座谈会,甚至奇异的事件。当我们碰到一个想法的时候,可以向前追溯一下,对这个想法进行整理,使之符合大一年度项目的要求。

（2）从互联网上获得项目的灵感。很多网站都提供课题,也有针对各个年级的不同学科的成功项目的介绍。学生可以利用学校的信息资源、多媒体手段,说明前人对所立题目在某一点上的研究不够完善,尚需进一步研究,进而提出个人的课题。

（3）从人们的日常工作中取材。课题还可以来自人们的日常工作,例如人们工作中遇到的问题,制作物品的技术过程,人们对工作条件的期望,还有学生在学校中所遇到的问题等。

（4）调查当地社区。校外会有大量的项目素材。学生可以成立调查小组,调查当地社区,这个做法令人兴奋,信息量也很大。在这个过程中,学生先提出问题,渐渐从中开发出项目的主题。

（5）关注社区服务。根据社区的需要,很容易设计出真实的项目。可以寻找那些需要帮助和专业支持的非营利性机构,他们的需要可以作为项目的主题。

2. 在教师的指导下寻找课题

（1）从教师已有课题的延伸中寻找课题。学生的科研工作由于受自身能力、经费等多方面因素的限制,完全靠学生自己去摸索新的课题往往比较困难。学生可以作为教师的助手,将教师已做的课题延伸,请指导教师帮助确定课题。

（2）从院系规划的项目指南中寻找课题。在启动大一年度项目计划后,各院系会发布项目指南,学生可以从中选择项目选题,同时还可以选择相应的指导教师。

（3）选择学科竞赛进行创作设计。创作设计主题由学生自己选择,学生可以请专业教师作为指导教师,并最终由教师和学生共同商定课题。

（4）结合课程学习内容寻找课题。例如,许多院系在大一学年都开设专业导论课程,学生可以根据专业导论开课前教师提供的调研题目和提纲,对自己感兴趣的研究内容进行充分的调研,撰写调查报告、调研报告和综述,为大二、大三的项目学习和大四毕业设计提供可持续发展的专业知识储备。

3. 项目基本要求

（1）有实际应用背景。

（2）来源于实际生活。

（3）应用于实际生活。

（4）有实物作品。

（5）有可演示的系统。

（6）完整地实现一个任务。

（二）项目课题选择策略

1. 课题的价值取向

别人从来没有研究过的且能够填补该领域科研空白的课题，对错误的命题辨析证伪，课题成果能够对国家制定政策提供重大的参考意见，课题能够解决人民生活中所急需解决的问题，对国防建设、国家安全、发展经济以及对先进的文化起推动作用等，这些课题的价值取向就是正确的。

2. 课题调研要充分

课题调研是项目的基础，只有大量获取科研资料，并对其进行认真分析和研究比对，才能从中发现有价值的科研信息，进而梳理出研究课题。调研期间，要精读几篇高质量的综述文章，从中把握该领域研究工作的整体脉络。那种只阅读几篇研究论文就匆忙确立课题的做法，在某些情况下也许会歪打正着，但这种概率是很小的。参加课题调研，对初学者也是一个很好的锻炼机会。查阅论文的过程，也是追踪前人研究的过程，这种锻炼对初学者在课题研究中少走弯路很有帮助。

3. 选题要量力而行

初学者在科研选题时要量力而行，应根据研究条件和课题资源慎重选择，难度要适中。诺贝尔物理学奖获得者李政道曾经幽默地说："大学生的研究应注意选择小课题，这样成功的可能性大；而选择大课题，成功的可能性很小，但是得精神病的可能性很大。"对于大学生而言，从研究小课题入手，一方面有助于培养科研意识，探索科研规律，另一方面也容易取得研究成果，增加从事科研的自信心和成就感。

4. 要与导师多沟通

导师是学术或技术方面的资深人士，也是科研道路上的引路人。有些学生不善于同自己的导师沟通，仅凭兴趣爱好调研和选题，直到开题报告阶段才与导师联系课题事宜。一般而言，初学者很难自己把握课题的创新性和可行性。若选择的课题研究价值低，则对提高研究水平和取得预期研究成果很不利。更为严重的是课题方案不可行，以致浪费宝贵的研究时间。我们提倡学生与导师多沟通，但也应注意不要过分依赖导师。与导师的交流和沟通是必要的，但过分依赖导师则难以形成自己的观点,对科研创新很不利。

5. 熟悉项目申报指南

院系提供的大一年度项目申报指南,是集中了众多指导教师的意见,经过反复修改、论证而形成的,具有明确的导向性和践行性。在确定是否申报前,学生应该熟悉和理解项目指南的内涵,严格遵守申报指南的规定。要根据自己的特长和优势实事求是地评判自己的研究能力,分析找出申报指南中的亮点项目,扬长避短,充分发挥自己的优势和特色,确定研究方向。

五、 准备立项报告

学生在指导教师的指导下,完成选题、文献调研和实验方案论证等立项工作后,要填写《哈尔滨工业大学大一年度项目立项报告》。

立项报告的准备,重要的是对其中的关键内容要阐述清楚。这些关键内容包括:研究目标、内容和解决的关键问题,研究方法、技术路线、实验方案,预期研究结果和进度计划等。立项报告初稿需经导师审核,修改定稿后再经答辩委员会(或答辩小组)公开答辩通过,即完成了立项报告。

大一年度项目立项报告的撰写是项目申报成功的关键环节。它不仅表明了项目申报者对选题的基本认识,更展示了申报者个人的基本科研能力和素质。因此,准确而真实地撰写立项报告是十分必要的。

(一) 立项报告撰写的基本要求

大一年度项目立项报告的撰写,必须符合基本内容和语言形式上的内在规定性。

1. 内容要全面完整

立项报告是课题立项的基本依据,课题评审专家将按照作者的立项报告来决定是否立项。基于此,立项报告的内容撰写必须完整、全面、细致。在这个过程中,要充分调动项目团队其他成员的积极性,合理分配相应的撰写任务;要严格按照《哈尔滨工业大学大一年度项目立项报告》的要求,全面搜集各项相关参考资料,认真撰写立项报告的每个项目。

2. 语言要简明扼要

立项报告的撰写必须要以简明扼要、逻辑清晰的语言来阐明各项研究事项,同时,还要注意语言的学术化、书面化及规范化。申请人在撰写立项依据的时候,除了要清晰地阐述拟研究的科学命题之外,还可以采取合理的、醒目的论述方式,包括将重要的句子加黑加粗,提供必要的图件、照片等资料。

(二) 立项报告撰写的基本项目

《哈尔滨工业大学大一年度项目立项报告》由哈尔滨工业大学基础学部制表,包括封面、审批页和立项报告正文内容页。

1. 立项报告封面及基本信息的填写

封面的基本信息表不是立项报告书的正文,但却是一个很重要的组成部分,要认真准确地填写基本信息表,以方便基础学部在大一年度项目日常管理中及时准确地与项目负责人和指导教师联系。

(1) 编号:由基础学部管理人员填写。

(2) 项目名称:题目应用简明的词语,恰当、准确、科学地反映本项目的研究内容。题目不应超过 25 字,不得使用标点符号,不设副标题。

(3) 项目负责人:姓名。

学号:项目负责人的学号。

联系电话:项目负责人的手机号。

电子邮箱:项目负责人的邮箱。

院系及专业:项目负责人所在院系及专业名称。

(4) 指导教师:姓名。

职称:指导教师的职称。

联系电话:指导教师的手机号。

电子邮箱:指导教师的邮箱。

院系及专业:指导教师所在院系及专业名称。

2. 审批页的填写

审批页包括 3 项内容:项目团队成员信息、指导教师意见、项目专家组意见。

(1) 项目团队成员信息要填写项目负责人及项目团队其他成员的信息,包括姓名、性别、所在学院、学号、身份证号、本人签字 6 项内容,第一行填写项目负责人信息,以下按顺序填写项目其他成员信息。

(2) 指导教师意见由指导教师本人填写,并签字。

(3) 项目专家组意见由项目答辩评审小组组长填写,并签字。

3. 立项报告正文

立项报告的字数应在 2 000 字以上。

（1）立项背景（研究现状、趋势、研究意义等）。应说明开展此项工作的研究背景，分析以往研究工作的进展、趋势和存在问题，表明将对哪一问题展开研究，或在工作中遇到了什么新问题和发现了什么新现象，而需要进一步进行研究，将这些信息资料收集全进行分析，以证明自己对问题的选择和分析是正确的。要注意所提出问题的创新性。选准了研究问题后，要讲清楚通过自己的研究工作将会给本研究领域贡献什么，增加哪些新的认识。

立项背景也就是立项依据，要充分、合理，要有近期的文献引证，国内同行的工作要客观引证，避免过激地评价别人的工作。项目的立项依据是立项的根本，要突出科学问题且简洁明了。立项背景是要回答为什么要进行该项目研究的问题，有什么研究意义？这是立项的依据。切忌题目太大，研究内容过多，否则评审专家会给出"研究内容和研究目标太大，难以完成，不予资助"的结论。

（2）项目研究内容及实施方案。项目的研究内容、研究目标和实施方案，是一个立项报告的主体部分，体现的是申请人解决科学问题的学术思路，也就是"怎样研究"的问题。研究内容的"量"要恰当，确保在研究周期内完成，研究内容的"质"要与目标相辅相成，为研究目标服务。

实施方案和技术路线的撰写一定要紧紧围绕项目研究内容来写，每一个研究内容通过哪几个方面的实验分析去完成，包括用到的方法和理论基础、需要的仪器型号和实验流程、测试分析的样品数量和分析地点等信息都尽可能写详细一些。

一份好的立项申请书，在有了顶层设计之后，剩下的就是让评审专家觉得申请人能做好、能完成任务。因此，拟采取的研究方案一定要具体且让人感觉切实可行。

（3）进度安排。研究进展及其具体的时间安排，是由项目规定的研究时间范围决定的。进度安排一般以半年为一个阶段，项目申请者可以依据这个规定，合理分配时间。要把主要时间放在资料准备、实验操作（调查研究）等环节。具体研究时间的安排，要坚持"分配合理、重点突出、机动灵活、可操作性强"等原则。

（4）中期及结题预期目标（即中期检查和结题验收时考核的依据）。界定项目中期和结题时产出物、可交付物（预期研究成果）的范围。预期的研究成果包括：产品、设计、工艺、模型、装置、软件等。

（5）经费使用计划。要写出明确、详细的经费预算。

（6）主要参考文献。参考文献书写顺序：［序号］作者．文章名．学术刊物名，年（期）：引用起止页．

文献引用是项目学习环节中的一个重要内容。科学、合理地引用文献既是科学规范，也事关科学道德。引用别人的成果、思想、方法等而不列参考文献可认定为剽窃。

参考文献一般应有 5～10 个。

六、 参加立项答辩

参加立项答辩，在专家面前进行项目陈述，可以有效提高学生的口头表达能力与项目展示能力。

1. 答辩的准备

（1）制作 PPT。要制作一个图文并茂的 PPT，报告书尽量读熟，达到脱稿，照着讲稿或者 PPT 直接念，效果会比较差。

（2）准备 1～2 张记录用纸。记录纸用于记录答辩专家所提出的问题和有价值的意见、见解。通过记录，不仅可以减缓紧张心理，而且还可以更好地领会专家所提问题的要害和实质，同时还可以边记边思考，使思考的过程变得很自然。

（3）注意着装。答辩时着装要整洁、庄重，男生最好着正装、打领带，女生穿着应尽量职业化。着装能给答辩专家一个最直接的印象——你对答辩的重视程度。

（4）答辩陈述。要注意突出选题的重要性和意义，内容上紧扣主题，表达上口齿清晰、流利，声音要响亮，富于感染力，可使用适当的手势，以取得答辩的最佳效果。同时要注意掌控时间，避免超时。

2. 答辩程序

答辩评审分陈述和提问两个环节。

（1）由项目负责人进行陈述，主要阐述项目的前期准备、项目实施方案、预期成果和经费预算。

（2）提问环节由专家提问，项目负责人及项目团队成员回答。

3. 立项答辩的评价标准

答辩评审主要考查以下内容。

（1）项目负责人具备的知识和能力情况，前期准备情况。

（2）项目方案的条理性、实验设计的合理性、方法的可行性等。

（3）选题的科学性、内容的新颖程度及研究价值。

（4）研究目标是否明确，是否有可视化的实验过程和数据，或可量化的对比结果。

（5）项目成员结构，鼓励跨学科、跨专业申报。

（6）项目陈述和回答问题情况。

第三节　迎接中期检查

一、中期检查的准备

中期检查是大一年度项目的关键时间节点之一。每年3月底，基础学部要组织专家组，以院系为单位进行项目中期检查。中期检查采取答辩的方式进行，专家查阅中期检查报告，听取项目组长关于项目进展情况的汇报，对每个项目提出改进意见和建议。在项目中期检查阶段，学生可以根据项目的实际进展情况提出项目变更或中止请求。

二、项目过程管理案例

基础学部 2011 级机电学院大一年度项目工作阶段性总结

2012 年 3 月 16 日

基础学部 2011 级机电学院大一年度项目以"欧特克杯大学生机械产品数字化设计大赛"为平台，以"足式仿生机械的设计"为主题，2011 级 131 个团队报名参加。

1. 课题进展

各组进度参差不齐，大部分小组（约占 87.8%）进度缓慢。87 个小组（约占 66.4%）没有按照进度安排利用寒假时间学习软件及相关的专业知识，直到接到中期检查通知后才开始着手学习软件；28 个小组（约占 21.4%）已经根据进度安排学习软件,在接到中期检查通知后开始着手三维模型制作,但缺乏机械设计、电路及动力学原理等专业知识,内部结构设计遇到困难;16 个小组(约占 12.2%)已经完成三维模型作品,其中 5 组(约占 3.8%)已经完成仿真动画,基本满足结题要求。

2. 问题和困难

(1) 学生积极性下降

项目启动之初,131 个项目小组全部报名参加欧特克大赛;2011 年 12 月 15 日,确定中期检查安排,再次统计欧特克大赛报名情况时,只有 64 个小组报名参加;2012 年 3 月 1 日,欧特克大赛选拔通知下发后,11 个小组报名参加选拔;3 月 5 日,实际到场 9 个小组进行参赛选拔。

(2) 学生自主学习意识薄弱

大部分学生(约占 66.4%)自主学习意识薄弱,对学部、学院、辅导员和指导教师有着很强的依赖感,基本上处于消极应对状态。学部和学院发布立项答辩通知后,临近答辩日期才开始准备立项,答辩结束后,没有按照进度安排学习相关知识,而是等待指导教师的分配和学部与学院的进一步通知。寒假里约 70% 的同学并没有按照寒假项目学习安排学习相关知识和软件,而是等待返校后学习。在软件和相关知识的学习中遇到困难时,大部分同学没有设法克服困难,寻求老师帮助,而是选择知难而退。

(3) 知识储备不足

"仿生机械设计"需要机械原理、电工与电子技术、机电一体化系统设计等专业知识,同时也需要学生掌握相关软件的使用。这一课题对大一学生来说,确实存在着很大的难度。虽然大部分学生已经基本完成相关软件的学习,能够进行简单的外形设计,但对于内部构造的设计觉得无从下手。

3. 采取的措施

(1) 与各小班班主任沟通大一年度项目中期检查工作,建议各小班班主任(可委托班主任助理)督促各班加强项目学习,鼓励并指导学生完成"大一年度项目"。

(2) 召开项目小组组长座谈会,了解各小组项目进展、遇到的问题和困难,鼓励各小组坚持把项目做完(详见第 4 条,关于大一年度项目的几点说明)。

(3) 将各组遇到的具体问题分配给各组长代表,如 2010 或 2012 版软件的安装问题、零部件的组合问题、内部结构的动力装置、整体仿真动画的生成等问题,由组长代表集中向王滨生老师、班主任老师或高年级学长咨询后为同学们解答。

（4）举办"项目进行时"系列交流会,邀请已经完成三维模型作品的小组与"进行时"小组交流经验。

4. 关于大一年度项目的几点说明

（1）自主学习,主动出击

项目学习是以学生自主学习、自我管理为主导的学习方式,通过学生以小组为单位独立自主完成申报项目,提高学生独立学习、沟通协调、团结合作、资源利用、项目管理等各方面的能力。

目前有的小组已经有指导教师,有的小组还没有指导教师。指导教师在项目学习中的作用非常有限,指导教师不是一步一步带着小组做项目的主动角色,而是各小组遇到困难向其求助时帮助学生解决问题的被动角色。所以各小组要主动出击,在遇到问题时主动与指导教师联系。

对于没有指导教师的各组,如果遇到困难,可以在各组间相互交流(如与参加大赛选拔的各组交流),也可以向本班的班主任老师或者王滨生老师请教。

（2）明确目标,了解"激励"

"大一年度项目"中期检查的目的是了解学生项目学习进展,督促各小组齐心协力完成大一年度项目。大一学生知识储备不足,一些小组在立项时设计的机器人功能创新、结构复杂,以大家目前的知识储备无法完成,可以适当简化。中期检查要求各小组介绍项目完成进度,建议各小组展示三维模型作品,但不要求一定要完成三维模型作品,只要基本完成结构设计、制作出三维模型作品雏形即可。

完成大一年度项目,不仅能够在学期末取得2个创新学分,并参加项目结题评比(项目结题评比将评选出15个小组,分一、二、三等奖3个等级,有一定的物质奖励,一等奖100~150元/人),更重要的是为以后参加各种大赛和从事科研项目积累经验。大学里(以及社会上的)绝大多数机会都是需要竞争的,大家需要从现在开始发展自己的竞争优势(包括:学习成绩突出、项目及大赛经验丰富、活动突出、名企实习经历等)。参加各种大赛、完成设计项目是丰富阅历、发展竞争优势的一种有效途径。

（3）有始有终,收获成长

学校希望大一新生能够通过大一年度项目对项目学习有一定的了解,为接下来 3 年的项目学习打好基础,并不要求大家一定要做到设计上的创新。各小组成员一定要齐心协力,坚持把项目做完,做到对项目负责、对同学负责、对自己负责,有始有终、善始善终,通过积累项目学习经验,为今后的学习和科研做好准备。

第四节　项目结题与成果总结

大一年度项目的结题过程包括提交《哈尔滨工业大学大一年度项目结题报告》及必要的佐证材料,参加项目验收答辩等环节。

一、 项目结题的内容与意义

项目结题是指项目研究工作即将结束时,对项目研究结果进行总结、探讨、理论阐释及提出新问题的过程。结题检查是加强项目管理、提高项目质量的重要环节。通过结题工作的开展,可以全面检查、分析项目研究的过程与结论,凝练成果并发现所存在的问题,进而提出下一步工作的意见和建议。

1. 结题的内容

结题阶段要求学生对整个研究性学习过程进行全面的回顾和总结,以获得较好的研究结果,主要包括以下内容。

(1)处理资料,提炼观点。在项目研究实施过程中,学生通过各种渠道获得了很多资料、实验数据和研究结果,这些也都是对科学问题进行研究并形成观点的依据。可是繁杂的资料只有在进行加工处理后方能用于分析问题、提炼观点,所以资料的处理和筛选是结题阶段学生首先要做的工作。

(2)总结研究成果,撰写结题报告。资料经过初步加工整理后,项目研究者再经过分析、推理就可以获得课题研究的成果。研究成果可以是文字材料,也可以是实物。结题报告就是研究成果的书面表达形式,其类型多种多样,常见的有调查报告、实验报告、项目总结、经验总结及小论文等。无论提交何种类型的结题报告都要阐明自己的观点。

(3)成果的展示和交流。项目作品制作出来之后,各项目小组要相互交流,交流学习过程中的经验和体会,分享作品制作的成功和喜悦。成果交流的形式可多种多样,如举行展览会、报告会、辩论会、小型比赛等。成果的展示和交流一方面可以体现项目的研究价值,产生辐射作用;另一方面可以为学生提供相互学习和借鉴的机会。

（4）结题答辩。结题答辩是专家、老师和学生对项目研究的一次总的检测,也是学生向他人展示自己的研究成果、锻炼口头表述能力、全面提高个人素质的好机会。

（5）项目工作评价。评价要求由专家、老师、同伴以及学习者自己共同来完成。它不但要求对结果进行评价,同时也强调对学习过程进行评价。评价的内容包括课题的选择、学生在小组学习中的表现、计划、时间安排、结果表达和成果展示等。对结果的评价强调学生的知识和技能的掌握程度,对过程的评价强调对实验记录、各种原始数据、活动记录表、调查表、访谈表、学习体会等的评价。

2. 结题的意义

结题是项目研究的必要过程之一。通过结题可以发现好的或潜在的研究成果,经同行专家指导或推广,可以提升成果的理论价值和实践应用价值。项目管理部门通过听取研究者、专家对项目研究和管理工作的建议和意见,可以改进项目的管理工作。结题为研究者提供了听取同行评议、反思自己研究过程和研究行为的机会,有利于发现研究中存在的问题或产生新思路,为今后更深入的研究开辟了道路。

二、 项目结题材料的准备

结题材料是项目结题的必要组成部分,材料准备的好坏会直接影响结题的质量。从结题材料所表达的内容来看,可分为项目材料、研究材料和成果材料。

1. 项目材料

项目材料主要有项目申请书、批准文件、项目计划书（合同）、年度计划总结等。

2. 研究材料

研究材料是指对项目研究过程的记录和证明材料,主要包括研究过程中的观察记录、问卷调查表、研究中的原始数据、表格、图片、课题论证记录、研讨活动记录、实验表征、检测记录等。

3. 成果材料

成果材料是指项目研究所取得的成果的有关论述、证明材料,主要包括结题报告、验收报告、科研成果（论文、研究报告、著作、实物、专利、获奖、应用证明等）。如果研究成果已经应用,还应增加成果效益的相关证明材料。

三、 项目结题报告的撰写

结题报告是课题研究人员撰写的,旨在反映课题研究过程和结果的书面材料。研究人员通过撰写结题报告向上级汇报开展研究工作的情况和成果,取得上级的承认、支持和理解;通过结题报告在同行或同学之间进行交流;在学术刊物上发表自己的研究成果以扩大影响。此外,大学生撰写结题报告可以培养自己归纳、总结、概括、推理和论述的能力,学会展示自己的工作和成果;总结和反思自己的研究工作,不断提高自己的科研水平。

(一) 几种常用结题报告的形式

1. 科研报告

科研报告适用于用科学实验的方法进行研究的课题。科研报告的个性比较鲜明,它主要适用于科学实验类的研究。它不仅体现了研究的过程性,更应体现科学性和周密性。其着重点应体现在原理的科学性,过程的完整性、周密性,数据的准确性,结论的正确性。

科研报告的结构为:课题名称、项目负责人及课题组成员、课题的由来、课题的目的和意义、人员分工、方法、步骤、实验的原理及预期结果、实验的器材和物品、实验的过程、实验的结果、关于结果的讨论、结论、参考文献等。

2. 设计报告

设计报告适用于设计类的课题。设计类研究报告的特点不仅在于过程性,还在于其创造性。由于此类报告大多研制的是新产品,所以其报告要向读者介绍产品设计的科学性、合理性和适用性,产品介绍一定要体现直观性、全面性和先进性。

设计类研究报告的结构为:研究的题目、课题组成员、课题由来、课题的目的和意义、研究的原理、人员分工、研究的方法、研究的步骤及所用时间、研究所需条件、研制的过程、研制的结果、产品介绍、参考文献等。

3. 调查报告

调查报告适用于用调查的方法研究的课题。调查报告不仅要反映调查的过程,还必须明确调查的要素(时间、对象、范围、内容、方法等),其着重点应反映调查方法的科学性、范围的覆盖性和对象的代表性,突出表现结果的准确性。通过调查者透彻地分析找出规律,使读者正确认识事物的本来面目,为决策者提供有价值的建议。

调查报告的结构为:题目、调查组负责人及组内成员、概述、事实描述、事实分析、结论、处理意见或建议等。

4. 综合研究报告

综合研究报告用于在课题研究过程中采用了多种研究方法或手段的课题。综合研究报告与论文相比在于它能很好地展示研究的过程,同时它又与科研报告和调查报告不同,它不像后者那样个性鲜明,所以它体现报告的综合性和一般性,其着重点在于介绍研究的过程。

综合研究报告的结构为:题目、作者、课题的由来、课题的目的和意义、人员分工、方法、步骤、研究的过程、研究的结果、结论、对策、意见或建议、体会、参考文献等。

5. 论文

论文和研究报告相比最大区别在于,研究报告突出的是研究的过程,而论文着重体现研究的结论和理论。论文最重要的是要有鲜明的观点和理论体系。作者通过自己研究所取得的大量事实论据和理论论据,通过周密的推理,论证自己的结论及观点的正确性和实际价值。

论文的结构为:题目、作者、内容摘要、绪论、本论、结论、参考文献等。

（二）大一年度项目结题报告的内容与要求

大一年度项目的内容主要包括 3 种类型:科研类、设计类、调查类,也有少量涉及综合类和论文类。结题报告的基本格式和要求是一致的,但在具体内容方面各有侧重。下面以科研类结题报告为例,介绍"大一年度项目"结题报告的基本内容和要求。

大一年度项目结题报告的字数要求在 3 000 字左右,排版要求以基础学部发布的结题通知为准。

结题报告的主要内容包括以下几方面。

1. 课题背景

用两三段简洁的文字说明选择这项课题进行研究的原因、理由,回答"为什么要选择这项课题来研究"这个问题。课题研究的意义包括理论意义和现实意义。

2. 课题研究内容与方法

陈述课题研究的目标、范围和重点,课题研究的方法、步骤与技术路线。目标要具体,扣紧课题题目,保持与研究内容的一致性。对研究主要内容的表述应紧扣研究目标,简明扼要,准确中肯。

一项课题的研究,往往要采用多种科研方法,比如实验法、问卷法、调查法、统计法、分析法等。

对于研究步骤与技术路线,要陈述在科研实施过程中所采取的阶段、方案,让别人知道课题研究是如何进行的,有什么样的过程等。要通过回顾、归纳、提炼,具体陈述采取哪些措施、策略或基本的做法来开展研究。

3. 研究成果

这是整篇结题报告最为重要的部分。一个结题报告写得好不好,是否能全面、准确地反映课题研究的基本情况,使课题研究成果具有推广价值和借鉴价值,就看这部分写得如何。研究成果应从理论和实践两个方面将研究所取得的论点、数据、模型、结构等主要成果进行提炼、归纳。

4. 结论

结论是对整篇报告的最后总结,又称结束语、结语。它是在理论分析和实验验证的基础上,通过严密的逻辑推理得出的富有创造性、指导性、经验性的结果描述。它又以自身的条理性、明确性、客观性反映了研究成果的价值。结论的撰写要概括准确、措辞严谨、明确具体、简短精练。

5. 参考文献

所列参考文献必须是在研究和报告撰写过程中真正参考过的,不求量,但求质。一般应选用公开发表的文献,未发表的学术论文、实验报告、内部资料、一般教材的基础知识和保密资料不录入。

（三）参考文献的著录项目和格式

1. 专著

专著是指以单行本或多卷册形式在限定期限内出版的非连续出版物,包括图书、古籍、技术报告、会议文集、多卷书、丛书等。其著录格式为:

［序号］主要责任者．书名［文献类型标志］.出版地:出版者,出版年:引文页码.

例:

［1］谭丙煜．怎样撰写科学论文［M］.沈阳:辽宁人民出版社,1982:5—6.

2. 学位论文

［序号］作者．题名［文献类型标志］.保存地:保存者,年份.

例:

［2］姚利民．有效教学研究［D］.上海:华东师范大学博士学位论文,2004.

3. 论文集

［序号］著者．题名［文献类型标志］//编者．文集名.出版地:出版者,出版年:起止页码.

例:

［3］沈飙．运用 VB 实现 PC 与 89C51 单片机之间的串行通信［G］//李朝青．PC 机与单片机 & DSP 数据通信技术选篇.北京:北京航空航天大学出版社,2002:143-146.

4. 原著翻译中文著作

［序号］外国作者姓名(作者姓名:姓在前,名在后,姓全拼大写,名缩写,姓与名之间隔半格,作者之间用逗号隔开。).书名［文献类型标志］.译者(名字)译．出版地:出版者,出版年:起止页码.

［4］加涅．学习的条件和教学论［M］.皮连生,等译．上海:华东师范大学出版社,1999:212-223.

5. 期刊

［序号］作者姓名．论文题目［文献类型标志］.期刊或杂志等名称,年份,卷(期数):文章起止页码.

例:

［5］刘凡丰．美国研究型大学本科教育改革透视［J］.高等教育研究,2003,5(1):18-19.

没有卷的就直接写 2003,(1)

6. 报纸

［序号］作者姓名．文章题目［文献类型标志］.报纸名称,年-月-日(第几版).

例:

［6］周玉．教学方法与考试制度的改革是实现能力培养与素质教育的关键环节［N］.哈工大报,2000-06-29.

四、 项目完成后的评价与反思

如果学生有机会对他们在项目中的学习经历与体验进行讨论、分析和评估,他们就能更好地掌握和应用所学的知识与技能。教师在做计划时应该在项目结束时留出充足的时间,用于进行项目总结,分析项目结果,这样能够帮助学生把这个项目中学到的知识和技能应用到未来的项目或任务中。

1. 项目最终评估的内容

项目最终评估可以鼓励学生形成反思、分析的能力和习惯,这些都是使人终身受益的技能,也是当今职场所必需的。评估时所讨论的问题或主题可以是关于项目内容的,也可以是关于项目过程或者项目成果的,例如:我们学到了什么? 我们的协作是否有效? 我们学到了哪些技能? 我们需要实践哪些技能? 我们的工作质量如何? 哪些方面还可以改进?

2. 项目最终评估的方法

项目最终评估可以由学生单独完成,也可以是集体合作完成。无论哪种形式,评估的结果都要与其他同学分享。最终评估的方法如下。

（1）全班情况通报会。这种方式向学生强调了在项目中"回顾"的重要性,并能够使学生建立起共同的学习标准与学习目标意识,其形式是选一名学生做辅助者,让他提出一系列问题,引导全班学生讨论,强化学生的积极倾听、团队协作、进行陈述和批判性评价的能力。

（2）问卷调查。简单的问卷调查可以为学生提供对项目做出评价的机会,如果能够把问卷结果在班级内共享,并能够由填写者进行解释,效果会非常好。

（3）自我评价。这个方法对学生和教师都很适用。教师希望反思项目的过程和结果,学生应该就此机会反思个人的学习和取得的进步。

第五节　项目学习的经验与交流

为了使大一年度项目结题顺利完成,在结题论文撰写、PPT 制作、答辩技巧等方面给予各个项目小组必要的指导,2013 年 6 月 5 日晚,基础学部举办了大一年度项目计划结题经验交流会。2011 级电信学院马忠超、计算机学院丁小欧和 2012 级材料学院蔡重阳同学作为特邀嘉宾分别做了交流报告。

本次交流会在 2012 级材料学院蔡重阳同学慷慨激昂的演讲中开始，蔡重阳同学以自己小组项目学习为例，展示了大一新生如何在导师的引导下进行项目学习，如何团结协作，如何克服项目进行期间的种种困难。最后，蔡重阳引用《夜雨诗意》中的句子告诉大家他在大一年度项目计划中获得了很大的收获，为升到高年级后进行创新项目打下了坚实的基础。

2011 级电信学院的马忠超同学、计算机学院的丁小欧同学就结题的相关技巧进行了讲解。两位同学均提到结题 PPT 风格，应简洁明了，以图片、视频为主，文字为辅；提到现场的实物展示，尽量给答辩老师最直观的感受；提到内容一定要大于形式。马忠超同学向大家推荐了绘图工具 Visio，丁小欧同学向大家展示了几例适宜的 PPT 页面，并对结题困难的同学提出了建议，而沈钊永同学则透彻分析了大一项目学习的各种现象，激励同学们多多努力，顺利结题。

理学院物理系的吕喆老师结合自己多年科技创新的感想、结题报告的撰写、结题 PPT 制作及科技创新之后的展望做了精彩的报告。吕老师告诫同学们要把握最后的时间完善自己的成果，一定要有始有终，坚持到底。在撰写结题报告时，吕老师希望同学们牢记"规格严格，功夫到家"的校训，以清晰严谨的逻辑，图文并茂的内容，明确有力的结论来完成报告。在成果展示时，吕老师充分肯定了前面几位同学的建议。吕老师以经验告诉同学们，不要以结题作为自己科技创新的结束，要继续做得更专业，更深入，如果有机会可以将自己的成果加以发表，并申请专利。吕老师的报告使现场同学们坚定了完成大一年度项目计划的决心，也使同学们对科技创新有了更深、更广的认识。

以下分别是蔡重阳、马忠超、丁小欧的报告原文，供大家参考。

加强计划管理是项目学习成功的关键

蔡重阳

尊敬的各位领导、老师，亲爱的同学们，大家晚上好！

我叫蔡重阳，是来自材料学院的大一新生，当然，说自己是新生似乎不大合适，因为再过一个多月，我的大一生涯即将结束。我参加大一年度项目已有将近一年的时间，眼下项目学习即将步入尾声，我也即将进入大二开始新的项目学习。本次交流会主要侧重于撰写结题报告与结题答辩技巧的交流，我们小组目前仍在紧张地准备结题答辩之中，因而不敢妄谈经验，而且接下来几位大二的学长也会给我们做详细的介绍，因此，我就不赘述了。今天我站在这里更主要的是和大家交流我作为一名大一学生在项目学习中的一些心得与体会。毕竟回首这近一年的科学研究活动，虽不算长，我却也感悟颇多。

还记得大一刚刚接触"科技创新"这一名词时，对它还没有什么明确的概念，只是觉得作为一名大一学生，专业知识还完全没有接触与掌握，更不用谈做科研了，何况做科研需要投入大量的时间与精力，因此我并不热情。然而材料学院要求每一位同学都要积极投身到项目学习当中去，正是如此，我才开始和项目学习结下了不解之缘。

我们小组的项目名为"电子封装结构设计"，显而易见，这是一个与我们所学专业结合十分紧密的课题，确定课题后的当晚，组长冯佳运便组织大家上网先了解一下课题概况。我们发现，这个题目似乎太过宽泛，结构设计可以包含许多内容，它可以是对联通电信号的结构设计，也可以是针对散热或机械保护等的结构设计，大家一时没了头绪。经过讨论，大家觉得如果自己擅作主张，很有可能使我们的研究方向发生偏离，于是我们小组成员找到了我们的项目导师田艳红教授，希望她能给我们指明方向。

与老师的交流，让我们醍醐灌顶，感觉不再在迷雾中盲目摸索，而是有了具体而明确的目标，也学到了不少有用的知识。不过，田老师明确告诉我们，尽管她会尽力为我们提供帮助，但是相关资料她不会提供给我们，我们应当学会自己查找。

所以在项目学习中，首先培养了我们的查找和整理资料的能力。网上的资料纷繁复杂，整理起来千头万绪，不过还好我们小组内部成员各有所长，团队协作使任务轻松了不少。苏悦、邱宇宁是女生，细致耐心，所以查找相关资料的任务便交给了她们，组长冯佳运统筹全局，对找来的资料详加筛选与整理，我则协助冯佳运将内容提炼总结，最后圆满完成了我们小组的中期答辩，在班级各个小组中名列前茅。

在整个项目学习的过程中，我感触最深的一点便是"计划"的重要性，有了计划，使得我们小组的每一位成员对当下研究的进展了然于心，干起活儿来也就兴致盎然了；有了计划，让我们各位组员发挥各自的特长，在各个阶段的研究中有条不紊地协作；有了计划，使我们不至于在答辩期限来临前手忙脚乱。

我们的总计划是这样制订的。

　　第一阶段:收集资料,完成对基本概念与专业术语的学习。

　　第二阶段:基本掌握封装结构的基础知识,完成对封装结构发展史中各阶段代表结构的研究,对比研究各个公司 CPU 封装结构,完成中期目标学习。

　　第三阶段:小组讨论,发挥想象,在已有知识的基础上,尝试提出新的 CPU 封装结构的设计方案,并探讨比较各种结构的优缺点。

　　第四阶段:每人负责对一项最新成果的研究,在月末展示。

　　第五阶段:整理资料,总结,结题。

　　我们是这样制订计划,也是这样执行的。小组每两周进行一次集体展示,组员利用一切查询资料的渠道,轮流查找资料,了解各种封装形式的结构、分类、特点、优缺点、封装技术等情况,并在组内以幻灯片形式进行成果介绍,同时开展热烈的讨论。同学们也进行了大量的交流,他们常常提出很多问题,一些是质疑性的,促使我们的研究更加严谨;另一些是启发性的,拓宽了我们的研究思路,之后我们分别撰写了各自的调查报告。

　　在对各种封装形式有了大致了解的基础上,我们选取了个人电脑的 CPU 作为研究对象,了解世界几个主要 CPU 生产厂家各代产品的封装形式。冯佳运、我、邱宇宁、苏悦分别负责查找 Intel、AMD、威盛和全美达、IBM 和龙芯的资料。成果形式为调查报告。我组经过讨论分析,对 CPU 产品进行纵向和横向的对比,了解 CPU 封装结构的发展史,以及各个厂家产品结构的异同。

　　到目前为止,我们已经了解了电子封装结构的发展史及各种封装形式的结构、分类、特点、优缺点、封装技术等;了解了 CPU 封装结构的发展史,以及各个公司 CPU 结构的异同,完成了对几项前沿科技成果的研究。目前我们正在进行最后的对 CPU 封装结构的设计。

　　有了平时研究打下的扎实知识基础,我想结题答辩时自然也不会有太大的问题。

　　最后,关于科技创新活动,我还有一些个人的感悟。

　　余秋雨先生在《夜雨诗意》一文中写了这样一句话:"人生许多关节点的出现常常由于偶然。种种选择发端于一颗柔弱的心,这颗心不能不受到突发性情景的执意安排。……无数偶然中隐伏着必然,换言之,堂皇的必然中遍布着偶然。人生长途延伸到一个偶然性的境遇,预定的走向也常常会扭转。"偶读至此,于我心颇有触动。我常常在想,自己是多么的幸运:如果不是处在材料学院,如果没有老师的悉心指导,如果没有身边这些优秀的同伴,我也许现在依然在科技创新的殿堂外徘徊，正因为有这一系列大环境的支持，我才能在科学研究的道路上蹒跚而行。

现在回想当初对项目学习的抵触，不免觉得幼稚。学校从大一便开设项目学习是有其原因的，也许大一的我们并不能用自己现有的知识解决问题，也许通过大一的一次科研并不能一下子使我们做出什么了不起的成果，然而大一的项目却是一个颇有意义的开始，它开始锻炼我们做科研的各个方面的能力，比如查找资料的能力、团队协作的能力，端正了我们未来做学问的态度，总有一天，我们也会自己独当一面的，既然如此，为何不在大一时就早做准备而不是抱着打酱油的态度得过且过呢？待我们掌握了一定的专业知识以后，相信我们自己也能做出卓越的成就。

最后祝大家结题答辩顺利！谢谢大家！

如何准备结题报告和答辩

马忠超

尊敬的各位领导、老师，亲爱的学弟学妹们：

大家晚上好！我叫马忠超，现在是电信学院大二学生，很荣幸能够与大家一起交流科技创新的一些经验。

大一年度项目结题在即，相信大家近期一定都在紧张的结题准备之中。希望我今天的一些小经验能在项目结题之路上对你们有一点帮助。

大一年度项目结题主要分为 3 个方面：结题报告、结题 PPT、现场答辩。

结题报告的格式要求包括字体、字号、标点符号等。好的格式能使论文给阅读者良好的第一印象。两篇内容完全一样的论文，一篇格式很好，另一篇没有注意论文格式，相比之下，不关注格式的论文就会显得很"山寨"。

结题报告中少不了画图，我建议大家用 Visio 画图，我对 Visio 的理解就是：它是专业的画图软件，它会让你的论文看起来挺"正规"。它可以画很多类型的图，比如电路图、程序框图、流程图等，凡是大家想画的图，大都可以在 Visio 中找到相应的模块。

结题报告很让人头疼的问题就是字数不够。我的认识是"字数就像海绵里的水，只要愿意挤，总还是有的"。不过，要注意的是，不要挤出"废话"。

结题报告语言朴实、言简意赅即可，千万不要把结题报告写成记叙文或者议论文。

结题报告主要包括研究的目的和意义，系统的设计方法，结论和成果，心得体会等内容。按照计划完成科技创新的小组会相对比较轻松，只要按部就班地完成报告，语言简洁、格式正确，顺利通过结题没有太大问题。那么，未按照计划完成科技创新的小组也可以通过结题吗？当然可以，未按照计划完成科技创新的小组除了以上的要求外，还要着重介绍本小组已经完成的工作，以及完成这些工作需要解决的困难。要让老师们看完报告之后认为你们小组已经很不错了。

对于结题PPT，应该本着"视频优于照片优于文字"的原则，即能用视频就不用照片，能用照片就不用文字，并且文字不宜过多。如果PPT整页都是文字，不论内容多么吸引人，都很难有人愿意把这些文字读完，即使上面写的是咱们学校今年暑假的放假安排。

PPT用简单的动画即可，不需要太炫。结题答辩注重的是内容，并非形式。

PPT的背景不需要太绚丽，但也不能过于深沉。尤其慎用黑色背景。因为黑色背景在电脑上效果不错，显得很稳重，但是在投影仪上的效果则大打折扣。

建议PPT上不加音乐，以免干扰正常的展示。不要让老师在嘈杂的音乐中苦苦寻找你们小组本来就很微小的成果。

结题PPT要包括科技创新的目的和意义（1~2页PPT），系统的设计方法（7页左右），结论和成果（7页左右）等内容。同样，未按计划完成科技创新的小组，要着重介绍本小组已经完成的工作。

现场答辩应尽量进行实物演示，实物演示更容易将很多问题表述清楚，可以避免被问到某些没有注意到的问题。

小组长应该提前补习一下没有参与的工作涉及的知识，还要注重细节，细节决定成败。

如果你们在答辩前已经有了充分的准备，答辩现场就要淡定、淡定、再淡定。

项目学习，注重的是过程，注重过程之中的能力提升，而不是结果，不是结果上的骄人成绩。我希望大家都能够在项目学习中有所提高、有所收获！

谢谢大家！

项目学习的意义与结题经验

丁小欧

尊敬的各位老师、亲爱的同学们，大家好！

我是来自计算机学院信息安全专业的丁小欧，很荣幸站在这里和大家分享一下我对于大一年度项目的认识和经验。

下面我将从个人建议和结题经验两个方面为大家进行介绍。

1. 个人建议

做项目能让大家学习到更多课堂上无法学到的知识，又能很好地和实践结合起来，还能锻炼自己在计划总结、团队合作、自学探索等方面的能力。我认为，"大一年度项目"有两个意义，一是深入了解专业，深入探索。现在大家已经进入大一的下学期，相信大家已经学习了几门专业课程，但现在所学的有限内容肯定不能满足大家的求知欲望，这个项目就给大家提供了一个自己探索专业的好机会，同时，也让大家尽早地与自己的专业老师取得联系。这个宝贵的机会不仅能让大家对项目有更多的体会，老师的教导和专业指导也能让大家快速提高能力，也为以后的专业学习打下基础，积累不少经验。二是获得创新学分，也许大家对于创新学分还有些陌生，它是本科生 4 年内需要获得的学分的一部分。参与"大一年度项目"计划是获得创新学分的一种方式，在以后的学习中，大家还可以通过参加学校指定的学科竞赛、在知名期刊上发表文章、选修创新研修课等许多方式来获得创新学分。

2. 结题经验

我的结题经验主要分为结题准备、PPT 制作和答辩技巧 3 个方面。

在结题准备方面，我的经验主要针对现在结题尚存在一些困难的同学。就我个人而言，我们小组的项目"类人型双足机器人的动作控制"在结题前就遇到了一些困难，因为缺少对计算机硬件的认识，我们在上半学期没有什么实质性的进展。下半学期，在老师的指导和督促下，我们每周日都克服困难来硬件基础实验室做研究。由于机器人的重心问题涉及物理力学分析和机电方面的知识，我们在研究中遇到了极大的阻力，但这次项目学习活动的成功，也给我带来了更大的动力，现在我已和同学组队申请了国家级的创新创业项目。可能同学在做项目的过程中感觉遇到了很多预想不到的困难，有可能因为刚入学对于自己的专业还不够了解,对于自己的能力没有合理的评估,所以导致开题目标大而最后不能百分之百达标,其实这是一种在每年都会出现的现象。尽管我们掌握的知识有限,但同学们不要放弃,要坚持下去,既然开始做了就不要轻易认输,这种坚持的精神会让你拥有努力的动力,它不仅会助你通过结题答辩,而且也会让你在以后的学习、生活中大有收获,有时成功和失败就差一点点。

在 PPT 的制作方面,我认为同学们首先要重视它,因为它不仅是以后同学们个人评优、集体评奖评优需要用到的重要辅助工具,也是以后大家做科研项目的重要工具。PPT 的质量在一定程度上会反应你对于这次活动的认真程度。我的几点建议如下。

(1) PPT 要正式,不要花哨,因为项目学习是一个正式的科研活动。

(2) 图的表现效果优于表格,表格优于文字,动态优于静态,无声的优于有声的。这里的动态不是指复杂的动画效果,而是自己科研成果的展现。在文字表现方面,一定要文字简练,切忌长篇大论。

(3) 小组全体同学都要精心准备,主讲人要对自己的发言有充分的准备。不仅要讲清原理和对于项目的认识,而且要对自己的创新点做合理的阐述,最好能展示结果,让老师有直观的认识。

答辩时,不要过分紧张,要轻松面对,评委老师一定会对大家的现有水平做出公正合理的判断。要实事求是地答辩,若没能全部完成项目,一定要阐明原因,让老师们认可你们的工作量及现有的成果。在老师提问环节,也许老师们并不特别熟悉你的研究方向,但他们提出的问题却总是切中要害,因此大家不要兜圈子,一定要和老师讲清楚。

最后,希望大家都能在结题时取得好成绩! 谢谢大家!

思考题

思考项目学习在大学学习中的重要作用,谈谈自己参与项目学习的收获及感受。

第六章　学校规章制度

　　"没有规矩不成方圆"，国有国法，校有校规。为管理好现代化的高等学校，实现高等学校的培养目标，必须有一套科学而严格的管理制度。从中学步入大学，是人生的又一个新起点。大学的教和学是怎么回事，有哪些管理规定，都是新生应该了解的。

　　高校为了保证正常的教学秩序，制定了一系列规章制度，这些管理制度是学生遵纪守法、完成学业不可缺少的。新生不仅要在思想上高度重视，而且要深入了解这些管理制度的具体内容。有一些同学因为不认真学习教学与学生管理制度，不了解其中的具体规定，直到学校对其进行处理时，还不知道自己违反了哪条规定，当了解了自己受到处分的原因时，已是后悔莫及。

第一节　学籍管理制度

　　学籍管理是普通高等学校管理的重要内容，是对学生在校学习全过程的管理。加强和完善学生的学籍管理，不在于处理几个学生的学籍问题，其根本指导思想是全面贯彻党的教育方针和国家的有关政策、法规，提高教学与教育质量，稳定教学秩序，充分调动大学生学习的主动性、积极性和创造性，使其珍惜在高等学府的学习时间和机会，形成勤奋刻苦、严谨治学、奋发向上、勇攀高峰的优良学风，培养有道德、有理想、有文化、有纪律的社会主义事业的建设者和接班人。

　　所谓学籍管理，简言之，就是对取得学习资格的学生，从入学与注册、课程考核与成绩记载、休学与复学、降（留）级与退学、辅修、奖励与处分、学生申诉、毕业和结业等方面，按照党的教育方针，教育自身规律以及学生身心发展特点，制定出规章制度，实施管理。

哈尔滨工业大学本科生学籍管理规定

哈工大本〔2017〕369号

第一章　总　　则

第一条　为维护学校正常的教育教学秩序，保障学生合法权益，培养德、智、体、美等方面全面发展的社会主义建设者和接班人，依据《普通高等学校学生管理规定》(教育部令第41号)、《哈尔滨工业大学章程》以及有关法律、法规，制定本规定。

第二条　学校实施人才培养的宗旨是：坚持社会主义办学方向，坚持马克思主义的指导地位，全面贯彻国家教育方针；坚持以立德树人为根本，以理想信念教育为核心，培育和践行社会主义核心价值观，弘扬中华优秀传统文化和革命文化、社会主义先进文化，培养学生的社会责任感、创新精神和实践能力；坚持依法治校，科学管理，健全和完善管理制度，规范管理行为，将管理与育人相结合，不断提高人才培养质量和服务水平。

第三条　学生应当拥护中国共产党领导，努力学习马克思列宁主义、毛泽东思想、中国特色社会主义理论体系，深入学习习近平总书记系列重要讲话精神和治国理政的新理念、新思想、新战略，坚定中国特色社会主义道路自信、理论自信、制度自信、文化自信，树立中国特色社会主义共同理想；应当树立爱国主义思想，具有团结统一、爱好和平、勤劳勇敢、自强不息的精神；应当增强法治观念，遵守宪法、法律、法规，遵守公民道德规范，遵守学校管理制度，具有良好的道德品质和行为习惯；应当刻苦学习，勇于探索，积极实践，努力掌握现代科学文化知识和专业技能；应当积极锻炼身体，增进身心健康，提高个人修养，培养审美情趣。

第四条　学校实施学生管理的基本原则是：尊重和保护学生的合法权利，教育和引导学生承担应尽的义务与责任，鼓励和支持学生实行自我管理、自我服务、自我教育、自我监督。

第二章　入学与注册

第五条　我校按国家招生规定录取的本科生新生，持《哈尔滨工业大学录取通知书》，在学校要求和规定的期限内到校办理入学手续。因故不能按期报到者，应向学校请假。逾期两周未报到者（因不可抗力等正当事由除外），视为放弃入学资格。

第六条　新生报到时,学校对新生入学资格进行初步审查,审查合格者办理入学手续,予以注册学籍。审查发现新生的录取通知、考生信息等证明材料与本人实际情况不符,或有其他违反国家招生考试规定情形的,取消入学资格。

第七条　新生因身心健康等原因不适宜在校学习的,可申请保留入学资格一年。

保留入学资格期间不具有学籍,不享受在校生和休学生待遇。

保留入学资格期满前应向学校申请入学,经学校审查合格后,办理入学手续。审查不合格的,取消入学资格;逾期两周不办理入学手续且未有因不可抗力等正当事由的,视为放弃入学资格。

第八条　新生入学后,学校在3个月内按照国家招生规定进行复查。复查内容主要包括以下方面:

（一）录取手续及程序等是否合乎国家招生规定;

（二）所获得的录取资格是否真实、合乎相关规定;

（三）本人及身份证明与录取通知、考生档案等是否一致;

（四）身心健康状况是否符合报考专业或专业类别的体检要求,能否保证在校正常学习、生活;

（五）艺术、体育等特殊类型录取学生的专业水平是否符合录取要求。

复查中发现学生存在弄虚作假、徇私舞弊等情形的,确定为复查不合格,取消学籍;情节严重的,移交有关部门调查处理。

复查中发现学生身心状况不适宜在校学习,经学校指定的二级甲等以上医院诊断需要在家休养的,可参照第七条申请保留入学资格。

复查工作由基础学部、教务处、招生就业处、校医院负责,对发现的问题由教务处会同招生部门处理,并报主管校长审批。

对学生做出取消入学资格和取消学籍决定,须报主管校长审核,并提交校长授权的专门会议研究决定。

第九条　学生入学后,按其入学年份和录取专业(大类)编排学号,每名学生的学号是唯一的,学号不随学籍变动而更改。

第十条　春季学期、秋季学期开学时,学生须按学校规定的日期返校,并于开学前两天办理注册手续,夏季学期选课后即认定为已注册,不能如期注册的,必须履行暂缓注册手续。未按学校规定缴纳学费或者有其他不符合注册条件的,不予注册。家庭经济困难的学生可以申请助学贷款或其他形式资助,办理有关手续后注册。逾期两周不办理注册手续的,除因不可抗力等正当事由以外,视为放弃学籍。

学生注册的具体事宜依照《哈尔滨工业大学本科生注册管理实施细则》办理。

第三章　基本修业年限与学习年限

第十一条　本科专业基本修业年限为四年(建筑学、城乡规划、风景园林专业为五年)。

第十二条　本科生在校最长学习时间为所在专业基本修业年限加两年(应征入伍服兵役时间不计入学习年限),即学习年限为六或七年。

第四章　课程考核与成绩记载

第十三条　学生须按学校规定参加培养方案规定的课程和其他教育教学环节(以下统称课程)的考核,考核方式分为考试和考查两种,考核成绩记入成绩单,并归入学籍档案。

第十四条　学生不按时参加课程学习,未经批准缺课学时达该课程总学时的1/3及以上者,取消其参加课程考核和补考的资格,成绩单上注明"取消考试资格"。对于无故旷考的学生,该门课程成绩单上注明"旷考",并取消补考机会。

第十五条　学生因病或极特殊合理事由不能参加某门课程考核的,可以申请缓考。批准缓考的学生参加该门课程的补考,成绩单上注明"缓考"。

第十六条　课程考核不合格可以参加补考,成绩单上注明"补考"。放弃补考或补考不合格,该门课程必须重修。

学生课程考核与成绩管理的具体事宜依照《哈尔滨工业大学本科课程考核与成绩管理办法》执行。学生赴国内外高校交流学习期间所学课程的成绩单独记载,成绩不参与校内平均学分绩计算。

交流生选拔与成绩管理的具体事宜依照《哈尔滨工业大学本科生赴校外交流学习管理办法》办理。

第十七条　学生对某一门课程的成绩有疑问时,可在成绩公布5个工作日内向学生所在院(系)提出复查试卷申请。

第十八条　学生在考试中违反考试纪律或者作弊,该课程考试成绩无效,成绩单上注明"违纪"或"作弊"。并视违纪或作弊情节,给予相应的纪律处分。

受到警告、严重警告、记过及留校察看处分的,在处分期限内,不允许参加该门课程的补考与重修。经教育表现较好,并按期解除处分的,允许参加该门课程的补考或重修。

学生考试违纪与作弊处理,执行《哈尔滨工业大学学生考试纪律及考试违纪处分管理办法》。

第十九条 学生因病、因事等情况不能正常上课的,须在院(系)履行请假手续,并报告任课教师。

学生请假期间遇有课程考试的,需办理课程缓考手续。

第五章 转专业与转学

第二十条 学生有下列情形之一,可申请转入其他专业学习:

(一)第一学年学习成绩排名在学校规定的比例内,且所修课程第一次考核合格;

(二)学生在某方面有突出才能,转专业后可更好地发挥其特长;

(三)学生创业休学或入伍退役,复学后自身情况确有需要;

(四)学生因疾病或生理缺陷不适合在原专业学习,但尚能在本校其他专业学习(申请人入学分数不得低于拟转入专业同一生源地相应年份录取分数);

(五)学生学习有困难,不能在原专业继续学习(申请人入学分数不得低于拟转入专业同一生源地相应年份录取分数)。

第二十一条 以特殊招生形式录取的学生,国家有相关规定或者录取前与学校有明确约定的,不得转专业。

第二十二条 学生有下列情形之一,可申请转学:

(一)因患病无法继续在本校学习;

申请人需提供转出学校、拟转入学校指定的医院检查证明。

(二)学生确有特殊困难、特别需要,无法继续在本校学习或者不适应本校学习要求。特殊困难、特别需要一般指因家庭有特殊情况,确需学生本人就近照顾。

申请转学的学生需提前一学期向所在院(系)提出。

第二十三条 学生有下列情形之一,不得转学:

(一)入学未满一学期或毕业前一年;

(二)高考成绩低于拟转入学校相关专业同一生源地相应年份录取成绩。

学生因学校培养条件改变等非本人原因申请转学的,学校出具证明,由所在地省级教育行政部门协调转学到同层次学校。

第二十四条　被批准转入本校的学生,应于学期开学首日,持相关材料到教务处办理报到、注册手续。转入院(系)及专业根据学生已修课程情况,认定学生已修课程的学分及成绩,并依此编班。

转专业与转学申请的具体条件及相关程序依照《哈尔滨工业大学本科生转专业与转学管理办法》办理。

第六章　休学与复学

第二十五条　学生可以分阶段完成学业,除另有规定外,应当在学校规定的学习年限内完成学业。

第二十六条　学生因病、创业、参军入伍等原因需中断学业,可以申请休学。经学校批准休学的学生,学校为其保留学籍。

第二十七条　休学时间最少一个学期(夏季学期除外),累计不得超过两学年。在学期中、后期办理休学的,该学期记为休学,休学离校时间不得少于一个学期。学生休学期间不享受在校学生待遇,学校对其不承担任何法律责任。休学期间发生的医疗费用执行国家和学校财务规定。

第二十八条　学生有下列情况之一,应办理休学:

(一)一学期(春季学期或秋季学期)请病假、事假累计超过六周(含六周);

(二)应征参加中国人民解放军;

(三)因创业不能正常在校学习;

(四)因其他某种原因需中断学业。

第二十九条　学生如因第二十八条所述原因申请休学,由本人填写哈尔滨工业大学本科生休学登记表并附相关证明,经院(系)批准,报教务处备案。

办理休学手续的学生必须离校,学校为其出具休学证明。

第三十条　休学学生应按时返校复学。办理复学手续需在开学首日向所在院(系)递交复学申请,并办理相关审批手续。因病休学的学生,需附二级甲等以上医院提供的健康证明,经校医院或其指定的医院复查合格后,准予复学。不能按期复学的学生,需在开学首日向所在院(系)递交续休学申请。

休学期满逾期两周不办理复学手续者,视为放弃学籍,按自动退学处理。

第三十一条　新生或在校生应征参加中国人民解放军(含中国人民武装警察部队),学校为其保留入学资格或者学籍至退役后两年。服役时间不计入学习年限。

第七章　降级、留级与退学

第三十二条　学生在学期间出现学习困难,必修课程考核不合格学分数累计达 16–20 的,须降至本专业下一年级学习。降级学习只能一次,于每学期开学第一周办理。

第三十三条　学生必修课程考核不合格学分数累计达 12–15 的,可自愿申请留级,进入同专业下一年级学习。留级申请只受理一次,于每学期开学第一周办理。

第三十四条　学生有下列情形之一,应予退学:

(一)在学期间,必修课程考核不合格学分数累计 20 以上;

(二)超过学校规定期限两周未注册(因不可抗力等正当事由除外)且未履行暂缓注册手续;

(三)休学、保留学籍期满,在学校规定期限内未提出复学申请或申请复学但经校医院复查不合格且未办理续休学手续;

(四)经学校指定医院诊断,患有特殊疾病或意外伤残无法继续在校学习;

(五)未经批准连续两周未参加学校规定的教学活动;

(六)在学习年限内未完成学业;

(七)本人自愿放弃学业。

第三十五条　学生退学手续按以下规定办理:

(一)自愿申请退学的,需递交书面申请,填写《哈尔滨工业大学本科生退学登记表》,由学生所在院(系)审批,报教务处备案;

(二)按学校规定应予退学的,由教务处报主管校长审核,并经校长授权的专门会议批准。教务处出具退学决定书,由学生所在院(系)向学生送达退学决定书。

第三十六条　学生退学的后续问题,按以下规定办理:

(一)离校手续应在 7 个工作日内办理完毕并离校。

(二)因病退学学生由监护人或抚养人来校接回;

(三)学生档案退回其家庭所在地,户口按照国家相关规定迁回原户籍或家庭户籍所在地;

(四)学费退还事宜按国家和学校财务规定执行。

第八章　毕业与结业

第三十七条　学生修完培养方案规定的全部课程,成绩合格,达到毕业要求,准予毕业并颁发毕业证书。符合《哈尔滨工业大学学士学位授予管理办法》的毕业生,授予学士学位并颁发学士学位证书。

第三十八条　学业优秀的本科生,提前学完专业培养方案规定的全部课程,取得毕业要求的学分,可申请提前一年毕业,并于毕业年春季学期初向所在院(系)提交书面申请,经院(系)审核批准报学校复审,通过者可办理提前毕业手续。

第三十九条　在基本修业年限修完培养方案规定的全部课程,但尚未取得全部学分的学生,可选择结业离校,也可选择留在学校继续学习。留校学习的学生须填写《哈尔滨工业大学本科生延期学习登记表》,办理延期学习手续。

第四十条　基本修业年限结业的学生,可在 2 年内回校申请重修不合格课程,成绩合格者准予毕业。符合《哈尔滨工业大学学士学位授予管理办法》者,授予学士学位。

第四十一条　结业学生返校重修课程期间,有违反校规校纪行为者,取消其毕业或学士学位申请资格。

第四十二条　在学习年限内未完成学业而退学的学生,学校出具退学证明,发给肄业证书或写实性学习证明。

第四十三条　学校严格按照招生时确定的办学类型和学习形式,以及学生招生录取时填报的个人信息,填写、颁发学历证书、学位证书及其他学业证明。

学生在校期间申请变更姓名及出生日期等个人重要信息的,应当有合理、充分的理由,并提供具有法定效力的相应证明材料,学校审查后报省级教育行政部门批准。

第四十四条　学校按照高等教育学籍学历电子注册管理制度,及时完成毕(结)业生的学历电子注册。

第四十五条　发现违反国家招生规定的入学者,不发给学历、学位证书;对已发的学历、学位证书予以注销,并报教育行政部门宣布无效。

第四十六条　毕(结)业证书、学位证书遗失或损坏,经本人申请,学校核实后为其出具相应的证明书。证明书与原证书具有同等效力。

第九章　辅　　修

第四十七条　学生在学期间可选修任意专业的课程,经考核合格即可取得学分,毕业时学校为其出具哈尔滨工业大学本科生辅修课程成绩单。

第四十八条　学生取得辅修专业培养方案规定的全部学分,在主修专业毕业时颁发辅修专业证书。

第四十九条　学生取得辅修学位培养方案规定的全部学分,且完成毕业设计(论文)并答辩合格,颁发辅修学士学位证书。

申请辅修学位的具体事宜依照《哈尔滨工业大学本科生辅修学位管理办法》办理。

第五十条　辅修专业及辅修学位证书的电子注册,执行国家高等教育学籍学历电子注册管理制度。

第十章　奖励与处分

第五十一条　品学兼优、身心健康的学生,可以获得各类奖学金,授予各种荣誉称号,给予相应的精神鼓励或物质奖励。

第五十二条　对违反考试纪律,考试违纪、考试作弊的学生,学校给予批评教育并视情节给予纪律处分。纪律处分有以下五种:①警告;②严重警告;③记过;④留校察看;⑤开除学籍。

给予警告、严重警告、记过处分的期限为 6 个月,给予留校察看处分的期限为 12 个月。

给予学生警告、严重警告、记过、留校察看处分报主管校长批准,给予学生开除学籍处分,经校长授权的专门会议研究决定。

第五十三条　学生有下列情形之一,给予开除学籍处分:

(一) 代替他人或让他人代替自己参加考试、组织作弊、使用通信设备或其他器材作弊、向他人出售考试试题或答案牟取利益,以及其他严重作弊或扰乱考试秩序的行为;

(二) 学位论文、公开发表的研究成果存在抄袭、篡改、伪造等学术不端行为情节严重,或为他人代写论文、由他人代写、买卖论文;

(三) 违反校纪校规受到学校纪律处分达三次。

第五十四条　学校对学生做出处分或其他不利决定前,应告知学生做出决定的事实、理由及依据,并告知学生享有陈述和申辩的权利,听取学生的陈述和申辩。

第五十五条　学校对学生作出处分,应出具处分决定书。处分决定书包括如下内容:

(一) 学生的基本信息;

(二) 作出处分的事实和证据;

（三）处分的种类、依据、期限；

（四）申诉的途径和期限；

（五）其他必要内容。

第五十六条　学校对学生的处理、处分文件决定书以及处分告知书等要直接送达学生本人。学生拒绝签收的，可以以留置方式送达；已离校的，可以采取邮寄方式送达；难于联系的，可以利用学校网站、新闻媒体等以公告方式送达。

第五十七条　对学生的奖励、处分及解除处分材料，由学生所在院（系）如实完整地归入学生本人档案。

第五十八条　被开除学籍的学生，须在规定期限内离校，并由学校发给学习证明和已修课程成绩单。

第十一章　学　生　申　诉

第五十九条　受到取消入学资格、取消学籍和退学处理或违规、违纪处分的学生可以提出申诉。学校学生申诉处理委员会负责受理学生的申诉。

第六十条　学生对处分、退学等决定有异议的，可以在接到学校决定书之日起10日内，通过所在院（系）向学校学生申诉处理委员会递交书面申诉书。

第六十一条　学校学生申诉处理委员会对学生提出的申诉进行复查，并在接到书面申诉之日起15日内作出复查结论并送达申诉人。情况特别复杂不能在规定期限内作出复查结论的，经学校负责人批准，可延长15日；需要改变原处分或处理决定的，由学校学生申诉处理委员会提交学校重新研究决定。

第六十二条　学生对复查决定有异议，可在接到学校复查决定书之日起15日内，向黑龙江省教育行政部门提出书面申诉。

第六十三条　从处分或处理决定或者复查决定送达之日起，学生在申诉期内未提出申诉的视为放弃申诉，学校和黑龙江省教育行政部门不再受理其提出的申诉。处分决定或者复查决定未告知学生申诉期限的，申诉期从学生知道或者应当知道申诉期限之日起计算，但最长不得超过六个月。

第十二章　附　　则

第六十四条　本规定经校长办公会议审议通过。

第六十五条　港澳台侨学生、留学生的学籍管理，参照本学籍管理规定。

第六十六条　本规定自2017年9月1日起施行。学校授权本科生院对本规定进行解释。原《哈尔滨工业大学本科生学籍管理办法》（校教发〔2014〕224号）同时废止。其他有关文件规定与本规定不一致的，以本规定为准。

第二节 转专业与转学管理制度

哈尔滨工业大学本科生转专业与转学管理办法

哈工大本〔2017〕430号

依据教育部《普通高等学校学生管理规定》和《哈尔滨工业大学本科生学籍管理规定》制定本办法。

转 专 业

第一条 学生有下列情形之一不得转专业

（一）入学未满一学年或毕业前一年；

（二）以特殊招生形式录取的学生。

第二条 学生有下列情形之一可申请转专业

（一）第一学年学习成绩排名在学校规定的比例内，且所修课程第一次考核合格；

（二）学生在某方面有突出才能，转专业后可更好地发挥其特长；

（三）学生创业休学或入伍退役，复学后自身情况确有需要；

（四）学生因疾病或生理缺陷不适合在原专业学习，但尚能在本校其他专业学习（申请人入学分数不得低于拟转入专业同一生源地相应年份录取分数）；

（五）学生学习有困难，不能在原专业继续学习（申请人入学分数不得低于拟转入专业同一生源地相应年份录取分数）。

第三条 转专业工作程序

（一）符合本办法第二条第（一）款情形的按以下程序办理

1. 第一学年夏季学期，公布具有转专业资格的学生名单，并公示5日；

2. 具有转专业资格的学生提交申请，并在规定时间到拟转入院（系）参加考核。未参加考核者，视为自动放弃转专业资格；

3. 接收院（系）考核结束后，公布录取名单，并公示3日；

4. 学校复核审批，名单公示5日；

5. 获批转专业学生办理相关手续。

（二）符合本办法第二条第（二）-（五）款情形的按以下程序办理

1. 拟转专业学生填写《哈尔滨工业大学本科生调专业申请表》，并附课程成绩单及相关支撑材料。

2. 拟转入院（系）对申请学生进行考评，名单公示 3 日，

3. 学校复核审批，名单公示 5 日；

4. 获批转专业学生办理相关手续。

转　　学

第四条　学生有下列情形之一不得转学

（一）入学未满一学期或毕业前一年；

（二）高考成绩低于拟转入学校相关专业同一生源地相应年份录取成绩。

第五条　学生有下列情形可申请转学

学生因患病或有特殊困难，无法继续在本校学习或者不适应本校学习要求的，可申请转学。其中，患病学生需提供经转出学校、拟转入学校指定医院检查证明。特殊困难一般指因学生家庭有特殊情况，确需学生本人就近照顾的。

第六条　转学工作程序

（一）申请转学的学生，须在学期初向所在院系提出申请，说明理由，并提供申请理由的佐证材料及转入学校与专业的信息。

（二）学生所在院系召开院务会议集体讨论，审核学生是否具备申请条件，申请理由的佐证材料是否真实有效。形成会议纪要，并在院内进行公示，公示内容包括本人基本情况（姓名、性别、家庭住址、身份证号码、高考省份、准考证号码、学号、入学时间、专业、高考分数、录取形式、民族）、转学理由、拟转入学校与专业、转入学校相关专业相应年份录取的分数、转学理由的佐证材料，公示期不少于 5 个工作日。

（三）公示期满无异议，将转学材料一式五份送交教务处。教务处审核并在校园网公示，公示期不少于 5 个工作日。

（四）公示无异议报校长授权的专门会议批准。

第七条　本办法自 2017 年 9 月 1 日起施行，由本科生院负责解释。原《哈尔滨工业大学本科生入学一年后转专业管理办法》（校教发〔2008〕331 号）同时废止。

第三节　保研管理制度

哈尔滨工业大学本科生申请推荐免试攻读硕士学位研究生实施细则

哈工大本〔2018〕100号

第一条　符合下列各项条件的应届本科毕业生具有推荐免试攻读硕士学位研究生资格。

（一）修读完成教学计划规定的全部课程，前三年（四年制）或前四年（五年制）不及格课程累计未超过两门（考试或考查课均按一门计）且第一次补考合格（对于不予补考的集中性实践教学环节，第一次重修相当于补考）；

（二）学习成绩专业排名前50%（外校交流学习期间的成绩不计算）；

（三）学术研究兴趣浓厚，有较强的分析问题、解决问题能力和创新意识；

（四）诚实守信，学风端正，无未解除的处分记录；

注：定向生参加推荐须提交合同单位的书面同意书。

第二条　推荐的基础工作由各院（系）组织进行，推荐学生名单经教务处审议后报学校审批。

第三条　对学生要进行综合考评。综合考评成绩包括学习成绩和优秀加分两项，其中学习成绩按学生课程考核平均学分绩计算，满分为100分；优秀加分根据学校认定的学生受表彰及获奖情况确定，满分为5分。优秀加分见"哈尔滨工业大学推荐优秀应届本科毕业生免试攻读硕士学位研究生（直博生）工作办法（校研发〔2011〕391号）"。

第四条　修读辅修学位的学生只参加主修专业的推荐。

第五条　综合考评后的学生名单要进行公示，并报教务处备案。

第六条　推荐人选要严格按综合考评总成绩的排序依次确定。

第七条　学习成绩和优秀加分情况从入学统计至学校规定的综合考评公示之日止。

（一）学生课程考核平均学分绩依照《哈尔滨工业大学本科生学籍管理规定》和《哈尔滨工业大学本科课程考核与成绩管理办法》执行。

（二）参加学校认定的学科竞赛获奖者,在平均学分绩上加分(同类竞赛的获奖不累计加分),加分原则按学校有关规定执行。

第八条 本科入学时已取得免试攻读硕士学位研究生资格的学生,在学期间未达到本办法第一条(第二款除外),取消其推免生资格。

第九条 应征入伍的在校生(含新生),在部队荣立二等功及以上的退役人员,若符合本细则第一条规定的内容,可取得免试攻读硕士学位研究生资格。

第十条 本细则由教务处负责解释。原《哈尔滨工业大学本科生申请推荐免试攻读硕士学位研究生实施细则》(哈工大本〔2015〕455号)同时废止。

第四节　课程考核与成绩管理制度

哈尔滨工业大学本科课程考核与成绩管理办法

校本教务〔2017〕24号

第一章　总　　则

第一条 为有效达成学校及各专业人才培养目标,依据《哈尔滨工业大学本科生学籍管理规定》制定本办法。

第二条 本办法所指课程,是各专业培养方案中规定的各类必修课、限选课和选修课,包括实验、实习、课程设计、毕业设计、科研训练、创新创业活动等实践性教育课程。

第三条 具有我校学籍的本科生,以及来我校交流、进修的各类学生,均须参加所选课程的学习和考核,考核成绩合格方可取得学分。

第二章　课程考核方式

第四条 课程考核方式分"考试"和"考查"两种。每门课程的考核方式在专业培养方案中予以规定。

第五条 课程考核成绩均可累加记载,即可由平时成绩、期中考试、期末考试等多环节成绩累计得出。

第三章　选课与考试资格认定

第六条 学校实行全面选课制。未经选课直接参加学习和考核的学生,其相应课程的考核成绩无效。

第七条 选课一般分为预选和补选。但由于教学要求及进度的差别,部分课程原则上不予补选。各类课程的具体选课细则与时间安排以学校发布的选课通知为准。

第八条 学生选课成功并按要求完成课程所要求的各环节学习任务(包括作业及实践性教学环节),即获得该门课程的考试资格。

第九条 无故缺课累计超过课程教学时数三分之一及以上者,取消其参加课程考试资格。

第十条 被取消课程考试资格的学生,同时取消其参加相应课程补考的资格,只能通过重修取得该课程学分。

第四章 缓考与补考

第十一条 学生因病不能参加某门课程考试,可持校医院(或二级甲等以上层次医院)诊断书申请缓考。

第十二条 学生办理缓考须至少在考试前两天向所在院(系)提出书面申请,经院(系)负责人批准后生效。除突发急病和特殊事故外,不得临考前或进考场后或考试后申请缓考。学生因个人私事一般不准予缓考。在校生参加重修课程的期末考试如发生与其他课程的考试时间冲突等特殊情况,原则上应于考试前两天办理缓考手续,擅自不参加考试者按旷考处理。

第十三条 对课程期中考试提出缓考申请且获得批准的,其该门课程的期末考试自动按缓考处理,学生不参加期末考试,但仍须参加相应课程的学习,否则按第八条、九条、十条的规定处理。课程的其他考核环节不予缓考。

第十四条 体育、军训及军事理论、实验、实习、课程设计、毕业设计(论文)等实践类课程不能缓考,只能缓修或重修。对独立设课的实验课,在教师确认学生已经完成实践环节的前提下,可以办理笔试环节的缓考。创新研修、创新实验、新生研讨、文化素质教育等选修性质的课程不予缓考。专业限选及专业任选课程是否接受缓考申请由学生所在院(系)根据相应课程是否安排补考自行决定。

第十五条 被批准缓考的学生只允许参加相应课程的补考,并在学业成绩单中注明"缓考"字样。缓考课程考试不合格或在规定时间未参加考试,只能通过重修取得该课程学分。

第十六条 未办理缓考或未被批准缓考的学生擅自不参加考试,相应课程成绩按"旷考"记载,并取消其补考资格,只能通过重修取得该课程学分。

第十七条　学生申请缓考严禁弄虚作假,若有作假行为且经查实,按照《哈尔滨工业大学学生违纪处分办法》给予相应处分。

第十八条　学生课程考核不合格的,须参加学校组织的补考。春季和夏季学期课程补考在暑假最后一周进行,秋季学期课程补考在寒假最后一周进行。毕业学期的非重修课程考核不合格的,当学期给予补考。

第十九条　补考不再考核累加式环节,课程补考成绩以卷面成绩按满分100分折合后记载。补考成绩在学业成绩单中按实际分数记载,并注明"补考"字样。

第二十条　专业限选及专业任选课程考核不合格的,可选择补考,或选择重修,或改选其他同类课程。

创新研修课、创新实验课、新生研讨课、文化素质教育等任意选修性质的课程考核不合格不予补考,可重新选修,或改选其他同类课程。

军训及军事理论课程,以及实验、实习、课程设计、毕业设计(论文)等实践类课程考核不合格的不予补考,只能重修。

第二十一条　因考试违纪或作弊受到处分的学生,取消其参加相应课程补考的资格,处分解除后准予重修。

第二十二条　补考不予缓考。

第二十三条　本科生院统一组织公共课和跨院(系)开设的课程补考,开课院(系)组织为本院(系)学生开设的课程补考。补考考试安排于考试前一周在学校网站公布。

第五章　课程缓修、补修、自修

第二十四条　因身体原因不能完成体育课训练的学生,可持校医院证明申请免修。因身体原因一段时间不能完成当学期体育课训练的,可持校医院证明申请缓修,并在其后学期补修。身体原因不适宜正常体育课教学计划的学生,可申请选修体育保健课。

第二十五条　学生因转专业等原因发生学籍异动,原已修读通过的课程,经转入院(系)学分认定后可予免修。对不予认定或缺少的必修课程则须补修。

第二十六条　学生补修课程,与正常修读该课程的学生同等要求。补修课程考核成绩在学业成绩单中以实际分数记载,但不参加平均学分绩计算。

第二十七条　每学期第二周,平均学分绩85(含85)以上的学生,可根据自身情况对以课堂教学为主的课程申请自修,申请经所在院(系)负责人和任课教师批准后生效,自修课程的学生须随原班级参加课程考试,成绩以卷面成绩按满分 100 分折合后记载。

下列课程不得申请自修:

(一)体育课、思政课、军训及军事理论课;

(二)实验、实习、课程设计、毕业设计(论文)等实践类课程。

第六章　重修考试

第二十八条　在校生申请春季、秋季学期课程重修,在当学期第 1-2 周,向所在院(系)递交申请;申请夏季学期课程重修,在当年春季学期第 15-16 周向所在院(系)递交申请。未办理重修手续直接参加课程考核的,其考核成绩无效。

第二十九条　在校生申请课程重修并获批准后,须参加相应课程的期末考试,考试不合格者可参加课程的当期补考。

第三十条　结业生申请课程重修,须在学习年限内按学分交费。

第七章　成绩管理

第三十一条　课程考核成绩以百分制评分和记载。学生课程考核成绩 60 分以上(含 60 分)的为合格,取得该课程学分。

第三十二条　学生的学习质量用平均学分绩作为衡量指标。学分绩及平均学分绩按以下公式计算:

某课程的学分绩=该课程的学分×该课程的期末总成绩

对因专业而学籍异动的学生,之前的考试课程按原专业培养方案认定。补修、补考、重修、跨专业修读课程考核成绩,以及创新研修、创新实验、新生研讨、文化素质教育等选修性质的课程不参与平均学分绩计算。

第三十三条　课程考核成绩在考试后一周内发布,学生可及时查询。

第三十四条　重修课程考核合格后,在学业成绩单中按实际分数和实际获得时间记载,并注明"重修"字样,所获学分计入重修学期。单独开设的实验、实习、课程设计课程第一次重修考核合格,成绩按第一次补考方式记载,学分计入重修学期。

第三十五条　学生对某门课程的成绩有疑问时,可在成绩发布后五个工作日内向所在院(系)提出成绩复核申请,复核结论一般在五个工作日内通知学生。

第三十六条 学生参加学校认定的 MOOC 等开放式网络课程学习,所获得的课程学分经审核予以承认,并计入学业成绩单。

第三十七条 学生因退学等情况中止学业,经重新高考回到本校就读的,原在校时取得的学分均有效。学生可申请对原已取得的课程学分进行认定,经所在院(系)审批后可免修其对应的课程。

第八章　附　则

第三十八条 本办法自 2017 年 9 月 1 日起施行。学校原有相关规定与本办法不一致的,以本办法为准。

思考题

学习校纪校规的心得及感想。

第七章　提升综合素质

素质教育既要培养人文素质,也要培养科学素质。素质教育的总目标是培养综合素质全面发展的人才。综合素质是一个整体,具体包括思想道德素质、文化素质、业务素质、心理素质和身体素质等。大学学习要以全面提高基本素质为宗旨,而思想道德素质是根本。

第一节　提高思想政治素质

大学生正处于世界观、人生观、价值观形成和发展的重要时期。古往今来,大凡成功者都是追求意识强烈的人,而缺乏追求意识的人难成大事。作为新时代的大学生,如何让自己的人生价值在实践中得以体现,让自己的青春无悔,为祖国的强大、人民的幸福贡献自己的青春力量,首先需要我们在政治上追求忠诚至上的信念,在思想上追求奉献至上的境界,在道德上追求正义至上的境界,在做人上追求诚信至上的境界。因此,加强政治理论知识的学习,并学会用科学理论指导实践,坚持做到理论与实际相结合,对培养自身良好的政治素质具有重要的意义。

一、　大学生政治素质的要求

大学生素质是指大学生在高等教育阶段的学习和实践中发展起来的或形成的主体特性和品质,是一种内在的、相对稳定的、对大学生持续发展具有积极意义的特质,具体表现为通过先天禀赋、后天学习和实践而表现出来的能力。政治素质则是指政治方向、政治立场、政治品德和思想作风等的总和。政治素质主要体现在以下4个方面。

（一）　坚持做到"两个维护"，始终不渝

"两个维护"即坚决维护习近平总书记党中央的核心、全党的核心地位，坚决维护党中央权威和集中统一领导。坚持"两个维护"教育是确保大学生具备坚定正确政治方向的最基本保证。当代大学生必须始终坚持做到"两个维护"，这也是在政治上同党中央保持一致的要求，更是灵活执行党的路线、方针、政策、原则的前提。坚持做到"两个维护"是对大学生政治素质最根本的要求，是政治素质培养的逻辑起点。

（二）　学习思想政治理论，意识领先

大学生要学会运用马克思主义的原理和理论观察和分析社会，要坚持深入学习习近平新时代中国特色社会主义思想和党的十九大精神，深刻理解党的路线、方针和政策，这对于提高我们认识世界和改造世界的能力，提高我们的思想政治觉悟和道德水平起着很重要的作用。

（三）　讲求科学思维方法，实事求是

辩证唯物主义和历史唯物主义方法是我们认识世界的根本方法，要求我们既把握规律和趋势，又从实际出发。我们要坚持科学的思维方法，实事求是，做到把为国效力与当代实践结合起来，把各类利益冲突与国家、集体观念统一起来。在大是大非面前，要敢于坚持真理，不随波逐流，做到立场坚定。

（四）　关注国家社会生活，提高觉悟

热爱社会主义祖国，热爱中国共产党，自觉在政治上、思想上同党中央保持一致，是大学生政治思想进步的体现。要了解国情、关心时事、体察民生，肩负社会责任感和使命感，唯有如此，才能深刻理解、领会和宣传党的路线、方针、政策，树立起一切从人民利益出发，全心全意为人民服务的人生观、价值观、世界观，甘当人民的公仆，为群众谋利益、办实事。大学生应刻苦学习、积极进取，坚持高尚道德操守，自觉提升政治觉悟，为建设中国特色社会主义祖国做好充分的准备。

二、　大学生政治素质的培养

政治素质作为大学生素质的重要方面，是大学生运用自身知识和能力的方向性

保证,对大学生的学习和实践起到关键性作用。我们必须明确目标,看到自身的差距,通过多种途径和方法,努力提升自己的政治素质。

（一）党的基础知识和理论的学习

1. 党章的学习

当代大学生在政治上要求加入中国共产党是时代的召唤和自身成长的需要。因此,所有的高校党委都成立了党校,开设了入党积极分子培训班或"党的基本知识"选修课,大家可以通过这些途径,了解和掌握党的基础知识和基本理论。不断提高自身的思想政治觉悟和水平,为早日入党做好思想准备。

党章的学习主要应该把握如下几点:第一,应原原本本和逐段逐句地学习,做到认识求"深"。党章是中国共产党最基本理论的经典科学文献,因此不能将党章当作一般的文件来学习,要逐段逐句学,深入钻研,掌握精神实质,指导我们的实践。第二,既要全面系统地学,也要有重点地学,做到学习求"真"。通过系统而有重点的学习,领会和掌握党的性质、党的指导思想、党的建设的基本要求、党员的标准和条件、党的组织制度、党风党纪等内容。第三,应在学习中实践,在实践中学习,做到过程求"新"。理论与实践、知与行密切结合,是我们学习党章必须坚持的一个原则。学习的目的在于应用,学习的过程也是实践的过程。只有在学习中不断实践,在实践中不断学习,不断加深认识,才能不断提高贯彻执行党章的自觉性和坚定性,才能更好地遵守党章、贯彻党章、维护党章。

2. 党的路线、方针、政策的学习

党的路线、方针、政策是指党在一定的历史时期内,为达到一定目标,实现一定任务,而制定的基本指导原则以及行动依据和准则。党的路线、方针、政策,是党的一切实际行动的出发点,并表现于党的行动过程和归宿中。正确的路线、方针、政策,是马克思主义普遍原理和具体实践相结合的产物,是从实际出发,总结实践经验,集中群众智慧制定出来的。

3. 中国特色社会主义理论体系的学习

中国特色社会主义理论体系包括邓小平理论、"三个代表"重要思想、科学发展观及习近平新时代中国特色社会主义思想等重大战略思想。在当代中国,坚持中国特色社会主义理论体系,就是真正坚持马克思主义。对中国特色社会主义理论体系的学习,主要可以通过党课、政治理论课等进行。

（二）积极参加党、团组织的学习

1. 参加党课、团课学习

党课或团课学习一般主要分为三大部分：第一部分，系统地讲解党、团组织的基本知识、马列主义、毛泽东思想、邓小平理论、"三个代表"重要思想、科学发展观和习近平新时代中国特色社会主义思想等重要理论；第二部分，了解党、团组织的光荣历史和传统，提高或启发党员、团员的共产主义思想觉悟；第三部分，围绕不同时期的中心工作，统一党员或团员的思想，提出明确要求，为完成中心工作做好思想上的准备。学校和各学院党、团组织还建立了相应的网页，除了全面、系统地介绍党、团的基础知识和党的路线、方针和政策外，还就大家关心的问题进行网上答疑，并与同学们进行讨论和交流。这样，可以使同学们更快地进步和提高。

2. 参与党、团组织主题活动

在自觉参加学习，提高思想政治觉悟和水平的同时，大学生还应主动地结合学校的学习实际和自身的思想实际，积极参加党、团组织开展的主题活动，在行动上积极向党组织靠拢。党、团组织开展的主题活动有三个方面要求：一要有明确的目的，二要制订详细的活动计划，三要形式多样、参与性强。同学们可以根据自己的实际选择参与。

3. 参加班级团组织生活

共青团是党的助手和后备军，承担着为党做好青年工作的光荣使命。团组织生活根据团员年龄的特点，要在活动内容上注重思想性和教育性，同时也应具有知识性和趣味性。团组织生活的主要内容有五个方面：第一，学习马克思主义理论，党的路线、方针、政策，讨论国内外大事；第二，学习党章和团的基础知识，进行团的传统教育，学习团内文件；第三，及时检查团员完成工作的情况；第四，讨论团员共同关心的问题和团员的思想愿望、意义和要求；第五，过好民主生活，开展表扬、批评与自我批评。

总之，政治素质是大学生成才的首要条件，良好的政治素质有助于形成正确的人生观、世界观，这些也会为今后的人生指明更清晰的前进方向。

第二节　培养领导能力

研究型大学的一个显著特点就是注重培养领袖。美国耶鲁大学特别鼓励学生参加课外活动,在课外活动中培养学生的领导能力。课外活动小组是培养未来领导人素质的实验室。课外活动对学生的发展,特别是公民和社会责任感、对社会问题的理解、领导能力和批判性思维的发展,具有重要的积极影响。

一、 参加学生社团

大学生刚入学就会发现,大学和高中有一个明显的不同,就是大学有丰富多彩的社团生活。而怎样选择社团,如何协调好社团活动与学习之间的关系,也成了学生必须关注的问题。

面对社团,不能"见一个爱一个",应该将自己的能力、兴趣爱好与社团类型结合起来考虑,既不能仅仅当成玩乐,也不要太功利,比较理想的心态应该是:在社团的团队学习中形成一技之长。

大学社团一般是学生自己组织的小团体,每个团体都有自己的主题。如书法社、舞蹈队、无线电小组、计算机爱好者联盟、摄影协会等。这些社团通常在学校团委的领导下开展工作。确实,这些社团丰富了学生的业余生活,同时社团的各项工作也能给学生提供相关的锻炼机会。对于学生而言,学习虽然是主要任务,但从提高自己的综合能力来讲,参加社团是非常必要的。

然而,参加社团并不是越多越好。一方面,学生的精力有限,社团虽然对提高社会实践能力有所帮助,但不能把专业学习放在一边,而把全部精力投入到社团活动中,本末倒置。另一方面,选择社团要结合自己的兴趣与爱好,有针对性地选择。如果只是挂着数个社团成员的头衔却没兴趣参加社团活动,对自己来说得不偿失。再者社团良莠不齐,有些社团本身开展的活动很有限,属松散型,参加这样的社团往往得不到实质性的锻炼。

在处理学习和社团活动之间的关系上,学生一般分为三种类型:一种是学习型,也就是对学习非常看重,课余时间也安排得比较紧,建议这类新生一开始不用参加过多的社团活动;另一种是社会型,就是一参加社团工作就来精神,对学习却不上心,而且在认识上存在误区,认为将来求职只要社会活动出色就行,这样的同学在参加社团活动上要节制;还有一种则是兼顾型,能很好地处理好学习和社团的关系,但是对于自制力尚差的新生而言,这样的学生并不多见。

此外,参加社团活动还必须摒弃两种心态:架子大和功利心。

也许有的学生在高中时能力就比较强,对大学社团工作也存在种种幻想,认为自己一定是佼佼者。但大学与高中的社团毕竟不一样，要求也更高，所以进社团前一定要把架子放下来，不管以前多优秀，都要有"从零开始"的心理准备。

而有些学生可能对进社团期望很高，希望立刻能得到回报，一遇到失败就容易失落，或者觉得"我做了很多，怎么没人看到"，产生沮丧情绪，这样的功利心态也必须规避。

常识告诉我们，课外活动更能帮助学生在某些重要方面的成长。要学会团队合作，最好是加入一支运动队或参加学校的话剧表演，或参与社团活动，而不是简单地上课、去图书馆学习。

二、　参加社会实践

社会实践既是一种团队学习，也是一种服务学习。社会实践为学生提供更开阔的视野及体验多元化学习实践的机会，发扬他们的服务和奉献精神，培养他们的公民意识及社会责任感。

经过 20 多年的实践，我国高校的学生社会实践和志愿服务活动已经初步形成稳定的内容和丰富的形式，总体来讲，主要有以下几种形式。

1. 青年志愿者活动

青年志愿者活动以"奉献、友爱、团结、互助"为宗旨，以志愿服务的方式参与社会生活，奉献个人力量，是新时期青年人参与社会实践、提升个人综合品质和道德品格的良好活动载体。青年志愿活动具有志愿性、无偿性、公益性、组织性四大特征。参与志愿活动既是助人，亦是自助；既是"乐人"，同时也"乐己"；既是在帮助他人、服务社会，同时也是在传递爱心、传播文明。

近年来，大学生积极响应团中央号召，利用课余时间和假期开展了形式多样的青年志愿者活动，涉及农村扶贫开发、城市社区建设、环境保护、大型活动、抢险救灾、社会公益等多个领域。其中，比较典型的活动有：青年志愿者"一助一"长期结对服务计划、青年志愿者扶贫接力计划、保护母亲河"中国青年志愿者绿色行动营计划"等。

2. 暑期社会实践活动

暑期社会实践活动是指大学生利用暑期进行的时间相对集中的大规模的社会实践活动。其内容丰富多样，包括社会调查（去革命老区、大中企业、乡镇企业、边远山区、经济特区参观访问和调查研究）、社会服务（对社会各界开展科技服务、教育服务、医疗服务、文化服务）、企业咨询（技术咨询、管理咨询）、专业调研（承担某项科研课题，围绕课题需要进行的调查研究）、科技扶贫、智力支乡、回乡考察、义务劳动、社会宣传、慰问演出等。一般每年暑期进行1～4周。由于每年一次，时间集中，参加人数多，社会接触面大，直接对社会做贡献，这类活动帮助学生树立理想、坚定信念、了解国情、热爱工农、增长才干，对于在校园内形成关心祖国、面向社会、服务人民的良好风尚，是十分重要和卓有成效的教育环节。

3. 科技、文化、卫生"三下乡"活动

科技、文化、卫生"三下乡"活动是高校持续多年的一项社会实践活动，并且已取得了可喜的成果。"三下乡"活动的内容包括：科技扶助、企业帮扶、文化宣传、医疗服务、法律普及、支教扫盲、环境保护等。在实践中，大学生发挥自身的知识技能优势，深入农村乡镇、田间地头乃至农户家里，广泛开展了支教扫盲、文艺下乡、图书站建设、企业咨询会诊、卫生常识普及等多种形式的志愿服务活动，受到基层干部和人民群众的欢迎。同时，还有部分大学生深入城市社区、工厂企业开展调查。大学生通过以上这些社会活动，体察民情，了解社会，既锻炼了自身能力，又加深了对社会的认识。

4. 社会调查和考察

社会调查是社会实践常用的重要形式。结合课堂教学与课外阅读，组织开展社会调查，对于大学生接触社会，了解国情，树立正确的世界观、人生观，以及掌握科学的方法论具有十分重要的意义。社会考察是指学生按照一定的目的和要求，对社会现象和热点问题进行实地考察的活动，如对改革开放和社会主义建设成就的考察，对我国各地区政治、经济、文化发展不平衡状况的考察，对党的光辉历程的考察，等等。

5. 社会服务

社会服务是指大学生利用节假日或课余时间走上社会，从事各种义务服务活动。常见的有街头宣传（宣传交通法规、环境保护、计划生育、雷锋精神等）、便民服务（修理自行车、修理家用电器、义务理发等）、咨询服务（技术咨询、管理咨询、法律咨询、医疗咨询、心理咨询等）、技术服务（推广新产品、新工艺、新技术、新材料，协助农村和企业解决技术问题等）、管理服务（为企业的管理出谋献策，为企业培训干部和职工）、医疗服务（送医上门，宣传防病治病知识、计划生育知识、用药常识等）、演出服务（送戏上门、慰问演出等）、政法服务（参加乡镇、街道的人大换届选举，参加

案件审理等）。这种形式的实践的时间虽不够集中,但却能够使同学们与社会的接触经常化,拓宽了与社会息息相通的渠道,有利于大学生树立为人民服务的思想,培养助人为乐的精神,不断增强社会责任感。

6. 课外创业活动

课外创业活动是指高校学生个人或团队利用课余时间制订创业计划并付诸实施的活动。这项活动,对培养学生创新精神、创业精神、团队意识有重要作用,受到青年学生的广泛欢迎。近两年兴办的学生创业计划大赛已经成为高校校园一道亮丽的风景线,引起了社会各界,特别是企业界和新闻界的密切关注,并已取得了显著的成效,涌现出了许多非常好的新型实用技术或发明专利。

7. 勤工助学活动

勤工助学是指大学生利用课余时间,参加体力或智力活动,获得一定的劳动报酬,以资助学习的实践活动,是社会实践活动的有偿形式,如担任家庭教师、承担家用电器修理、在宾馆和饭店从事服务性工作等。勤工助学大体上可分为 4 种类型:一是劳务型,即参加打扫实验室、清理校园、搬运和安装仪器设备、抄写和打字、会务等有偿劳动;二是智能型,即利用课余时间进行技术开发、软件开发、工程设计等有偿的智力劳动;三是服务型,即学生利用课余时间担任家庭教师,从事一些面向社会的服务活动,如学生利用课余时间在学校为学生开办的商店、餐馆、书店充当售货员、服务员等;四是管理型,即学生利用课余时间参加学校的一些有偿管理工作,如应聘担任学生宿舍楼的副楼长、学生食堂副管理员、图书馆兼职管理人员等管理服务。在组织勤工助学活动中,学校一般优先安排生活困难、学习刻苦的同学。勤工助学活动有利于培养学生的自强、自立精神,热爱劳动、艰苦奋斗的精神,也有利于家庭困难的学生减轻家庭负担,顺利完成学业。

8. 挂职锻炼

挂职锻炼是指大学生在参加社会实践活动期间,按照社会实践的教育要求,根据学生的个人条件和接收单位的可能性,在接收单位担任某项具体职务的实践活动,如担任乡、镇团委副书记或团委书记助理,村主任助理,中小企业、乡镇企业厂长助理、工程师助理等。这项活动主要组织高年级学生到城乡基层挂职锻炼。这种方式的优点是让学生直接承担一部分基层的管理工作,从"旁观者"变成"当事人",有利于学生更深入地了解社会、了解国情,锻炼实际才干。

第三节　参加创新活动　提高科学素质

大学生科技创新活动大多是以团队学习模式开展的。一般一个项目小组就是一个合作学习的团队,小组内分工明确,每个成员根据自己的专长承担相应的任务,组员之间优势互补、协同作战,组长主要起协调作用。学习时,小组成员各自从任务出发,在互联网、书籍和团队以前所做的项目资料中选定相关内容进行自学,然后在每周一次的内部课程上分享学习心得,并一起商讨难题的解决方案,小组成员可以在解决问题的过程中经过讨论形成对问题的一致看法。这不仅起到了启发队员创新思维的作用,而且有助于培养队员的沟通能力和合作意识。

本科生参加项目课题研究是非常难得的机会。有项目课题研究经验的同学,无论将来就业、读研、出国,都有比较丰富的经验背景,并且能通过和老师、师兄师姐近距离地交往,学到课堂以外的知识。

大学生科技创新团队学习的主要形式如下。

一、 大一年度项目

大一年度项目的内容在第 5 章已经介绍过了。

二、 国家级大学生创新创业训练计划

国家级大学生创新创业训练计划是在原国家大学生创新性实验计划的基础上拓展而来的。国家大学生创新性实验计划是"十一五"期间教育部为推动创新型人才培养工作而实施的一项重要改革举措,是教育部第一次在国家层面上实施的、直接面向大学生立项的创新训练项目。该计划于 2006 年开始试点,2007 年进入正式实施阶段。"十二五"期间,教育部决定把原来的国家大学生创新性实验计划更名为国家级大学生创新创业训练计划,把原来的创新性实验一个项目拓展为创新训练项目、创业训练项目和创业实践项目三个项目。

1. 计划目标

实施国家级大学生创新创业训练计划,促进高等学校转变教育思想观念,改革

人才培养模式,强化创新创业能力训练,增强高校学生的创新能力和在创新基础上的创业能力,培养适应创新型国家建设需要的高水平创新人才。

2. 计划内容

国家级大学生创新创业训练计划内容包括创新训练项目、创业训练项目和创业实践项目三类。

创新训练项目是本科生个人或团队在导师指导下,自主完成创新性研究项目设计、研究条件准备和项目实施、研究报告撰写、成果(学术)交流等工作。

创业训练项目是本科生团队在导师的指导下,团队中每个学生在项目实施过程中扮演一个或多个具体的角色,完成编制商业计划书、开展可行性研究、模拟企业运行、参加企业实践、撰写创业报告等工作。

创业实践项目是学生团队在学校导师和企业导师的共同指导下,采用前期创新训练项目(或创新性实验)的成果,提出一项具有市场前景的创新性产品或者服务,以此为基础开展创业实践活动。

3. 参与高校与经费支持

国家级大学生创新创业训练计划面向中央部委所属高校和地方高校。中央部委所属高校直接参加,地方高校由地方教育行政部门推荐参加。

国家级大学生创新创业训练计划由中央财政、地方财政共同支持,参与高校按照不低于1∶1的比例,自筹经费配套。中央部委所属高校参与国家级大学生创新创业训练计划,由中央财政按照平均每个项目1万元的资助数额,予以经费支持。地方高校参加国家级大学生创新创业训练计划,由地方财政参照中央财政经费资助标准予以支持。各高校可根据申报项目的具体情况适当增减单个项目资助经费。对中央部委所属高校的创业实践项目,每个项目资助经费不少于10万元,其中,中央财政经费应资助5万元左右。

4. 计划组织实施

中央部委所属高校直接向教育部提交工作方案,非教育部直属的中央部委所属高校同时报送其所属部委教育司(局)。地方教育行政部门将推荐的地方高校的工作方案汇总后,一并提交给教育部。教育部组织专家论证,通过论证后即可实施。

各高校制订本校实施国家级大学生创新创业训练计划项目的管理办法,规范项目申请、项目实施、项目变更、项目结题等事项的管理,建立质量监控机制,对项目申报、实施过程中的弄虚作假、工作无明显进展的学生要及时终止其项目运行。

各高校在公平、公开、公正的原则下,自行组织学生进行项目评审,报教育部备案并对外公布。项目结束后,由学校组织项目验收,并将验收结果报教育部。验收的必需材料为项目的总结报告,补充材料为论文、设计、专利以及相关支撑材料。教育部将在指定网站公布项目的总结报告。

国家级大学生创新创业训练计划项目面向本科生,原则上要求项目负责人在毕业前完成项目。创业实践项目的负责人毕业后可根据情况更换负责人,或是在能继续履行项目负责人职责的情况下,以大学生自主创业者的身份继续担任项目负责人。创业实践项目结束时,要按照有关法律法规和政策妥善处理各项事务。

各高校根据本校实际情况,适当安排创新训练项目和创业训练项目的比例,并逐步覆盖本校的各个学科门类。

教育部对各高校实施国家级大学生创新创业训练计划进行整体评价。每年组织一次分组评价,根据评价结果,适度增减下一年度的项目数。

哈尔滨工业大学作为教育部实施国家大学生创新性实验计划的首批入选学校,不断加强创新基地建设,完善国家大学生创新性实验计划管理办法,建立并实施以过程为导向的国家大学生创新性实验计划评价体系,同时配套相应的激励机制,包括设立创新学分、推荐免试研究生加分、资助论文发表等措施,营造了良好的氛围,激发了学生的创新热情,收到了很好的效果。2007—2010 年,哈工大共获国家级资助项目 203 个,学校资助项目 1 186 项。

2011—2014 年,我校在国家级大学生创新创业训练计划共获批 416 项。在2012—2014 年第五届、第六届、第七届全国大学生创新创业年会上,我校有 6 篇论文获评大会优秀论文,5 个项目入选展示项目,1 项学生作品获得"我最喜爱的项目"奖。

三、 大学生科技竞赛

竞赛是激发学习积极性的有效手段。国外许多心理学家的研究表明,在竞赛过程中,自尊和自我实现的需要更为强烈。由于在竞赛中学习兴趣和克服困难的毅力大增,因而多数人在比赛中的表现,比没有比赛时要好得多。

大学生科技竞赛是考查学生某学科基本理论知识和解决实际问题能力的比赛,它是面向大学生的群众性科技活动,是学校人才培养质量的标志之一,对学生的就业有直接影响。大学生科技竞赛活动,对于激发大学生的兴趣和潜能,培养大学生的实践能力、创新能力、创业能力和团队精神具有重要意义。

目前科技竞赛的种类比较多,有校级、省级、国家级等各类竞赛,也有各种行业协会组织的竞赛,主要包括:

（1）全国大学生电子设计竞赛;

（2）全国大学生机械创新设计大赛;

（3）全国(国际)大学生数学建模竞赛;

（4）ACM 国际大学生程序设计竞赛;

（5）"挑战杯"全国大学生系列科技学术竞赛;

（6）全国大学生结构设计竞赛;

（7）全国大学生广告艺术大赛;

（8）全国大学生信息安全竞赛;

（9）全国大学生节能减排社会实践与科技竞赛;

（10）全国大学生数学竞赛;

（11）全国周培源大学生力学竞赛;

（12）全国大学生建筑类竞赛;

（13）全国大学生英语类竞赛;

（14）全国大学生智能汽车竞赛;

（15）亚广联亚太(全国)大学生机器人大赛;

（16）全国机器人锦标赛及仿人机器人奥林匹克大赛;

（17）全国大学生 ERP 沙盘大赛;

（18）全国航空航天模型锦标赛;

（19）全国大学生先进成图技术与产品信息建模创新大赛;

（20）全国大学生工程训练综合能力竞赛;

（21）中国"互联网+"大学生创新创业大赛;

（22）"创青春"全国大学生创业大赛。

第四节　提升跨文化素养

大学是一个国际性机构,学生与学者的跨国流动成为大学独特的风景。过去 10 年来,到其他国家学习的留学生数量的增长尤为显著。总部设在澳大利亚的教育国际开发署估计:到 2025 年,全球接受大学本科教育的国际留学生将接近 720 万。

一、 出国始于大一

有意向出国交流或深造的同学,从大一开始就应认真准备出国的相关事宜。

大学期间的学习与出国有什么关系呢? 首先是学习成绩,不能太差,至少每科80分以上;第二是参加的项目或者大赛层次要高,发表的文章质量要高;第三是参加社会活动,策划相关活动最好能有自己的想法或者深刻的体验。这些材料在出国申请中都用得上,且从大一就应该开始积累和准备了。

从大一开始浏览和比较各种出国信息,收集各种出国资料;大二进行外语培训;大三开始参加出国的外语考试,在大三下学期前拿到好的外语成绩;如果外语考试成绩不够理想,就要利用大三暑假努力提高外语成绩,然后开始申请学校。除外语准备外,从大一开始还要对学习成绩、论文发表、项目参与、集体活动等都保持着非常高的关注度和参与度。事实上,能够申请到排名靠前的学校的学生,还是需要具备一定实力的。外国导师对学生读书做科研的潜力比较关注。

二、 出国该如何进行准备

1. 获取信息,选择学校

就英美高校相比较而言,大部分人认为"美难英易",然而选择一所适合自己的学校才是我们的目标。一般能够成功申请到自己心仪高校的学生在大一的时候就有了明确的出国目标,并且大学四年都为之努力,不断充实自己。

首先,就大学生而言,网络是了解出国信息最好的途径之一:在网上对自己理想的专业、大学排名进行搜索(因人而异,看是专业优先还是学校优先)选出排名靠前的学校或专业后,再通过论坛看帖、QQ 群交流、浏览相关大学官方网站等方法对想要申请的大学进行初步的筛选。

其次,各种英语培训机构和留学中介在校园里举办的留学或英语讲座也是很好的学习途径。可以多听留学或英语方面的讲座,通过讲座获取自己想要的信息,比如哪所学校的某个专业需要哪些专业知识,是否对数学、物理课成绩有要求,英语考试是需要 GRE、GMAT、TOFEL,还是雅思。

再次,可以对初步选择的学校进行优劣势分析,可以通过制作表格的方式,将学校排名、地点、学费等相关事项一一排列出来,然后根据个人情况进行删减,留下相对适合的学校。

最后，还需要了解想要申请学校的招生方案。每个学校都有自己的招生方案，有的学校讲究先到先得，即先申请就先审核，有的学校会统一审核。这就需要提前做好充分的准备工作，详尽了解每个学校的招生方案。

学生还可以通过学长学姐来了解学校信息。主动结识准备留学或已经身处国外高校的学长学姐，在与他们的交流中总结方法，讨教经验。

2. 申请途径，中介还是自己申请

中介在书写文书、联系学校及准备材料这三方面有很大的优势。中介的劣势在于其本身的质量参差不齐，倘若对方对于学生的申请没有足够的重视，最后可能是学生的钱花掉一大半，但申请结果却不理想。自己申请的优势在于，整个申请过程的进展完全在学生自己的掌控之中，并且在自己申请的过程中，学生搜集整理信息的能力将有很大提升。其劣势在于，它将花去学生大量的时间，并且如果学生的英语水平很一般，在文书的书写方面可能会比较吃力。因此学生在联系、选择学校时，不要完全依赖中介，最好还是自己先去详细了解申报学校的排名、专业排名、地理位置、就业情况，尤其是中国学生的留学情况，而中介公司提供的这些信息未必靠谱。在选择中介公司时，更要慧眼识英雄，挑选可靠的中介公司，最好通过学长学姐找到促成他们成功申请的中介公司。

3. 准备文件

申请英国院校需要准备的材料：个人陈述（800 words）、两封推荐信（300～400 words）、大学本科成绩单、雅思和 GMAT 的成绩报告等。申请美国院校需要准备的材料：个人陈述、Essay、GMAT（TOFEL）成绩、大学本科成绩单、三封推荐信，以及其他材料等。以上材料大部分需要在网上提交，部分院校会要求纸质投档。在推荐老师的选择方面，不同学校有不同的倾向性，应当根据学校的特质投其所好。例如，经管类专业的某些院校十分重视学生的实务操作能力，这时候就可以考虑请曾经实习过的银行等金融机构的负责人写一封推荐信。

在准备材料的过程中，很多同学会在文书上投入大量精力，要求尽善尽美。事实上也不一定非常必要，好的时机也可以助你一臂之力。因为文书的写作不可能达到完美，与其在字句上下功夫，不如早点投出已经写得不错了的文书。写出好文书的技巧之一是不要完全依赖中介，最好亲力亲为。针对自己所申请的院校的特点，结合自己通过各种途径了解到的院校信息，投递独具特色、"投其所好"的申请书。而且，从对学校的了解到填写自己的选校理由，再到描述对未来职业的规划等，这些

文书中所要展现的内容最好全都自己准备。另外,不同学校 Essay 的题目各不相同,例如是否有跨文化交流的经历?为什么某一科的成绩很低?建议写的时候无须太多夸张事例,你需要做的就是实事求是。有很多同学觉得在专业方面除了学习的课程没有事例可写,其实很简单,比如每一门课程的课程设计、小组作业,这种小例子都可以写。而个人陈述,则建议先列清单,将大学生活的经历归纳一下,有重点地去选取描述。

第五节　拥有强健体魄

进入大学,不少同学开始尽情享受大学的自由空间:睡懒觉、通宵打游戏,而对体育锻炼则是不闻不问,刻意逃避,长期下去,健康状况直线下降,对学习和生活产生了诸多不利的影响。身体心理素质是本钱,或者说是各种素质的载体。没有较好的身体心理素质,从事各项工作和事业就没有了依托,或者要受到很大限制。

曾经有人用"100 000 000 000"来比喻人的一生,其中"1"代表健康,各个"0"代表生命中的事业、金钱、地位、权力、快乐、家庭、爱情、房子……各个"0"充斥了人们的生活,"1"却常常被忽略。"1"一旦失去,所有的浮华都将沉寂。健康的重要性毋庸置疑。健康高于一切,健康关乎人一生的幸福,没有一个强健的身体,一切都无从谈起。

我们的身体需要运动。我们的心脏也是一块肌肉,而且这块肌肉可能会变肥。肥大的肚子可能会让你失去魅力,而肥大的心脏却可能让你失去生命。

运动能让你无论在做什么的时候都能做得更好。当你身体的其他部分都能保持良好的状态时,大脑运转效果自然也是最好的。

经常做运动除了能控制自己的体重外,还能预防心脏病,控制胆固醇含量,预防糖尿病,延缓衰老,预防骨质疏松。运动能降低一些患癌症的风险,还能帮助减轻焦虑和沮丧情绪。如果一听到"运动"这个词你就没兴趣,可以用"身体活动"代替:

(1)从现在开始每天至少快步行走 15 分钟,并逐渐延长时间,再小跑一段。

(2)变换方式。想好几种自己喜欢的活动,然后在一年中轮流进行。冬天主要的活动可能是交际舞、骑室内健身自行车或滑雪,而夏天就可以去参与室外的活动。

(3)一大早就开始做运动。早早做运动,一天无忧。把运动当成每天生活中的一部分,就像刷牙一样。

（4）参加一个体育社团，与别人一起运动。把运动当成一种社交活动会让它更有乐趣，而且能增强自己的责任心。

哈工大的体育社团有：乒乓球联盟、益跑团、剑道协会、轮滑社、跆拳道社团、武术协会、羽毛球协会、保龄球协会、自行车协会、足球协会、网球协会等。

每天运动一个小时是比较理想的，随便是什么运动。有运动总是好过不运动。

思考题

大学期间如何把握机会提升综合素质？

第八章　关注心理健康

大学是人生的重要阶段,大学一年级更是关键时期,它是大学生活的新起点,也是从中学向大学过渡的重要阶段。处在这个转折关头的大一新生,总的心理倾向是积极、热情、乐观、充满信心和希望的。但是生活环境、学习目的、师生关系的改变会带来一定的不适应,大一新生不仅面临人生的诸多课题,同时也会产生心理上的诸多困扰和矛盾。如何把握好这一人生的新起点,顺利完成从中学到大学的转变,迅速适应大学的学习和生活,关键在于尽快走出心理误区,以良好的心态去迎接新的生活和挑战。

第一节　大学生心理健康教育

心理健康教育是帮助人认识自己,是有目的、有计划地对受教育者的心理施加影响,从而提高其心理健康水平、促进心理成长的过程。

一、心理健康的基本概念

1. 心理健康

从广义上讲,心理健康是指高效而满意的、具有持续性的心理状态。从狭义上讲,心理健康是指人的基本心理活动的过程内容完整、协调一致,认识、情感、意志、行为、人格完整且协调,具有良好的社会适应能力,能够与社会保持同步。心理健康主要包括三个方面的含义,其一是没有心理疾病;其二是具有一种积极向上的心理状态;其三是具有良好的社会适应能力。正如世界卫生组织(WHO)提出的健康观是:"不仅是没有身体缺陷和疾病,而且是具有生理、心理和社会适应能力的完满状态。"这个观念体现了心理健康与身体健康的相互关系。一般来说,当身体产生疾病时,心理也会受到影响,出现情绪低落,烦躁不安、容易发怒的情况,从而导致心理不适;同样,那些长期心情抑郁、精神负担重、焦虑的人容易产生身体不适。因此,心理健康常常依赖于健康的身体,而健康的身体又依赖于心理健康。

2. 心理困扰

人的心理其实是一个精妙而复杂的结合体,对它好坏的评价,也并非非此即彼。生理或者躯体疾病有轻重之分,心理疾病也同样有不同程度之别。心理不健康会影响一个人的学习、生活和人际交往,进而影响心理的发展。

心理困扰是指个体在日常生活中出现的不适应或轻度的异常表现。按问题的严重程度可分为发展性问题和适应性问题。有发展性问题的人是正常的、健康的、无明显心理冲突,基本适应环境。咨询的目的是为了更好地认识自己,扬长避短,充分发挥潜能,提高学习与生活的质量,比如询问自己的气质类型,个性特点;探讨提高学习效率的最佳方法;怎样做好学生干部等。有适应性问题的人属于基本健康,但生活中有各种烦恼,有明显心理冲突和矛盾。咨询的目的是排解心理困扰,减轻心理压力,改善适应能力,比如陷入失恋的痛苦中难以自拔;学习不适应,成绩下降而忧心忡忡;因离开父母生活难以自理而焦虑;人际关系不协调而苦恼不已;过度的自卑而自我封闭等。这样的人,通过专业人员的帮助与指导,能改变适应状况,重新获得自信。

3. 心理测评

心理测评是指运用心理量表、问卷、访谈、档案分析等方法,了解学生的心理特点、健康状况等,为个体深入地认识自己,提高心理素质提供参考。

4. 对于有心理困扰的人，非专业人员的做法

（1）及时予以心理支持与关注。

（2）传递希望和乐观精神。

（3）理解学生的情绪及行为反应。

（4）引导情绪更合理地表达。

（5）鼓励采取积极的应对方式。

（6）给予适宜的劝告和建议。

（7）必要时建议面谈咨询。

5. 心理健康的标准是什么

心理健康的标准不像生理健康的标准那样具体、精确和绝对。对心理健康状况的划分,一般用"常态"和"变态"或者"正常"与"异常"来表示。心理健康与否、正

常与否的界限是相对的,是一个连续体的两端,没有绝对的分界线。

大学生心理健康的标准,迄今为止还没有一个统一的概念。

综合国内外专家学者的观点,根据大学生的年龄特征、心理特征和角色特征,我国当代大学生心理健康的标准包括以下几个方面。

(1)智力正常。智力是指一个人认识能力与活动能力所达到的水平,是人的观察力、注意力、记忆力、想象力、思维力、创造力和实践能力等的综合体。智力正常是大学生学习、生活、工作最基本的心理条件,也是适应周围环境变化所必需的心理保证,因此,在衡量一个大学生的智力时,关键要看他是否正常地、充分地发挥了效能,即有强烈的求知欲,乐于学习,能够积极参与学习活动。

(2)情绪健康。其主要标志是情绪稳定和心情愉快,包括愉快情绪多于负面情绪,乐观开朗,富有朝气,对生活充满希望;情绪较稳定,善于控制与调节自己的情绪,既能克制又能合理宣泄;情绪反应与环境相适应,情绪反应是由适当的原因引起的,反应的强度与情境相符。情绪在心理健康中起核心作用,情绪异常往往是心理疾病的先兆。

(3)意志健全。意志是一种心理过程,即个体在完成一种有目标的活动时,所进行的选择、决定与执行的心理过程。一个意志健全的人在行动的自觉性、果断性、顽强性、自制力等方面都表现出较高的水平,在各种活动中都有自觉的目的性,能适时地做出决定并运用切实有效的方式解决所遇到的问题,在困难和挫折面前能采取合理的、有效的反应方式,善于控制自己的情绪和言行,而不是盲目行动、畏惧困难、顽固执拗。

(4)人格完整。心理学上所说的"人格"与我们平时说的"人格"在内涵上有所不同。我们在日常生活中经常会听到或谈到这样的话题:这个人的人格低下(很坏),人格受到了侮辱等。这里的人格指的是人的尊严。心理学上的人格是指一个人比较稳定的心理特征的总和,包括气质、性格、能力、兴趣、爱好、需要、理想、信念等,也就是我们常说的个性。气质和性格是人格的重要组成部分。人格完整就是一个人的所想、所说、所做都是协调一致的,即人格结构的各要素完整统一,具有正确的自我意识,不产生自我同一性混乱,以积极进取的人生观作为人格的核心,并以此为中心把自己的需要、目标和行动统一起来。

(5)自我评价正确。正确的自我评价是大学生心理健康的重要条件,对自己的认识比较接近现实,有自知之明,恰如其分地认识自己,摆正自己的位置,对优点感到欣慰,又不狂妄自大,对弱点既不回避,也不自暴自弃,而是善于自我接纳,喜欢自己,接受自己,自尊、自强、自制、自爱适度,正视现实,积极进取。

（6）人际关系和谐。良好而深厚的人际关系,是事业成功与生活幸福的前提,表现为乐于与人交往,既有广泛而深厚的人际关系,又有知心朋友;在交往中保持独立而完整的人格,有自知之明,不卑不亢;能客观评价别人和自己,善于取长补短;对人宽容,乐于助人,积极的交往态度多于消极态度;交往动机端正。

（7）适应能力强。其表现为和社会保持良好的接触,对周围事物和环境能够做出客观的认识和评价,能够面对现实、接受现实,并能主动适应;以有效的办法应对环境中的各种困难,不退缩,并且能够根据环境的特点和自我意识的情况努力进行协调。

（8）心理行为符合年龄特征。在校大学生正处于青春期,心理特征应与年龄特征和角色相适应。

如果一个大学生经常严重地偏离上述心理行为特征,就有可能是心理异常的表现。

二、常见大学生心理问题的分类

（一）概念的区分

心理正常、心理不正常,心理健康、心理不健康,这是我们在学习和讨论心理问题分类时使用的概念。但很多同学不清楚它们之间的关系,下面我们将对这些概念进行简要区分。

心理正常:具备正常功能的心理活动或不包含精神病症状的心理活动。

心理不正常（心理异常）:即变态心理,指有典型神经障碍症状的心理活动。

心理健康与心理不健康:这对概念是在"正常"范围内,用来讨论"正常心理"水平的高低和程度,不健康不是病,不健康和病是两类性质的问题。

（二）常识性的区分

（1）离奇怪异的言谈、思想和行为。比如,有人对你说:"我是国际巡回大使,主管世界所有国家的军政大权,昨天我刚从纽约回来,明天飞往莫斯科,让普京总统陪我检阅波罗的海的军舰。"还有,一个人披头散发、满脸污垢、满街乱跑等。

（2）过度的情绪体验和表现。比如,终日低头少语,行动缓慢,与人交流十分吃力,甚至想不出词汇;对生活悲观失望,失去兴趣,觉得现实世界似乎笼罩在灰蒙蒙的雾中;彻夜不眠,时而唱歌,时而跳舞,语言兴奋,时而说东,时而说西,说个不停。

（3）自身社会功能不完整。比如,一个人怕与他人的目光相对,为此而不敢见人。

（4）影响他人的正常生活。比如,当你半夜接到骚扰电话,或某个人的恶作剧危害了你的正常生活时,你首先是愤怒,而后,你就会想"这是为什么",当你从自身找不到任何缘由时,你就会判断"对方的精神可能有问题"。

（三）心理学的区分原则

1. 主观世界与客观世界的统一性原则

心理是客观现实的反映,所以任何正常的心理活动或行为,必须在形式和内容上与客观环境保持一致。在精神科临床上,常把有无"自知力"作为判断精神病的指标。所谓无"自知力"或"自知力不完整",是患者对自身状态的反映错误,或者说是"自我认知"与"自我现实"的统一性的丧失。

2. 心理活动的内在协调性原则

人的精神活动可以分为认知、情感、意志行为等,但它自身是一个完整的统一体,各种心理过程之间具有协调一致的关系。这种协调一致保证人在反映客观世界的过程中高度准确和有效。

一个人遇到一件令人愉快的事,会产生愉快的情绪,手舞足蹈,欢快地向别人诉说自己的内心体验,这说明他有正常的精神与行为。如果一个人用低沉的语调向别人说令人愉快的事,或者对痛苦的事做出快乐的反应,这说明他的心理过程失去了协调一致性,处于异常状态。

3. 人格的相对稳定性原则

每个人在长期的生活道路上,都会形成自己独特的心理特征,这种心理特征具有相对稳定性,在没有重大外界变革的情况下,一般是不会轻易改变的。如果在没有明显外部原因的情况下,一个人的个性相对稳定性出现问题,我们也要怀疑这个人的心理活动出现异常。比如,一个待人接物很热情的人,突然变得很冷淡,而我们在生活中没有找到足以使他发生改变的原因。那么,我们就可以说他的精神生活偏离了正常轨道。

（四）新生适应类心理问题与调试方法

1. 自我发展目标失落导致的适应问题

（1）思想放松,产生惰性。在我国现行的应试教育体制下,高中大多片面追求升学率,而忽视学生综合能力的培养。上大学后,大学新生可自由支配的时间比较充裕,一些学生的思想也会随之放松,甚至产生惰性。

（2）没有一个良好的规划与设计。新入学的大学生对大学生活没有一个良好的规划与设计,产生了"理想间歇症",失去了前进的动力和奋斗的目标,不知道考上大学后该怎么办,陷入目标缺失、理想缺失的空虚和迷茫之中。

解决方法:帮助大学新生确立新的奋斗目标。新生进入大学后,辅导员要及时对他们进行入学教育,向他们介绍大学的学习和生活特点,学校、专业对他们的要求,使他们减少对新环境的陌生感,帮助他们尽快地适应大学的集体生活,重新确立新的人生坐标,为完成中学生到大学生角色的转换做好充分的心理准备。大学新生应该重新审视自己未来的人生之路,确立合理科学的奋斗目标。

2. 理想与现实的差异导致的适应问题

（1）对大学过于理想化或抱有不切实际的幻想。在跨入大学校门之后,许多大学新生感到现实远非自己所想象的那样完美、丰富多彩。随着高等教育改革的不断深入及高等院校招生规模的不断扩大,高校出现了各种各样的问题和困难,与学生理想中的大学形成巨大的反差。

（2）所上大学或专业并非自己所愿,产生厌学情绪。有的学生因参加高考发挥失常,或填报志愿受家长、老师左右,所上大学并非自己所愿;有的学生对自己所学专业知之甚少或根本不是自己的选择,因而产生厌学情绪。

（3）自我评价受到冲击。由于在文体、知识面、交际能力等方面的差异性,部分学生在从中学"中心角色"向大学"普通角色"的转变过程中,自我评价受到不同程度的冲击,自尊心受到严重挫伤。

解决方法:对大学新生进行系统的专业教育与大学学习指导。如进行科学的专业教育,端正大学新生的学习思想和态度。目前在认识上对新生影响较大的就是专业的"冷""热"程度及就业前景问题。应引导大学新生懂得所谓的"冷门"专业与"热门"专业只是在特定社会经济背景下的暂时表现。使学生获得研究问题和解决问题的能力,这是在任何专业的学习过程中都可以做到的,重要的不是学习什么专业,而是怎样去学。可以请著名教授、学者与新生进行面对面的交流,解决新生在学习上存在的困惑。

3. 生活环境突变导致的适应问题

（1）缺乏独立生活的能力。大学新生刚刚走出家庭,但他们自己做出的决定常常不能达到他们起初所预期的效果,总希望在自己做决定的过程中有家长或老师提出好的建议。

（2）面对丰富多彩的校园文化无所适从。初入大学校园，大学新生对周围的一切都怀有强烈的新鲜感和好奇心，但当这些新鲜感和好奇心随着时间的流逝而逐渐褪去后，新生开始感到空虚，不少新生开始出现强烈的怀旧情绪，导致情绪很不稳定。

（3）不适应当地的气候、饮食、语言环境。

（4）强烈交往需要与交往恐惧之间的矛盾。大学的同学大多来自不同地域、不同家庭，有不同的文化背景，在价值标准、兴趣爱好、生活习惯、语言上都有较大的差异，他们强烈的交往需求遭到冷遇后，往往表现出一定的封闭性，在交往时拘谨、退缩，把自己内心的感受隐藏起来，陷入深深的交往恐惧之中。

解决方法：首先，教育同学们思想上要独立。清楚地告诉自己要学会独立，自己的事情自己做。其次，引导大学新生，充分熟悉校园环境，接受了这个环境就在适应的道路上迈出了一大步。最后，提醒他们，不要忘了身边的同学，别人也正在经历与你相同的问题，看看别人是怎么做的，别人能做好的，你肯定也能做好！

4. 学习心理困惑与学习定位偏离导致的适应问题

（1）学习或教学方法的变化导致的问题。刚进校的大学新生大多不了解大学学习的方式方法，仍沿袭着中学的单纯依靠老师讲授、学生接受的学习方法，致使有的新生上课不知怎样记笔记、不知如何支配较为充裕的课余时间、不知如何处理课堂内外的关系、不知如何选择参考书和辅导书进行自主学习等。

（2）过分骄傲或自卑导致的"学习怠倦"。高考分数较高的同学进入大学后，有一种优越感，使他们无法全身心地投入到新的学习中，导致学习状态出现持续低迷；而对于来自偏远地区的学生，往往内心有一种自卑感，容易失去信心，学习积极性下降。这些都会导致部分大学新生对大学的学习产生疑惑感与恐惧感，甚至产生学习倦怠。

解决方法：主动摸索适合自己的学习方法，也可以向辅导员老师、专业课老师、学长们请教，调整心态。

5. 人际关系不良导致的适应问题

（1）由中学单一的学习型人际关系转向大学多元的人际关系导致的问题。在大学里，学生作为一个独立的个体进入准社会交往圈，由中学单一的学习型人际关系转向大学多元的人际关系，在过渡时期可能出现暂时的人际空缺，造成了不同程度的困惑和迷茫。面对来自全国各地的风俗习惯、性情脾气、兴趣爱好各不相同的新同学，一些新生时常感到孤单寂寞。

（2）由于交友经验不足或缺乏交往技巧导致的问题。有的同学虽然内心渴望与别人建立良好的人际关系，但由于交友经验不足或缺乏交往技巧一时很难交上新朋友。当宿舍之间、同学之间的人际冲突发生后，很多新生在心理上感到痛苦压抑，常常选择独来独往、不再愿意参加集体活动。大学新生在人际关系上的种种适应不良必然会使他们出现消极的情绪情感体验，影响他们的学习生活。

解决方法：了解人际交往的基本技巧，选修心理健康教育课程。

（五）常见心理疾病的识别

1. 神经症

神经症主要是由心理因素造成的。对于处在青年时期的大学生来说，这是一种最为常见的功能性疾病。不健全的个性特征是此类疾病的发病基础。在此基础上，如果遇到重大的心理创伤，便会导致神经症的发作。大学生中常见的神经症包括焦虑症、强迫症、疑病症和神经衰弱等。

（1）焦虑性神经症。它是以焦虑为主要特征的神经症，表现为没事实根据，也无明确客观对象和具体观念内容的提心吊胆及恐惧不安的心情，同时还有植物神经症状、肌肉紧张及运动性不安。

（2）强迫性神经症。强迫症是指患者在主观上感到某种不可抗拒和被迫无奈的观念、情绪、意向或行为存在。患有强迫症的人，明知某种行为或观念不合理，但却无法摆脱，因而非常痛苦。

（3）神经衰弱。神经衰弱是一种以脑和躯体功能衰弱为主的神经症。以精神易兴奋却又易疲劳为特征，常伴有紧张、烦恼、易激动等情绪症状，以及肌肉紧张性疼痛、睡眠障碍等生理功能紊乱症状。这些症状不能归因于脑、躯体疾病及其他精神疾病。神经衰弱通常缓慢起病，病程迁延波动，发病前多有持久的情绪紧张和精神压力。

2. 心境障碍

心境障碍是以显著而持久的情感或心境改变为主要特征的一组疾病。临床上主要表现为情绪高涨或低落，伴有相应的认知和行为改变，可伴有精神病性症状，如幻觉、妄想。大多数病人有反复发作的倾向，部分可有残留症状或转为慢性。心境障碍包括双相障碍、躁狂症和抑郁症等几个类型。大学生中常见的心境障碍是抑郁性神经症。抑郁是一类以心境（情绪）低落为主要表现的心理障碍。

抑郁的特点是,懒、呆、变、忧、虑。

懒:无故疲乏无力,自觉懒散无能,对日常生活、工作、学习、作业或家务都懒于应付。

呆:精神活动异常迟钝,患者病后动作减少,行为不敏、思维迟钝、构思困难、记忆力下降、注意力难以集中、理解力和脑功能明显减退。

变:性格明显改变,前后判若两人,自我感觉很差,精力、体力和脑力大不如以前。

忧:情绪低落,忧郁悲观,意志消沉,无信心,无活力,无愉快感,心情压抑、沮丧,对一切事物都缺乏兴趣。

虑:多思多虑、焦虑不安、一筹莫展、自责自卑、坐立不安等。

抑郁的特点在一定程度上表现为生理变化方面,如胃口不好、体重下降、失眠或睡眠过度、腰酸悲痛等身体不适。

3. 精神分裂症

精神分裂症是以基本人格改变,思维、情感、行为各行其是,精神活动与环境不协调为主要特征的一组病因未明的精神病,一般无意识障碍和智能障碍。多起病于青壮年,常有感知、思维、情感、行为等多方面的障碍和精神活动的不协调。病程多迁延。

精神分裂症的临床表现多种多样,不同的病人有不同的症状,就是同一个病人在不同的时间也可能有不同的症状。

临床上的主要表现:思维破裂、情感障碍、幻觉妄想。精神分裂症临床表现为缓慢起病,早期症状多为性格改变及类似神经症症状,如性格反常、生活懒散、不守纪律、无端发脾气、敏感、多疑、自语、自笑或无故恐惧。部分病人表现为头痛、失眠、情绪不稳、学习工作能力下降等,常被误认为是思想问题而不予以重视。中晚期出现表情淡漠,思维联想、逻辑性障碍,思维和言论前后矛盾,妄想、自我、固执、妒忌、情感淡漠、无动于衷、不言不动、不吃不喝或急躁、喜怒无常、胡言乱语、幻觉、幻听、幻想甚至六亲不认,做出不知羞耻或违法行为等。急性发作时还会突然表现出怪异行为,如随地大小便、自言自语、怀疑他人陷害自己、对他人破口大骂甚至以过分手段打击报复同学等。当出现类似上述表现时,应及时按规定上报,以便及时进行干预。

4. 其他心理障碍

(1)躯体化。通常是指无病因的躯体疼痛或疲劳症状,又称为"躯体化障碍"。内心存在情绪障碍时,会备感焦虑不安而难以解脱。这种内在的压力如果长期得不到适当的释放,就很有可能转化为外在的躯体症状表现出来,出现一系列的病痛与不适。这种焦躁和压抑越重,身体上的反应也就越明显,而一旦在精神上得以解脱,身体上的不适也就不治而愈了。

(2)自卑。自卑是一种因过多地自我否定而产生自惭形秽的情绪体验。主要表现为对自己的能力、品质等自我因素评价过低;心理承受能力脆弱,经不起较强的刺激,谨小慎微、多愁善感,常产生疑忌心理;行为畏缩、瞻前顾后。

(3)社交退缩和社交攻击。社交退缩主要指个体在社会交往过程中对社交对象或社交场合的恐惧畏缩,不敢与他人接触交往,并由此使自己正常的日常社会交往活动都不能顺利进行,属于社会交往方面的障碍之一。社交攻击主要指个体在社会交往过程中对他人进行语言方面的诋毁或行为上的伤害,同时使自己与周围人群的人际关系恶化。

(4)偏执。常指偏执型人格或妄想型人格。其行为特征主要特征极度的感觉过敏,对侮辱和伤害耿耿于怀;思想行为固执死板,敏感多疑、心胸狭窄,爱妒忌,对别人获得成就或荣誉感到紧张不安,妒火中烧,爱说风凉话,公开抱怨和指责别人;自以为是、自命不凡,对自己的能力评估过高;习惯于把失败和责任归咎于他人。在工作和学习上往往言过其实,同时又很自卑,总是过多过高地要求别人,但从来不信任别人的动机和愿望,认为别人存心不良;不能正确、客观地分析形势,遇到问题从个人感情出发,主观片面性大。

(5)躁狂。躁狂症属于心境障碍的一种,主要特点为心境高涨、思维奔逸、精神运动性兴奋,即所谓的三高症状,易激动,自负自傲、行为莽撞。如这些症状表现持续一周以上,可考虑为躁狂发作。

(6)依赖。主要包括药物依赖、酒精依赖、情感依赖、互联网依赖等。

(7)冲动。冲动障碍又称为冲动控制障碍,它是一类不受自我控制而要进行某些行为的心理障碍,这些行为通常为社会规范所不允许,或对自己与他人会造成伤害。患有冲动控制障碍的人,在行为之前常会感到压力、激动与亢奋,在行为时会感到快乐、满足与轻松,而事后多少有罪恶感与抑郁情绪。

(8)性心理障碍。一是性别认同障碍或性身份障碍,即性别转换症。二是性偏好障碍,也就是性欲倒错,主要表现为性对象异常和性满足方式异常,包括露阴癖、窥淫症、挨擦症、恋物症等十余种变态行为。

(9)精神病倾向。精神病分很多种,其中精神分裂是一种较常见的精神疾病,常有特殊的思维、知觉、情感和行为等多方面的障碍和精神活动,与环境不协调。该病临床症状复杂多样,常见的如思维怪异、情感淡漠、活动减少、退缩、幻觉、妄想等,病人大多数自知力缺乏,不承认自己有病。

三、大学生心理危机干预

1. 危机及危机干预

危机干预属广义的心理治疗范畴。"危机"是个体的一种认识,当事人认为,某一事件或情境是个人的资源或能力所无法解决的。除非及时得到缓解,否则,会导致个体在行为、情感、认知等方面出现严重失调,从而对自身或他人产生严重危害,比如自杀、攻击等。

危机干预是指应用一定的技巧激发个体的求助能力,调节个体的人际冲突和失调功能,使个体获得解决问题的信心和资源,并监控和帮助个体解决问题。

2. 心理危机标准

有以下 12 种表现或问题的学生,可初步认为存在心理危机。

(1)遭遇突发事件而出现心理或行为异常的学生,如家庭发生重大变故,遭遇危机,受到自然或社会的意外刺激的学生。

(2)患有严重心理疾病,如患有抑郁症、恐怖症、强迫症、癔症、焦虑症、精神分裂症、情感性精神病等疾病的学生。

(3)既往有自杀未遂史或家族中有自杀者的学生。

(4)身体患有严重疾病,个人很痛苦,治疗周期长的学生。

(5)学习压力过大,因学习困难而出现心理异常的学生。

(6)个人感情受挫后出现心理或行为异常的学生。

(7)人际关系失调后出现心理或行为异常的学生。

(8)性格过于内向、孤僻,缺乏社会支持的学生。

(9)严重环境适应不良导致心理或行为异常的学生。

(10)家境贫困、经济负担重,深感自卑的学生。

(11)由于身边的同学出现个体危机状况而受到影响,产生恐慌、担心、焦虑、困扰的学生。

(12)其他有情绪困扰,行为异常的学生。

尤其要关注上述多种特征并存的学生,他们应成为重点干预的对象。

3. 大学生常见的心理危机

(1)发展性危机。发展性危机是指在正常成长和发展的过程中,急剧的变化或转变所导致的异常反应。对大学生来说,新生入学不适应,大学毕业没有合适的工作,考试不及格,不能正常毕业,不喜欢所学专业,没有被评上三好学生,没有当上班干部等都可能导致发展性危机。发展性危机被认为是正常的,但是所有的人和所有的发展性危机都是独特的,因此必须以独特的方式进行评价和处理。

(2)境遇性危机。出现罕见或超常事件,且个人无法预测和控制时出现的危机称为境遇性危机。对大学生来说,失恋、被强暴、突然得重病或其他的天灾人祸都可能导致境遇性危机。境遇性危机常常是随机的、突然的、震撼性的、强烈的和灾难性的。

(3)存在性危机。存在性危机是指伴随着重要的人生问题,如关于人生的目的、责任、独立性、自由和承诺等出现的内部冲突和焦虑。对于大学生来说,是出国还是留在国内,是考研还是工作,两个工作单位二选一的抉择,是否要转专业,是否决定与某个人发展恋人关系,与导师的关系冲突等都有可能会发展成为存在性危机。

新生适应、考试不及格、失恋、不能正常毕业、家庭困难(经济、情感、健康)等问题是大学生常见的导致危机的原因。

4. 遇到有心理危机的学生怎么办?

凡是遇到有高度心理危机的学生,需要及时联系学院学生工作的负责人(党委副书记)、辅导员或班主任,或与学校心理健康教育中心联系,以便采取紧急措施,及时实施干预,防止心理危机事件的恶化。

5. 如何关怀危机事件后的人?

危机事件发生后,假如同学出现恐惧而未立即去进行心理咨询,辅导员和同学的关怀接纳对他们来说十分有效,但必须具备以下态度。

(1)无言的陪伴。这是恐惧者最重要的药方,很多人以为帮助别人需要说一些话来安慰他以使他觉得舒服一点,但根据心理学家的观点,这是极其错误的做法,因为这时候你所说出的话,其实大部分是为了降低自己内心焦虑的话,对恐惧者而言其实都是无效的。真正有效的,是存在及陪伴,对他们而言,无言的陪伴会产生极大的安抚作用。

(2)一杯温水。心理治疗师面对个案叙述痛苦的时候,曾说一杯温水胜于千言万语,手中感觉热水的温暖及眼见你关怀的动作,这才是他们最需要的。

(3)一张面巾纸。对于哭诉者,最错误的做法是叫他们不要难过,这只是你害怕别人哭泣而为自己说的话,假如你能够按住自己内心的恐惧,给他一张面巾纸,他会感觉被你接纳,终于有人可以让他大哭一场,心中的刺痛便得到疏解。

（4）大耳朵小嘴巴。打开你的耳朵,闭起你的嘴巴,聆听他的故事吧！这就是目前风行世界的心理治疗派别——述事派的做法。

（5）说停就停。不要逼他说,他不想说就让他停在那里,受苦的人承受不起别人推逼他。

第二节 大学生人际交往

一、人际交往的基本概念和意义

（一）交往的含义

交往指人们运用语言或非语言符号交换意见、传达思想、表达感情和需要的交流过程,包括物质交往和精神交往。它是人类特定的社会现象。对于社会的发展和个性的成长有重要的作用。交流是群体的黏合剂,能使群体内部个体之间和群体之间在认知、情感和行为上彼此协调,相互统一。交往是人类特有的需求,人只有在不断地与他人交往的过程中才能促进个性发展,有利于心理健康。从信息交流角度看,精神交往是发信者将信息编码后输入信息通道,受信者将信息译码后接受,并将反应反馈给发信者的过程。信息沟通的一般模式如图 8.1 所示。

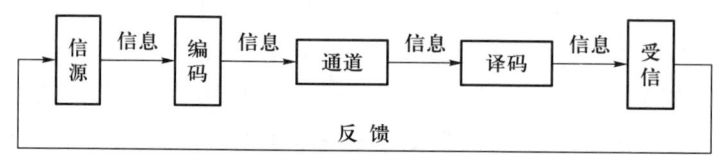

图 8.1　信息沟通模式

（二）人际交往和人际关系

这是两个既有联系又有区别的概念。人际交往是人际关系实现的根本前提和基础,也是人际关系形成的途径;而人际关系则是人际交往的表现和结果。两者的区别是人际交往侧重于人与人之间的联系和接触的过程,以及行为方式程度等;人际关系侧重于在交往的基础上所形成的心理状态和结果。从时间上看,人际交往在前,人际关系在后,人际交往是一个动态的过程,而人际关系则具有相对的稳定性。

（三）人际交往的意义

交往是人健康成长的基本条件。马斯洛认为,人人都具有这样一种基本需要:需要归属于一定的社会团体,需要得到他人的爱与尊重,这些社会需要是与吃饭穿衣等生理需要同等重要的不可缺的,否则,将使人丧失安全感进而影响心理健康。社会学与人类学的研究更是肯定,群体合作具有生物保存与适应的功能。如果没有群体的合作,不仅是人类,许多生物都会灭绝。马克思曾指出:人的本质是一切社会关系的总和。没有了社会关系,人的本质也无从规定。

1. 人际交往对人的发展有深远意义

著名的心理学家罗杰斯提出的人际关系哲学十分强调人际交往对个体成长的意义。罗杰斯是基于自己的成长经验得出这一结论的。罗杰斯出生于一个虔诚的宗教家庭,因为周围的邻居都是异教徒,所以从小罗杰斯就被父母关在家里,不让罗杰斯与邻居的孩子一起游戏,他感到非常孤独。离群索居的童年生活使罗杰斯非常渴望友谊,在别人看来普通的人际交往,在他看来都非常珍贵。后来他创立了自己的人际关系理论,将人际关系上升为一种哲学。他认为,人与人的交往是可能的,人们不仅可以交流思想,而且可以分享许多隐秘的情感,包括对未来的梦想、内心的感受、隐秘的冲动……人际交往不仅仅是可能的,而且是有益的。通过沟通,相互启迪,丰富彼此的人生,在友谊中,人们相互接纳、彼此探索,可以促进个人的成长,满足其自我实现的需求。

2. 人际交往有助于增进交流,协调关系,促进健康和完善个性

戴尔·卡耐基曾说:"一个人事业上的成功,只有15%是由于他的专业技术,另外85%要靠人际关系和处世的技巧。"人生是在交往中度过的,人生的每一个阶段必然与一定的人际关系相联系。从这个意义上讲,良好的人际关系是集体和个人生存与发展的有利环境,它可以产生合力,使人团结协作,充分发挥群体的效能;形成互补和激励,使人们互相学习,取长补短,产生激励向上的积极情绪;促进信息交流,使人们增长知识和能力,不断完善和发展自身,从而促进社会安定,推动精神文明建设。不良的人际关系则会阻碍人的自身发展。

3. 人际交往是治疗心理障碍的重要资源

对于各种严重的精神障碍及心理危机的干预,虽然方法不同,技术各异,但都有一个共同点,都需要配以支持性心理治疗。所谓支持性治疗,最重要的支持是来自

周围亲人与朋友的关心与理解。当人感到悲观失意、抑郁不快时,有亲人的安慰与关怀,会感到精神的慰藉与支持,从而获得战胜困难的勇气。因此,亲情、友情和爱情都是学生生命中重要的社会支持系统,要倍加珍惜,也要设法开拓!

4. 人际关系是一把双刃剑

一个人的痛苦和不幸也常与人际交往的不成功有关。当人际关系和谐、融洽时,它会使人愉快、充实、幸福、成功、欢乐,并能充分调动起人的积极性;而当人际关系紧张、失调时,它又会给人带来烦恼、痛苦、失望、忧伤和阴影。在学校的心理咨询中心,人际交往常常是学生来访者的主要问题。学生的一些其他心理问题也直接或间接地与人际关系不适有关,比如部分学生情绪低落,注意力不集中,学习成绩明显下降,原因之一是令人烦恼的人际关系;有的学生不愿参加集体活动,其真实原因可能是他感到自己缺乏影响力,或者缺乏社交经验,或者对集体中某些人不满;有的学生对别人不信任,认为周围的人都在议论他,说他的坏话,其原因可能是与同学发生了矛盾;有的学生失恋是因为不懂得异性交往的尺度,等等。人际交往不当会给学生带来不良的心境,有的会影响彼此之间的关系,甚至会影响学业;有的人孤独、空虚、抑郁、自卑,甚至产生自杀的念头,是因为没有与宿舍同学处理好关系而遭到孤立。

二、影响人际交往的因素

(一)自我概念与人际交往

自我概念是一个人对自己的认识。它引导我们对于自我和他人信息进行处理的过程。自我形象是对自我概念的知觉,由自我评价组成,并且受我们的经验和别人的反应的影响。自我认识是对自己生理自我、心理自我、社会自我的综合认识和评价。

自我形象的正确性依赖于知觉的正确和我们处理知觉的方式。正面自我形象能够正确认识自我,自爱、自尊、自信。负面自我形象不能正确认识自我、接纳自我,自卑自怜。

高自尊的人信任他人,开放自我、主动交往、预期成功;忽略一些无关信息,强化自我形象;容易接纳他人、肯定他人。低自尊的人猜疑他人,嫉妒、攻击、控制、操纵他人,自我防御、封闭自我、被动交往、预期失败;重视负面信息,忽略积极的信息;喜欢挑别人的毛病,否定他人。

（二）关系结构与人际交往

（1）空间距离。人与人之间在空间位置上越接近,越容易形成彼此之间的密切关系。比如住上下床铺的同学,因为空间距离近,所以双方相互交往、相互接触的机会多,彼此之间容易熟悉,或成为好朋友,或因为彼此价值观不同而只是熟人。虽然地理位置不是人际关系好坏的唯一的、决定性的因素,但是远亲不如近邻,空间位置接近的优势,无疑是影响人际交往的一个有利的条件。

（2）交往频率。交往是人际关系的基础,人们只有在交往中才能彼此了解,相互熟悉,进而相互帮助,建立友谊。交往的频率越高,越容易形成共同的语言、共同的态度、共同的兴趣和共同的经验等。交往频率过少,可能会产生冷落之感,以致感情疏远。不过,交往的频率过繁,也可能破坏对方的工作和生活秩序,引起对方的反感。人与人之间若对具体事物有相同或相似的态度,有共同的语言、共同的理想、信念和价值,就容易产生共鸣、同情、理解、支持、信任、合作,从而形成密切的关系。

（3）需要互补。相互满足是形成人际关系的前提条件。如果没有需要和满足需要的期望,空间距离虽小,也可能是"鸡犬之声相闻,老死不相往来";一旦有了需要和满足需要的期望,空间距离虽大,也可能是"天涯若比邻"。良好人际关系的形成取决于交往双方彼此满足需要的方式和程度,如果交往双方的基本需要都能从交往过程中得到满足,人际关系就会密切、融洽;如果双方的需要都不能从交往中得到满足,彼此之间就会缺乏吸引力;如果双方的需要在交往中受到损害,彼此之间就会产生排斥与对抗。

（4）人格吸引。我们喜欢他人,原因不仅来自对方,有时是因为我们自身的人格因素决定了对他人的好感。人格也称个性,个性影响着交往的态度、频率和方式,从而影响着人际关系。以气质而论,具有多血质和黏液质的人,其人际关系一般来说要好于胆汁质与抑郁质的人。以能力而论,能力强的人往往使人产生钦佩感与信任感,具有吸引力。不过,能力强弱和特长的差别太大或太小,相互之间的吸引力也会减小,只有当双方的能力既有差别而差别又不太大的时候,相互之间的吸引力才会增大。以性格而论,诚实、正直、开朗、自信、勤奋、幽默、热情的人较虚伪、孤僻、懒惰、固执、狂妄的人具有更强的人际吸引力。因此,在建立良好的人际关系中,人格特点是非常重要的内在因素。

（三）个性品质与人际交往

影响学生人际交往的个性品质主要有以下几方面。

（1）为人虚伪，与之交往，容易使人失去安全感。

（2）自私自利，只关注自己的需要，不关心别人的需要，甚至损人利己。

（3）不尊重别人，常常挫伤别人的自尊心。

（4）报复心强。

（5）妒忌心强。

（6）猜疑心重，过于敏感。

（7）过于自卑。

（8）孤独固执。

（9）苛求别人，控制别人。

（10）自负自傲。

三、人际交往的心理效应

（一）首因效应

有谁不愿意给别人留下美好的印象呢？首因，即最初的印象，或称第一印象。在人际交往中，人们往往注意开始接触到的细节，如对方的表情、身材、容貌等，而对后来接触到的细节不太注意。这种由先前的信息而形成的最初的印象及其对后来信息的影响，就是首因效应，即我们常说的"先入为主"。

第一印象赖以产生的信息是有限的，第一印象不一定是真实可靠的。由于认知具有综合性，随着时间的变化、认识的深入，人完全可以把这些不完全的信息贯穿起来，用思维填补空缺，形成一定程度的整体印象，正如"路遥知马力，日久见人心"。

（二）近因效应

近因，即最后的印象。近因效应，指的是最后的印象对人们认知产生的影响。最后留下的印象，往往是最深刻的印象，这也就是心理学上所阐释的后摄作用。

首因效应与近因效应不是对立的，而是一个问题的两个方面。在学生的人际交往中，第一印象固然重要，最后的印象也是不可忽视的。在对陌生人的认知中，首因效应比较明显；而对熟识的人的认知中，近因效应比较明显。这就告诉我们，在与他人进行交往时，既要注意平时给对方留下的印象，也要注意给对方留下的第一印象和最后印象。

（三）光环效应

光环效应又称晕轮效应,指的是在人际交往中,人们常从对方所具有的某个特性而泛化到其他有关的一系列特性上,从局部信息形成一个完整的印象,即根据最少量的情况对别人做出全面的结论。所谓"情人眼里出西施",说的就是这种光环效应。

光环效应实际上是个人主观推断泛化的结果。在光环效应状态下,一个人的某一个优点或缺点一旦变为光环被扩大,他的其他优点或缺点也就隐退到光环的背后被别人视而不见了。在人际交往中,你有过这种情形吗? 对外表吸引人的同学赋予较多理想的人格特征,或为那些长相比较靓的同学设计美好的未来。例如,"你气质好,将来求职就业一定没有问题""那个人第一次见面就对我关心备至,令我难忘",等等。

（四）投射效应

投射效应是指在人际交往中,形成对别人的印象时总是假设他人与自己有相同的倾向,即把自己的特性投射到其他人身上。所谓"以小人之心,度君子之腹",反映的就是投射效应的一个侧面。投射可分为两种类型,一种是指个人没有意识到自己具有某些特性,而把这些特性加到了他人身上。例如,一个对他人有敌意的同学,总会感觉到对方对自己怀有仇恨,似乎对方的一举一动都有挑衅的色彩。另一种是指个人意识到自己的某些不称心的特性,而把这些特性加到他人身上。例如,在考场上,想作弊的同学总感觉到别的同学也在作弊,倘若自己不作弊就吃亏了。其目的是通过这种投射重新估价自己的不称心的特性,以求得心理上的暂时平衡。

（五）刻板印象

刻板印象是社会上对于某一类事物或人物的一种比较固定、概括而笼统的看法,其主要表现为:在人际交往过程中主观、机械地将交往对象归于某一类人,不管他是否呈现出该类人的特征,都认为他是该类人的代表,进而把对该类人的评价强加于他。刻板印象作为一种固定化的认识,虽然有利于对某一群体做出概括性的评价,但也容易产生偏差,造成"先入为主"的成见,阻碍人与人之间深入细致的认知。例如,男生认为女生心细、胆小、娇气;女生则认为男生粗心、胆大、傲气;农村来的同学认为城市来的同学见多识广,但狡猾、小气;城市来的同学则认为农村来的同学孤陋寡闻,但忠厚、老实,等等。

四、优化人际交往的原则

（一）彼此尊重

自尊:就是在各种场合自重自爱,维护自己的人格尊严不受他人的侵犯。

尊重他人:就是重视他人在人格、行为习惯与价值观等方面与自己的差异,不以自己的标准来要求别人。只有自尊才能得到他人的尊重,也只有尊重他人才能得到他人真诚的对待。

（二）真诚相待

真诚待人是人际交往中最有价值、最重要的原则。表面的交往所花费的心思要远远多于坦诚交往所花费的心思,而且这样的交往往往是不长久的。

真诚交往是人际交往得以延续和深化的保证。备受人们推崇的有益于人际交往的品质有真诚、诚实、忠诚、真实、信赖和可靠,而评价最低的品质中,虚伪居首位。

真诚交往是人际关系得以巩固和发展的前提。古人云:"以诚感人者,人亦诚而应。"在交往中,只有彼此抱着心诚意善的动机和态度,才能相互理解、接纳、信任,才在感情上引起共鸣,使交往关系得到巩固和发展。

（三）主动共情

所谓共情,就是能设身处地地体验他人的处境,对他人的情绪情感具有感受和理解力,能进入对方的精神世界,能将心比心地体会对方,并对对方的情绪做出恰到好处的反应。

从学生人际交往的角度来看,共情就是能站在对方的立场考虑问题,不以自我为中心,能进行换位思考,从而充分感受对方的思想、情绪,使沟通的过程更加深入和顺畅。

（四）沟通技巧

（1）评价自己的沟通状况。不妨开列自己的人际交往清单,评价自己的沟通状况。

（2）评价自己的沟通方式:看自己在沟通过程中的两个维度,即主动还是被动,注意水平高低。

（3）沟通的主动性。主动沟通者与被动沟通者的沟通状况往往有明显的差异。主动沟通者沟通对象广泛，沟通内容不拘一格，容易经沟通与别人建立并维持广泛的人际关系，而被动沟通者正好相反。

（4）沟通的注意水平。该维度所评价的是沟通者的投入程度。沟通注意水平高的沟通者，时刻注意自己所发出的信息的准确性及对方的可接受性。因而，他们能较好地根据反馈调节自己的沟通过程，对对方的沟通形成良好的支持，使沟通始终保持较好的彼此对应性，进而得以顺利延续。沟通注意水平低者则相反。

五、学习人际沟通的技巧

（一）非言语沟通：解读沟通对象的身体语言

非言语沟通是指通过眼神、姿态、表情、动作、声调等进行沟通。

心理学研究发现，人的肢体语言传递的信息达70%以上。交谈中的坐姿、手势、握手的方式、面部表情的不同都包含着丰富的信息，需要我们在沟通时具备相应的敏感才能保持良好的沟通。

（二）言语沟通

1. 言语沟通的基本概念

言语沟通主要是指通过言语来进行人际交流，是人际沟通的重要途径，在进行言语沟通时要注意察觉自己和他人语气、语调、用词等所包含的意思。

语气：同一句话用不同的语气来表达可以表达不同的情绪，如"你真坏"可以表达亲密，也可以表达厌恶。在沟通中一定要注意场合、对象而用，否则易造成不必要的误解或伤害。

语调：是指音速和音量的不同，语调的不同也表明一个人情绪的不同，同样是一句"恭喜你"，不同的语调可以表达出祝福和嫉妒等不同的情绪。在沟通中一定要根据实际情况采用恰当的语调表达自己的想法，尽量不要伤害别人。

用词：同一个意思可以用不同的语句和词汇来表达，我们应该在沟通中选择那些不伤害他人的用词来表达自己的意思，否则会弄巧成拙。

2. 言语沟通的关键技巧

（1）认同是最基本的沟通。认同是接纳的基础，是一种基本的沟通技巧，是指在沟通中寻找共同的话题,接纳对方的某种看法。

（2）赞美是人的心理需求。赞美是对人类行为的一种激励和鼓舞,我们应该在人际交往中学会发现别人的长处,真诚地赞美别人。

（3）感激是人情的回报。感激是一种回报,感激有多种形式,可以是物质的、精神的、行动的,感激会让对方感到你没有忘记他对你的关照,觉得他在你心目中有一定的位置,从而更加愿意与你交往,形成良性互动。

（4）幽默体现了解除尴尬的应变能力。幽默是一种良好的心理素质和出色的语言艺术,也是一种机智的应变能力,特别是在尴尬的场合中它是一种润滑剂。在人际交往中,幽默的言行往往会激发别人对你产生兴趣,还可以启发自己和别人的智慧。例如一位演员谢幕时被绊倒了,观众哄堂大笑,这位演员却很机智地为自己解围说:"大家的掌声让我倾倒了,再次感谢!"这样做不仅化解了一个令人尴尬的局面,也使大家更欣赏他。

（5）倾听是理解的前提。在人际沟通中,有时听比说更重要,要正确理解别人,必须先听懂对方,要听懂则必须专注地听,不随便打断对方的谈话,并不时地用言语或非言语的方式给对方以简短的回应,不明白时要礼貌地询问对方真正的意思以免曲解别人的意思。专注的倾听能使人感到自己的重要,能鼓励对方表达自己的想法,能促进真诚的沟通,产生良好的沟通效果。

六、学生人际交往的一般表现

人际交往能力是现代人不可缺少的素质,主要包括语言表达能力、倾听能力、交友能力、观察能力以及处理生活中各种问题的能力。与人交往和相处的问题不是学生独有的,但这一问题在学生中的表现却有特殊性。随着社会的发展,交往能力与人际关系已经受到越来越多的学生的重视,他们对人际交往有了更积极的看法和更迫切的要求。

（一）人际关系和谐为主

人际和谐作为学生心理健康的标准之一,是从优秀学生的心理品质中总结概括出来的。表现为乐于交往、主动交往、善用技巧、协调冲突、拥有朋友。

成功交往的学生身上常常有以下表现。

（1）有亲和力的人格特质,如诚实、热情、正直。

（2）克服各种障碍,勇敢实践。

（3）讲究交往行为的规范。

（4）正确运用交往的艺术。

（5）积极主动地投身交往的实践。

（二）学生人际交往类型

学生人际交往类型大致可以分为三种。一是积极型。他们对交往认识深刻，行动积极，表现出较大的兴趣和热情。他们大多热心参加学生社团活动，主动承担社会工作。二是被动型。他们对过去封闭的交往形式不满意，渴望真诚、深厚的友谊，但感到缺少知心朋友。有的因怕耽误学习，较少主动交往，多是被动卷入。三是沉静型。这种类型人数少，他们习惯过平静的生活，性格一般比较孤僻，平日少言寡语，不善交往，只保持和少数人交往。

值得注意的是，学生与相同文化知识水平的人交往较多，与其他阶层的人交往较少。从学生自身成长的需要来讲，需要多接触社会各阶层人士，包括工人、农民等，才能在社会发展中找到自己的位置。尽管有的学生出生在工人农民家庭，但较少从事家庭生产劳动，缺少真正了解大众的真实生活体验。学生在交往中的一些问题，如研究生轻易被拐骗，交往中的偏执人格、妄自尊大等，都与他们社交面过窄、对自我缺乏正确认识有关。

七、学生人际交往的常见问题

（一）不敢交往

在人际交往的实践活动中，人们都存在不同程度的恐惧心理，只是每个人的反应程度不同。有一部分学生在这方面反应特别强烈，由于害羞、自卑等心理的作用，在与人交往时显得特别紧张，心跳气喘、面红耳赤，两眼不敢正视对方，在与人交谈时显得语无伦次、词不达意，尤其是在人多的场合或者在集体活动中更会感到恐惧，不敢和人打交道，不敢表现自己，严重的可能导致社交恐惧症。

（二）不愿交往

有的学生在经历了"千军万马过独木桥"之后，发现自己不如在中学时那么出类拔萃了，进而形成因嫉妒与自卑心理造成的人际障碍，认为自己不如别人，怕别人瞧不起自己，缺少人际间必要的信任与理解，人际交往平淡；缺乏与同学的基本的合作精神,甚至视同学为敌手;有的学生自高自大,瞧不起别人;有的学生群体意识淡薄,以自我为中心,对周围的人与事漠不关心,"我高兴就愿意理你",否则就拒人于千里之外,同学之间缺乏必要的宽容,甚至会为一些鸡毛蒜皮的小事大打出手。有的学生遇事总是回避退让,整日郁郁寡欢,缺乏交往的愿望和兴趣,他们自我封闭、孤芳自赏,但又特别敏感,心理承受力差,独往独来,不愿抛头露面,不愿与人交往。

（三）不善交往

有的学生不善于了解和掌握交往的一些知识、技巧,在交谈的过程中显得过于生硬,书生气太足,木讷,心存感激却不会讲出来,使人不能理解。有的是认知偏见产生的理解障碍,不注意交往中的"第一印象",不注意沟通方式,在劝说他人、批评他人、拒绝他人时不讲究艺术。有些学生在与人交往的过程中,不注意交往的原则,开玩笑不注意场合,不懂得给人留面子,或出言粗鲁伤了对方的自尊心;或不懂得尊重对方的风俗习惯;或不懂装懂夸夸其谈等。这些表现都会对自身形象造成损害,会影响同学之间进一步的交往。

（四）不会交往

进入高校之后,新生大多有强烈的人际交往的欲望,但又常常感到人际交往很困难,究其原因是许多学生对人际交往的追求往往带有较浓的理想色彩,以友谊的理想模式为标准来衡量生活中的人际关系,导致高期待与高挫折感并存。进而表现为部分学生经常津津乐道于过去的事情,而对于现实生活中的人际交往却表现出强烈的不满。有的学生不懂得交往是双方的互动,总希望别人主动关心自己,主动与自己交往,而自己总是处于变动地位,或仅仅是一旦自己有事求人时才去"临时抱佛脚",使对方感到无论在物质上还是在精神上都不能使自己受益,甚至感到是累赘时,这种交往就会终止。

（五）缺乏技巧

缺乏技巧或许是上面几种因素的综合反映,这类学生表现为羞怯、自卑、孤独、猜疑、嫉妒、恐惧等,或缺乏人际交往的基本技能。他们一般都渴望交往,但由于交往方法欠妥,交往能力有限,个性缺陷或交往心理障碍等原因,在交往过程中既不了解自己,也不了解别人,导致交往失败。长期的交往失败,使得一些学生把交往看成是一种负担,渐渐地变得自我封闭。

影响学生人际交往的主要因素有环境因素、空间距离、交往频率、个人背景、交往态度、人格特征等。从心理咨询和学生的日常生活中不难发现,有的学生因缺乏人际交往技巧和人际交往经验,有的因性格内向或对人际交往的认知偏差等原因导致学生人际关系紧张。学生在人际交往中常见的问题表现在师生关系、同学关系、亲子关系、异性关系等方面。

八、大学生宿舍人际关系

大学生宿舍人际关系是大学生人际关系的重要组成部分。小小的宿舍是大学生最直接参与的人际交往场所,也是衡量大学生人际交往能力、心理健康和为人处世的一把小标尺。那些处在未形成良好、合作、融洽的心理氛围的宿舍生活的大学生,常常显示出压抑、敏感、自我防卫及难于合作的特点,而在同伴关系融洽的宿舍生活的大学生,心态则以欢乐、注重学习和成就、乐于与人交往和帮助别人为主流。因此,对大学生宿舍人际关系进行深入研究,对大学生的人格完善和心理健康具有重要而深远的意义。

(一)当前大学生宿舍人际关系的现状

人际关系是大学生面对的最苦恼、最难适应的问题。大学宿舍是学生最为集中、滞留时间最长的社区,是学生生活休息、思想交流、信息沟通、情感传递的主要场所,是大学生人际关系建构的重要阵地,同时也是人际关系紧张的高危地带和主要矛盾的集散地。在成都高校进行的宿舍人际关系调查显示,有60%的学生认为宿舍里有自己最不喜欢的人,33%的学生认为宿舍里的室友互相不关心、相处不融洽。现阶段大学生宿舍人际关系不和谐有以下几种表现。

1. 妒忌、猜疑等不良心理造成的关系紧张

在大学里,某些同学由于某方面比较突出,如外貌、能力、成绩等,这样的同学常常成为学生中的焦点人物,如果他们平时不注意自己的言行举止,就很容易引起同学的妒忌和猜疑,从而导致人际关系紧张。另一种情况是,在涉及学生切身利益的各种评奖评优、奖助学金及困难补助等时,一些功利心较强或性格较敏感的学生有时也会因为无法分享利益而对别人获得利益耿耿于怀甚至产生妒忌心理,从而影响室友的和谐共处。

2. 贫富差距产生的心理鸿沟和感情隔阂

高校学生家庭经济状况差异很大,有的学生家庭优越,而有些来自偏远农村的

学生甚至连基本生活都没有保障。由于长期生活环境的影响,使得这两类人的世界观、价值观、人生观存在很大的差异,经常会在一些观点上产生摩擦。经济条件比较好的同学往往有一种优越感,有时表现得比较自我,而家庭贫困的学生内心又比较容易自卑敏感,因此宿舍里这两类人很容易形成敌对的战线。

3. 个人不良生活习惯产生的关系不和

在宿舍里,有的同学极不注意个人卫生,随便吸烟,从来不叠被子,床上又脏又乱,东西乱扔,袜子、衣服穿完不洗,踢了球一身臭汗也不洗澡,上厕所甚至常常忘记冲马桶,集体卫生从不关心,坐享其成。这些恶习有时候会引发舍友间的矛盾冲突。还有些同学生活作息时间紊乱,常常深夜点蜡烛看书、聊天、打游戏等,这些在不恰当时间的活动侵犯了舍友的权利,有时就会成为宿舍人际关系不和的导火线。

4. 不合时宜的恋爱导致舍友感情疏远

在大学里谈恋爱本来是正常的,但若不能很好地协调恋爱、学习与生活的关系,那么谈恋爱也很容易引起舍友关系的紧张,有些不自觉的同学总喜欢将宿舍公用电话占为己有或者长时间地三更半夜躲在被窝里煲"电话粥",有些甚至无视他人的感受,把男(女)朋友带到宿舍留宿,当着大家的面做一些过分亲昵的动作。在这种情况下,宿舍人际关系激化在所难免。

5. 过分亲密导致的狭隘"依赖型"人际交往矛盾

人与人之间的交往需要保持适度的距离,过于亲密的交往会占用别人与他人交流的时间和空间,从而导致对交往的厌烦。在宿舍生活中,有些同学独立性较差,过分依赖别人,学习、生活、业余消遣都要跟着别人,这种狭隘的"依赖型"人际交往,破坏了人际交往的基本原则,久而久之,随着厌烦情绪的累积,矛盾也会逐渐产生。

6. 小团体主义破坏宿舍人际关系

在部分宿舍里,有些同学过于争强好胜,功利心和虚荣心太强,喜欢拉帮结派,在宿舍里结成小集体,孤立其他人,不顾及他人感受,我行我素。这种状况长期下去也很容易导致宿舍气氛压抑沉闷,从而导致宿舍人际关系紧张。

(二)影响宿舍人际关系的主要因素

1. 性格

心理学家将人的气质分为4种类型,即多血质、黏液质、胆汁质和抑郁质。多血质的人表现为活泼好动,情感发生迅速但不能持久,思考问题敏捷,但做事常出错,比较轻浮,不够踏实。胆汁质的人精力充沛、情感言语强烈、迅速难以控制,在生活中表现勇敢、顽强、竞争心强,但平时做事急躁且粗糙。黏液质的人安静沉着,动作迟缓而不活动,情感发生慢,认真踏实。抑郁质的人性格内向、感情丰富、思想清晰,但为人胆小孤僻、敏感、怯懦。

生活背景和个人气质的不同,使得同学之间产生性格的差异。不同的性格特点使同学在相处过程中需要不断地磨合和体谅,如果没有互相的忍让和理解,性格的差异将可能成为宿舍内矛盾产生的主要因素。

宿舍少则 4 人,多则 8 人,来自相同或不同的地方,加上人的性格各异,北方人直爽,南方人细腻,因而看待问题时,难免会出现不同的观点与看法,也就避免不了相互之间不能接受对方的做法,如若处理不够到位,也同样会导致宿舍关系的紧张。有的同学性格内向,融不到同学中去,越来越自闭,一旦自己无法忍受其他同学的做法时,会激化矛盾;有的同学性格很外向,处处伤人,结果导致举目无友,甚至造成人际关系恶化。

2. 作息时间

有的同学喜欢晚上熄灯早睡,然后早起工作和学习,而有的同学则是"夜猫子"型,经常熬夜,玩游戏和上网聊天,这样就对宿舍同学造成了干扰,一个宿舍的大学生来自不同的地方,因而本身的生活作息都会有所不同,有的属于早睡早起型,有的属于晚睡晚起型,有的中午需要午睡,有的中午却精神抖擞。进入大学以后,不再像中学时期那样受约束了,因而在宿舍内的可自由支配的时间较多,很多时候,宿舍内部矛盾就是因为作息时间不一致而日渐产生的,如果不加以及时调解,矛盾很可能不断加深。

3. 生活习惯

平日在家中每个人都有自己的生活习惯,当大家住到了一起后,就可能会因为生活习惯的差异而产生矛盾。个人生活习惯不好主要表现为:未经室友同意随便拿东西,不讲卫生随便乱扔杂物,到处乱放东西,甚至有的同学还有偷盗行为。

正如来自不同地方的大学生具有不同的生活作息时间一样,他们的生活习惯也会有所不同,比较典型的就是宿舍卫生问题。有些学生自小就不注重卫生,根本就不在乎环境的干净与否,有些学生就很爱干净整洁。随着时间的推移,爱打扫卫生的同学心里就会不平衡,同时,也就不会对不讲卫生的同学有好感,久而久之,宿舍人际关系矛盾问题就会由于生活习惯不一致而产生,并不断激化。

4. 宿舍卫生

许多学生在家不太做家务,在宿舍里,卫生都是大家轮流打扫,有的学生比较懒惰,不愿意打扫或者打扫得不干净,这样其他的学生可能就会不满意,从而产生冲突和矛盾。

5. 学习态度

宿舍中有的同学很爱学习,有的同学却没有把重心放在学习上,每天上网、谈恋爱等,这样,大家的发展方向不相同,就有可能导致交流变少,使得宿舍关系疏远。

6. 外貌差异

女生大多比较爱美,由于嫉妒心和攀比心理的存在,个别人会对漂亮的女生产生嫉妒心理,从而对宿舍人际关系产生一定的影响。

7. 有无男女朋友

当男女生谈恋爱之后,大部分时间都会与恋人在一起,这样与宿舍的同学交流和相处的时间变少,大家的关系就可能会变得生疏。

8. 家庭贫富差距

每个同学的家庭背景都不相同,有的家里很有钱,在买东西和生活上比较阔气,而有的同学家里不富裕,花钱都要精打细算。这样,由于家庭条件差异而使得大家的消费观念不相同,如果不能够互相体谅就会导致冲突的产生。

9. 是否为独生子女

独生子女从小被父母疼爱,大多比较以自我为中心,不太为他人考虑,而不是独生子女的孩子则大多更懂得去关心他人,互相体谅。非独生子女的宿舍相比独生子女的宿舍,更容易建立起良好的宿舍人际关系。

10. 专业的不统一

专业相同的同学比专业不相同的同学在宿舍里的话题会更多,这样有助于交流和学习,会对宿舍人际关系产生一定的影响。

11. 缺乏沟通

宿舍内部成员出现一点摩擦,如果大家开诚布公,相互沟通之后,那么摩擦或矛盾就可能随之烟消云散了。可是有些大学生就是放不下面子,没人肯主动向对方解释或表明自己真实的想法、态度,结果造成的隔阂越来越大,怨恨越积越多。这种在解决问题时沟通上的缺乏,是导致宿舍人际关系紧张的一大原因。

12. 不注重生活细节

很多学生已经习惯了在家里自己可以随心所欲地做自己喜欢做的事,根本就不会感觉到有来自他人的拘束或干预。进入大学后,住进了多人环境中的宿舍,原先那种不注重生活细节、随心所欲的情况就可能引来他人的不满,久而久之,问题就会越发严重,宿舍人际关系就会越发紧张。

（三）改善宿舍人际关系的建议

人际关系无疑对大学生今后的发展起到重要的作用。随着社会的不断进步,人际关系更趋向于社会化,这样,人际关系的培养对于大学生尤为重要。宿舍作为同学们学习和生活的重要场所,已经成为大学生步入社会前的社交实习"基地",培养良好的宿舍人际关系不仅有利于大学生的生活、学习,而且有利于培养大学生良好的生活习惯和健全的心理素质,对大学生的价值观和处世哲学的形成都有着深远的影响。因此如何能更好地构建大学生宿舍人际关系对同学们有着很重要的意义。在此提出一些建议,希望同学们能够更好地构建和谐的宿舍人际关系。

1. 摆正心态,换位思考,从自身找原因,宽宏豁达

社会的复杂性导致个性的丰富性,这必然引起个体之间冲突的加剧,所以要与周围的人保持良好的人际关系,就必须学会求同存异,具备宽宏豁达的心理品质,多为别人着想,做到以诚相待。常言道:"大度集群朋。"做一个宽宏豁达的人是有一定难度的,但大学生在日常的生活、交往中一定要注重这种品质的培养,以求更好地适应生活、适应社会。同学们应该学会换位思考,将心比心,以诚换诚,这样才能达到心灵的沟通和情感的共鸣。

2. 掌握一些人际关系沟通技巧

交往中的技巧犹如人际关系的润滑剂,它可以帮助人们在交往活动中增进彼此的沟通和了解,缩短心理距离,建立良好的人际关系。很多存在人际关系障碍的同学都是由于沟通技巧的缺乏造成的,因为缺乏交流和人际交往的技巧,往往容易对人际交往失去兴趣,并造成在人际交往的场合处于被动、孤立的境地,容易因不能恰当表达自己的想法而限制了自己的发展。大学生应采取主动的、积极的方式,去逐步改善自己的人际交往问题,而不应一味地回避。事实上,社交技巧是多种多样的,如增强人际吸引力、幽默、巧妙 批评、语言艺术等。对大学生来说,在树立了人际交往的勇气和信心之后,在人际交往中应掌握的技巧主要是培养成功交往的心理品质和正确运用语言艺术。成功交往的心理品质包括诚实守信、谦虚、谨慎、热情助人、尊重理解、宽宏豁达等。语言艺术的运用包括准确表达、有效倾听、巧用幽默等。这些都有助于大学生提高交往艺术,取得较好的交往效果。

3. 加强自身的修养,注重人格的塑造和能力的培养

一个品质好、能力强的人或具有某些特长的人更容易受到人们的喜爱。人们欣

赏他的品格、才能,因而愿意与之接近,成为朋友。所以,若想要增强人际吸引力,更友好、更融洽地与他人相处,就应充分健全自己的品格,施展自己的才华,表现自己的特长,使自己的品格、能力、才华不断提高,做一个知性和善解人意的人,使得身边的朋友都能感受到你的真诚和热情。

总之,大学生在人际交往中应树立自信心,不断提高自己,德智体全面发展,勇于实践,善于总结,不断完善自我,真诚对待宿舍的每一位同学,尊重他人,体谅他人,采用积极的沟通方式解决矛盾和冲突,做一个品学兼优、知性快乐的学生,把握好宿舍人际关系,逐渐走向交往的成功,走向人生的成功。

4. 要尊重他人

"己所不欲,勿施于人",只有你尊重别人,才会赢得别人对你的尊重。尊重别人就不能轻视贫困生、差生以及有生理缺陷的室友,尊重别人就应该遵守宿舍的规章制度,不乱扔垃圾,不夜里看书、打游戏。要学会换位思考,常想如果自己处在他人的位置上自己会怎样,自己做不到的事情,就不能强求别人做到。

5. 多沟通、多交流

在同一个屋檐下难免会有矛盾、有误解,不要因为大家有矛盾、有误解而放弃交流和沟通彼此视为仇人,你不让我好过我就不让你舒服,这样只能使矛盾更加激化,从而造成不必要的伤害。面对矛盾和误解,要主动沟通、交流,主动和解,不要让误会阻隔了同学之间的友好情谊。另外,要经常参与大家的讨论与集体活动,只有这样,才能更好地了解自己和他人,消除彼此之间的误会,加强相互之间的理解和信任。

6. 发自内心地赞美他人

学会欣赏、赞美他人,比如:"你太棒了!""你这个发型很好看!"这种赞美的话语会给被赞扬者带来快乐,引起积极的情绪反应。情绪具有感染性,好心情会感染周围的人,快乐可以消融人际关系的僵化。

第三节　大学学习适应

一、学习不适应的表现

(1)学习心态不适应。很多大学生在中学时代是班级乃至学校里的佼佼者,经常体会到优越感。进了大学后,发现"山外青山楼外楼",自己在同学中并没有优势可言,新的竞争使许多人失去了过去作为"尖子生"的位置和优越感。

(2)学习目标不适应。高中阶段学习目标很明确,就是在高考中取得高分,顺利地通过"独木桥",进入大学后突然失去了目标,因而易产生失落感。

(3)学习方法不适应。与中学相比,大学的上课时数明显减少,学生自学的时间大大增加。如何科学合理地安排大量的课余时间,常使部分新生感到困惑。

二、学习问题及应对

(一)学习动机不当

1. 学习动机不当的主要表现

学习动机不当包括学习动机不足和学习动机过强,二者都会影响大学生的学业效能感。

学习动机不足的主要表现为无明确的学习目标,为学习而学习,甚至厌倦学习和逃避学习。学习动机过强的主要表现为成就动机过强,奖励动机过强,学习强度过大。

例一:小张是一位来自山区,家庭经济困难的大学生,学业成绩一直非常优异。上大学后,他忽然感到心中茫然,学习没有动力,生活没有目标。有时候,想到辍学在家的妹妹和年迈的父母,他也恨自己不争气,可他的确找不到奋斗的目标与学习的动力,学习上得过且过,生活上马马虎虎,盲无目的,上课打不起精神。他不是因为喜欢上网而荒废了学业,而是因为实在无聊才去上网聊天打游戏。他如何才能摆脱这种状态?

例二:小李今年已经大三了,优秀的他一向对自己要求很高,当然这与家庭的期望有关,他的父母都是具有高级职称的知识分子,在他们的言传身教下,他从小就知道努力与奋斗。在大学期间,小李进行了认真细致的生涯设计,一步一个脚印向前走,成绩拔尖,二年级时通过国家英语六级和托福考试,为出国留学做好准备;三年级入党,与此同时锻炼自己在各方面的能力。小李像一只陀螺飞速旋转着,珍惜大学的分分秒秒。可小李却发现,离自己的目标越来越远,他开始怀疑自己的学习能力,感到自己学习上的优势在失去,甚至多年积累的自信也受到挑战,对未来也开始担心起来。他该怎么办?

可以看出:他们两人都因为学习动机不当产生心理上的困惑,不同的是,前者是因为学习动机不足,后者则是由于成就动机过强造成的。

2. 学习动机不当的原因

学习动机不足的原因有:学习动机不正确、社会责任感不强、对专业不感兴趣、对自我的学业期望不足、学业自我效能感低。

学习动机过强的原因有:个体学业期望过高、自尊心过强、对自己的学习能力缺乏恰当的估计,因而造成学业自我效能感下降;渴望学业成功而又担心学业失败,特别是由于学业优秀带来的心理满足使学生更看重自己的学业优势,因而造成学习强度过大,引起心理疲劳。

3. 学习动机不当的自我调节

学习动机不足的自我调节:一是正确认识学习的价值与大学的目标,重新规划学业与人生;二是调整心态,以积极的心态对待学习,特别是学习中遇到的挫折与困难,用自身的意志战胜惰性;三是改进学习方法,提高学习效率与学业自我效能感,提高学业的自我价值与社会价值。

学习动机过强的自我调节:一是正确认识自己的潜质,制订恰当的学业目标与学业期望,调整成就动机,与此同时,脚踏实地,循序渐进,不好高骛远;二是淡化外在奖励特别是学业成就的诱因,正确对待荣誉与学业成绩;三是端正学习态度,树立远大理想,保持旺盛的学习热情,坚持不懈。

(二)注意力不集中

注意是心理活动对一定对象的指向,具有指向性、选择性和集中性。注意是人类学习的前提,没有注意,就没有大学生的学习。

注意力不集中的自我调节:首先,学会注意力转移,遇到生活应激事件与挫折,能够尽快从中解脱出来;其次,适当强化学习动机,保持适当的学习压力与学习焦虑,并进行积极的自我激励与自我暗示;再次,养成良好的学习习惯与生活习惯,保持旺盛的精力;最后,选择理想的学习环境,减少与学习无关的活动,并进行适当的自我监控。

(三)考试焦虑

1. 考试焦虑及其表现

考试焦虑是一种严重影响考试发挥的情绪反应。主要是由于求胜心切,加重了心理负担。求胜动机在大脑皮层的某一区域形成了占主导地位的兴奋中心,致使其附近区域处于抑制状态,这会破坏知识之间的联系,妨碍大脑对知识的调动与提取,而记忆的暂时中断往往会加重焦虑情绪,从而加深考生对考试成绩得失的忧虑。

考试焦虑的具体表现:一是情绪上,表现为担忧、焦虑、烦躁不安;二是认知上,表现为注意力不集中,记忆力下降,看书效率低,思维僵化;三是行为上,表现为坐立不安,手足无措;四是身体上,表现为头痛、食欲下降、恶心、心慌、睡眠不好等。

2. 大学生考试焦虑的原因

造成大学生考试焦虑的因素主要有以下几点。

(1)考试本身,如考试的重要性、难易程度、竞争程度等。

(2)学生的学业期望。一般而言,学业期望越高的学生,对学习投入的精力就越多,越看重学业成绩,因而对考试失败的恐惧就越高,越容易产生考试焦虑;而那些学业期望较低的学生,满足于及格,一般不会产生考试焦虑;而当学业期望较低的学生面临学业失败时,也可能会激发其考试焦虑。

(3)知识的掌握程度。我们经常说"难者不会,会者不难",考试的难易是相对的,现在有一部分学生上课不认真,下课不复习,平时学习不努力,临阵磨枪,面对考题,感到任务太难,便产生考试焦虑。

(4)考试压力的传递。学生间的相互影响也会造成考试焦虑。

(5)个性气质特点。敏感、易焦虑、过于内向、缺乏安全感和自信心、做事追求完美的学生在考试中容易出现考试焦虑。

(6)考试经验。大学生多数在中学时代都有考试成功的经验,而进入大学后,偶然的考试失败会加剧这部分学生的考试焦虑,将过去的考试成功归于题目容易、运气好,而将大学的考试失败归结为自己不聪明、能力差,就会对自己失去信心,因而面临考试时就会紧张焦虑。

3. 考试焦虑的调节

充分的复习准备:80%的人的考试焦虑是由复习准备不充分引起的,因此,牢固掌握知识是克服考试焦虑的根本途径。首先要正确评价自我,确立恰当的学业期望,培养自信心,正确对待考试结果,不以一次成败论英雄,过于担心、焦虑不仅于事无补,而且会影响水平的正常发挥。其次要学会放松,放松有许多方法,在此我们介绍一种简便易行的。

第一步:以舒服的姿势坐好,保持身体两边的平衡;

第二步:用鼻子深深地、慢慢地吸气,再用嘴巴慢慢地吐出来;

第三步:想象身体各部位的放松,放松的顺序:脚、双腿、背部、颈、手心。

教师要开展考前心理辅导。对一些敏感、焦虑、抗挫折能力差、有心理障碍的学生,教师在考试前要进行有针对性的心理辅导以缓解其心理压力,使学生客观地认识自己,提高心理素质,增强自我心理调整能力,提高考试技巧,有效地化解外来压力,发挥出应有的水平。

(四)学习方法不当

1. 学习方法的主要问题

学习没有计划性。

学习不求甚解。

学习过程中不会利用图书馆。

2. 学习方法调整

首先,学习要把握住几个主要环节:预习、听课、复习、总结、记笔记、做作业、考试等,这些环节把握好了,就能为进一步获取知识打下良好的基础。

其次,要有目的地研究学习规律,选择适合自己特点的学习方法,提高获取知识的能力。

具体来说,这些方法主要有:制订科学的学习规划和计划;讲究读书的方法和艺术;做时间的主人,充分利用时间。

第四节　大学生压力与情绪管理

一、情绪的奥秘

当你遭遇一连串的挫折后,会愁苦烦忧吗?偶尔会觉得情绪低落、闷闷不乐,却不知如何是好吗?常因为自己的坏脾气而觉得喜怒不定吗?来吧! 让我们一起探索自己的情绪吧!

(一)何为情绪

古代阿拉伯学者阿维森纳曾把一胎所生的两只羊羔置于不同的外界环境中生活:一只小羊羔随羊群在草地快乐地生活;而在另一只羊羔旁拴了一只狼,它总是看到自己面前那只野兽的威胁,在极度惊恐的状态下,根本吃不下东西,不久就因恐慌而死去。医学心理学家还用狗做嫉妒情绪的实验:把一只饥饿的狗关在一个铁笼子里,在笼子外面,让另一只狗当着它的面吃肉骨头,笼内的狗在急躁、气愤和嫉妒的负面情绪状态下,产生了神经症性的病态反应。实验告诉我们,恐惧、焦虑、抑郁、嫉妒、敌意、冲动等负面情绪是一种破坏性的情感,长期被这些心理问题困扰,会导致身心疾病的发生。情绪对动物的影响尚且如此,对头脑高度发达的人类来说,情绪的影响力可想而知。

英文中描述不同情绪体验的词语有 550～600 个,国外研究人员在研究中提出了以唤醒水平和愉快度及积极与消极为维度的情绪划分模型。我国古代有喜、怒、忧、思、悲、恐、惊的"七情说",美国心理学家普拉切克提出了 8 种基本情绪理论,即悲痛、恐惧、惊奇、接受、狂喜、狂怒、警惕、憎恨。一般而言,研究者比较认同人类具有 4 种基本情绪,即快乐、愤怒、恐惧和悲哀。

(二)情绪的来源

快乐是一个人期望和追求的目的达到后产生的情绪体验。由于需要得到满足,愿望得以实现,心理的急迫感和紧张感解除,快乐随之而生。

愤怒是需求受到抑制或阻碍,愿望无法实现时产生的情绪体验。愤怒时紧张感增加,有时不能自我控制,甚至出现攻击行为。

恐惧是当危险状况出现时,人们企图摆脱和逃避,而又无力应对时产生的情绪体验。恐惧的产生不仅仅是因为危机情景的存在,还与个人应对危机的能力有关。

悲哀是心爱的事物失去时,或者梦想破灭时产生的情绪体验。在这 4 种基本情绪之上,可以派生出众多的复杂情绪,如厌恶、羞耻、悔恨、嫉妒、喜欢、同情等。

(三)千差万别的情绪状态

情绪状态是指在一定的生活事件影响下,一段时间内各种情绪体验的一般特征表现。根据情绪状态的强度和持续时间可分为心境、激情和应激。

1. 心境

心境是具有感染性、相对稳定而且能持续存在的一种情绪状态。我们通常会问自己的朋友"最近心情好吗?"这其实就是在关心朋友的心境状态如何。当你处在一种心境之下,你就会不自觉地受到这种心境氛围的影响,而以相同的情绪体验来观察看待周围的人、事、物。比如,当我们心境好时,看什么东西都顺眼、顺心,原来不喜欢的人也有了几分姿色,原来看不惯的事也觉得有了几分道理。而当我们心境不好的时候,再好的饭也难以下咽,再好的歌也觉得心烦。心境的不同会导致对于同样的事物产生截然相反的情感体验,同样是一轮明月,有的人见月伤感,有的人借月抒怀。心境的持续性表现可以连续几个小时、几个星期、几个月甚至一年以上。所以,我们应该尽可能地延长阳光愉快的心境,并尽可能地缩短那些悲伤、不安、恐惧等不良心境存在的时间。

2. 激情

激情是一种爆发性的、强烈而短暂的情绪反应。暴跳如雷、捶胸顿足、勃然大怒、喜极而泣等都是这种情感的外在表现。《儒林外史》讲了范进中举的故事,当穷困潦倒的范进看见红榜上写着自己的大名时,突然"噫嘻"一声,拍拍手掌说道:"哇呀!我……我中了!"话音刚落便向后一倒,晕了过去。范进高兴得发了疯之后,幸亏他老丈人手狠才把他打得清醒了过来。美国体操选手雷顿本来是替补队员,意外地荣获奥运会冠军后兴奋得发了疯,只见她一会儿双手抱头,一会儿仰天长啸,一会儿又匍匐在地,久久不动。她手足无措,不知用什么方式来尽吐心中的快意。可见,无论是高兴还是悲哀,都不要过度,在激情的状态下,要避免过分的冲动,要能够调控自己的情绪。

3. 应激

应激是在意外或突如其来的刺激下所产生的一种适应性反应。例如,当人面临抢劫、事故等危险或突发事件时,人的身心会处于高度紧张状态,并由此引发一系列生理反应,如肌肉紧张、心率加速、腿脚颤抖、血压上升等。应激是人的正常生理与情绪反应,但这种反应不能过长,长时间处于应激状态会导致疾病的发生。

(四)别让不良情绪伤了你

一个小女孩趴在窗台上,看窗外的人正在埋葬她心爱的小狗,不禁泪流满面,悲恸不已。她的外祖父见状,连忙引她到另一个窗口,让她欣赏他的玫瑰花园。果然小女孩的心情顿时明朗了。老人托起外孙女的下巴说:"孩子,你开错了窗户。"

不良情绪是指一个人对客观刺激进行反映之后所产生的过度体验。无论人们对客观刺激抱有什么态度,自身都会直接体检到,体验是情绪的基本特征。对于同一个刺激,不同的人可能会产生不同的体验,即使是同一个人对待同一个刺激,在不同的时间、场合也可能产生不同的体验。客观刺激满足了我们的需要,我们就会产生积极正向的情绪体验;客观刺激没有满足我们的需要,我们就会产生消极负向的情绪体验。

　　一般而言,消极的情绪体验都属于不良情绪的范畴,但如果消极体验是一时性的、短暂的,其对当事人的身心及工作不会造成大的损害;若消极体验长期存在,其危害性则是不容忽视的。消极的体验属不良情绪的范畴,而积极的体验则未必都属于良好的情绪范畴,当一个人的积极正向情绪超出一定限度时,如狂喜、过分激动等,这种积极情绪也会变成不良情绪,导致身心受损。

　　因此,不良情绪主要包括两种情绪体验形式:一种是持久性的消极情绪体验,它是指在引起悲、忧、恐、惊、怒、躁等消极情绪的因素消失之后,主体仍数日、数周甚至数月沉浸在消极状态中,不能自拔;另一种是过度性的情绪体验,它是指心理体验过分强烈,超出了一定限度,如狂喜、过分激动等。

　　持久性的消极情绪体验和过度性的情绪体验都有严重的危害性,危害的程度因人而异。有的人有较强的耐受力,不良情绪只会影响其人际关系和工作效率,不会对其身体健康造成很大损伤;而有的人长期受不良情绪的困扰,不仅人际关系和工作效率受到严重的影响,心理上的痛苦还会转变成身体上的疾病,严重影响身体健康。

　　研究发现,常见的心血管疾病、消化性溃疡、糖尿病、哮喘、甲亢等都与长期的情绪紧张有关。我国中医讲:"怒伤肝,思伤脾、恐伤肾。"甚至有医学专家分析,许多病人不是因病而死,而是因情绪低落或暴怒而死。因此,我们应该对不良情绪及其危害性有足够的认识,学会预防和调控不良情绪。

（五）情绪有开关

　　情绪由大脑中的一个回路所控制。托玛肯等人研究发现,左前额激活的参加者比右前额激活的参加者有更多积极的感情和更少消极的感情,惠勒等人的实验,发现左侧前额激活的个体对积极电影的片断表现出更多的积极感情,右侧前额激活的个体对消极电影的片段表现出更多的消极感情。这说明人脑的不同区域对积极与消极情绪的激活具有控制作用,左脑与积极情绪相关,右脑与消极情绪相关。另外,与此类似的研究发现,当人们情绪高涨或情绪积极时,在拍照的过程中往往愿意侧身将自己的右脸朝向镜头,而情绪低落或情绪消极时,往往会将左脸朝向镜头。

　　讲一个简单的故事:一群年轻人到处寻找快乐,却遇到了许多烦恼、忧愁和痛苦。他们向苏格拉底请教,快乐到底在哪里?苏格拉底说:"你们还是先帮我造一条船吧!"这帮年轻人暂时把寻找快乐的事儿放在一边,找来造船的工具,用了七七四十九天,锯倒了一棵又高又大的树,挖空树心,造出了一条独木船。独木船下水了,他们把苏格拉底请上船,一边合力荡桨,一边齐声唱起歌来。苏格拉底问:"孩子们,你们快乐吗?"他们齐声回答:"快乐极了!"苏格拉底道:"快乐就是这样,它往往在你为着一个明确的目标忙得无暇顾及其他的时候突然来访。"

(六)我的情绪我做主

著名专栏作家哈理斯和朋友在报摊上买报纸,那位朋友礼貌地对报贩说了声谢谢,报贩却冷口冷脸,不发一言。"这家伙态度很差,是不是?"他们继续前行时,哈理斯问道。"他每天晚上都是这样的。"朋友说。"那么你为什么还是对他那么客气?"哈理斯问他。朋友答道:"为什么我要让他决定我的行为?"

一个成熟的人握住自己快乐的钥匙,他不期待别人使他快乐,反而能将快乐与幸福带给别人。每个人心中都有一把"快乐的钥匙",但我们却常常在不知不觉中把它交给别人掌管。

一位销售人员抱怨道:"我活得很不快乐,因为我经常碰到糟糕的客户。"他把快乐的钥匙放在客户手里。一位职员说:"我的老板很苛刻,叫我很生气!"他把快乐的钥匙交在老板手中。一位经理人说:"我的竞争对手太强大了,我真命苦!"一位美女说:"工作压力太大,我开始变老了!"这些人都做了相同的决定,就是让别人来调节自己的心情。一个成熟的人会握住自己快乐的钥匙,他不期待别人使他快乐,反而能将快乐与幸福带给别人。他的情绪稳定,为自己负责,和他在一起是一种享受,而不是压力。你的钥匙在哪里?在别人手中吗?快去把它拿回来吧!

常见的一些不合理的信念主要有:

(1)人应该得到生活中所有对自己是重要的人的喜爱和赞许。

(2)有价值的人应在各方面都比别人强。

(3)任何事物都应按自己的意愿发展,否则会很糟糕。

(4)一个人应该担心随时可能发生灾祸。

(5)情绪由外界调节,自己无能为力。

(6)已经定下的事是无法改变的。

(7)一个人碰到的种种问题,总应该都有一个正确、圆满的答案,如果一个人无法找到它,便是不能容忍的事。

(8)对不好的人应该给予严厉的惩罚和制裁。

（9）逃避可能、挑战与责任要比正视它们容易得多。

（10）要有一个比自己强的人做后盾才行。

这些不合理的信念，你有没有过呢？你对自己的情绪负责了吗？你给自己的理智打几分？

二、情绪自我调节方法面面观

常见的情绪自我调节方法有音乐疗法、静观与内省、气功疗法、认知疗法、自信心训练等。

（一）音乐疗法

1. 音乐与情绪的关系

音乐作为一种艺术，是人的情绪情感的一种表现方式，曲调和节奏不同的音乐可以使人产生不同的情绪体验。古希腊人认为，不同的曲调代表不同的情绪：有人对近代音乐的乐调进行了研究，发现乐调与情绪有如下关系。

A　阳调：自信、希望、和悦，最能表现真挚的情感，充满对生活的憧憬。

A　阴调：女子的柔情似水，恰似北欧民族的伤感和虔敬之心。

A　降低阳调：好似梦境中体验到的情感。

B　阳调：嘹亮，表现为勇敢、豪爽和骄傲。

B　阴调：悲哀，表现出静静的期待。

C　阴调：纯洁、果断、坚毅、沉稳，有宗教的情调。

F　阳调：和悦，略带忏悔、哀悼之情。

F　阴调：悲伤、忧愁，曲调哀婉。

F　提高阳调：嘹亮、柔和，感情丰富。

F　提高阴调：热情、神秘，曲调幽深、阴沉。

G　阴调：有时忧愁，有时喜悦。

G　阳调：真挚的信仰，平静的爱情，有田园风趣，给人以自然、温馨的感觉。

2. 音乐与调节情绪

在国外，音乐调节已应用到了外科手术及精神病、抑郁症、焦虑症等病症的治疗上。如忧郁烦恼时可以听《蓝色多瑙河》《卡门》《渔舟唱晚》等意境广阔、充满活力、轻松愉快的音乐；失眠时可以听莫扎特优雅宁静的《摇篮曲》、门德尔松的《仲夏夜之梦》等乐曲;情绪浮躁时可以听《小夜曲》等宁静清爽的乐曲。每个人都可以根据自己的情绪状况,选择适合的音乐来调节自己的情绪。

（二）静观与内省

静观与内省是用反观自身的方式,发现自身存在的问题并消除不良情绪的一种自我调节方法。在受到不良情绪的困扰时,选择一种自己感觉比较舒适的方式,或坐或卧,慢慢地通过调节呼吸或放松使心情平静,将精神集中到自己的思想活动上,观察自己头脑中正在出现的念头,不去执着地想它,也不期待未出现的念头的到来,慢慢地你就会进入一种平静而舒适的状态。进入这种状态后,再回顾一下,自己为什么会感到苦恼、压抑、烦闷与不安,一次找不出原因也没关系,坚持练习一段时间,一旦抓住了感觉,就会很容易发现自己不良情绪产生的原因,并对自己的思维活动和行为做必要的调节。

（三）气功疗法

气功作为源远流长的东方文化的瑰宝,其中蕴藏着许多人生哲理,人们可以通过练气功体悟人生,解开心中的矛盾,愉快地投入到生活中去。需要注意的是,练气功不能为了求特异功能之类的新奇的事情而练,如果那样就有些舍本逐末了。通过练气功可以使人精力充沛,积极快乐地面对生活。

（四）认知疗法

认知疗法认为,人的情绪变化是由认知评价引起的。当一个人对周围的事物或自己的行为、思想做出消极的评价时,会给自己以不良的暗示,导致各种消极的情绪。例如一个人在面临挫折和失败时,认为自己的能力差,各方面条件不行,每遇到类似的情况都会做出这样的评价,久而久之,就会形成一种自卑心理,对自己缺乏信心。认知疗法就是基于认知评价直接影响人的情绪这一点,来对情绪问题进行治疗的。

1. 认知疗法的基本原则

（1）不良的情绪是由认知评价引起的,不良的情绪体验是对当前的情境或自身变化的不良归因导致的。

（2）在不良的情绪状态下,认知活动会表现出消极、混乱且负面思维占主导地位。

（3）正确、客观地认识头脑中的思维活动，对情绪或身心的变化进行良好的评价是认知疗法的基本思想。

2. 消极认知评价的几种表现形式

（1）思想绝对化。即评价情境与身心变化时容易走极端，要么做出极好的评价，要么做出极坏的评价，思维缺乏灵活性。

（2）一概而论。经历了一次不顺利的事情，形成了顽固的条件反射，再遇到类似的事情时，还是会产生类似的评价，表现出消极的行为反应。

（3）认知消极性。看问题时只能看到消极方面，看不到积极方面，形成了消极的认知定向。

（4）妄自菲薄。无论是对自己，还是对别人都过于苛刻，常常不假思索地加上"不好"的帽子。

（5）夸张。对周围发生的事情和自己身心的变化故意夸张，而不对实际情况进行认真地思索。

（6）自责。对自己当前的情绪状态进行检讨反省，寻找产生不良情绪的原因，并产生内疚的心理状态。

（7）责任感的泛化。认为在自己身边发生的事情都是由于自己不负责造成的，产生一种悔罪的感觉，并设法弥补自己的"过失"。

3. 调节方法

对于上述不良的认知评价导致的不良情绪反应，伯恩斯提出了下面的调节方法：

（1）当你处于情绪困扰之中时，保持清醒的头脑，并把你的想法一一记录在纸上。

（2）从头到尾看一遍上面提到的七种不良认知评价，并与自己的想法进行对比。

（3）重新客观地评价自己的认知活动。

（五）自信心训练

自信心训练是通过增强个人对生活、工作和学习的信心，来摆脱不良情绪的困扰。仅仅靠心理医生的指导和训练是远远不够的，真正的自信心训练要贯穿于生活的每时每刻，即在做每一件事之前都从从容容。首先要看到自己的优势与长处，这是树立自信心的第一步；其次，在做每一件事时，要全身心地投入，尽自己的努力去做,不要有不必要的担心;最后,面对暂时的挫折,不要后退,要想方设法去克服。几次成功的经验会使你的自信心增强,进而摆脱因缺乏自信心而带来的困扰。

三、怎样摆脱心境抑郁

心境抑郁的基本特征是情绪低落、兴趣索然,自感思维迟缓、反应慢,不愿与朋友、同事交往,严重时会有悲观绝望、痛苦难熬、生不如死的感觉。心境抑郁者常用"活着没意思、高兴不起来"来描述其内心的体验。有时会有自责自罪感,觉得自己是家人的累赘,是社会的废物和寄生虫,常把过去的一般性缺点或错误夸大成不可饶恕的罪行,甚至通过自杀来了结自己无用的生命。引起抑郁的原因通常有如下3种。

第一种是最常见的,是心理和社会因素共同引起的。

第二种是内源性的,与遗传有直接关系,多数人莫名其妙地发病,有时与季节性有关,这种情况的治疗以服用药物为主。

第三种是药源性的,如吃药过敏,一些治疗高血压的药物能引起有些人出现抑郁发作,应立即停药。目前,我们谈论的心境抑郁大多是由心理和社会因素引起的。

随着现代生活节奏的日趋加快,人们的竞争意识越来越强,人际关系也变得日渐复杂、冷漠。客观上的精神压力以及随之而来的榜上无名、失业、失恋、工作变动、家庭矛盾、离婚、失去亲人、经济损失等心理打击都会导致人的情绪低落。"人非草木,孰能无情?"多数人的一生都会有一两次上述的经历,情绪低落是正常的,随着时间的推移和自我调整,这种情绪很快就会消失。但是如果这种低落情绪长时间挥之不去,并已妨碍了自身的心理功能(如注意力、记忆、思考、抉择等)或社会功能(如上学、上班、家务、社交等),而且"心境抑郁"的特征十分明显,就应引起重视。严重者在抑郁的状态下不能自拔,容易酿成自杀的悲剧,如海明威、三毛等。

服用药物治疗心境抑郁并不是唯一的最好的办法,心境抑郁主要是由心情决定的,"心病还得心药医""解铃还需系铃人"。

自己首先要调整心态,要正确地认识人是不能脱离客观环境而生存的。人生不如意事十有八九,对生活中出现的各种问题不退缩、不幻想、不逃避,把自己心灵深处的苦恼跟朋友、亲人说出来,不要憋在心里钻牛角尖,在条件允许的情况下,可以去看心理咨询师。另外,社会的理解支持也是十分重要的。研究发现,社会的支持可以缓冲心理压力,从而起到预防或减轻抑郁。对心境抑郁的人,不要随意使用"变态""精神不正常""神经有病"等刺激性词语,要多给予他们理解和帮助。

关注外面的世界,更要关注自己的内心世界。希望你明白心境抑郁是怎么回事,从而挣脱心境抑郁的罗网,做一个健康快乐的人。

思考题

大学期间关注心理健康,有哪些方面需要重点加强?

第九章　规划大学生活

　　经过艰苦的拼搏，伴着辛勤的汗水，带着多彩的梦想，终于跨进了大学校门。考上大学是人生一个新阶段的开始，上大学对人生发展意味着什么呢？大学及以后的人生应该是什么样子的呢？"为什么要上大学？""上大学的目的是什么？""大学阶段应当怎样度过？""读完大学，我会何去何从？"

　　同学们，在跨进哈尔滨工业大学的校门之时，你们是否认真地思考过这些问题呢？

　　我的大学，我希望：

　　好好学习，天天向上……

　　先玩一玩……

　　我不知道，走着看吧……

　　读完大学，我想：

　　参加工作……

　　在国内读研究生，继续深造然后再工作……

　　出国继续深造……然后再工作……

　　无论如何，我是要工作的，但是，我可能还不太了解，我喜欢做什么？到底有哪些工作可供选择？当前的就业形势怎么样？我得做什么准备？需要考虑的事还真不少！

　　我应该怎样去了解这些东西呢？个人兴趣、交际技能、求职技能，还有社会方面、公司方面，我应该都有些了解，这肯定是一个系统性工程，看起来太麻烦了，似乎仅靠我一个人做这些，有点难度，而且太费精力了。我该向谁寻求帮助呢？

　　其实每位刚踏入大学校门的大学生，在自己前途的问题上，都有些许困惑。就像刚才说需要考虑的那些，它们实际上是一项很系统的工程，而且有一个好听的名字——职业生涯规划。

第一节 规划意识启蒙

一、职业生涯规划

1. 职业

职业即人们所从事的相对稳定的,有固定收入的,专门类别的社会劳动,是一个人社会地位的一般性表现,也是一个人的权利、义务和责任。通过定义可以看出职业的几大功能。

（1）职业可以获得经济收入,是个人维持生活的手段。

（2）职业促进个性发展,当个人从事的职业能使个人的特长、兴趣得到充分发挥时,也能促进个性的充分发展。

（3）职业是个人在社会从事劳动的体现,也是个人社会地位的表现。

2. 生涯

"生涯"一词的英文是 career,意思是两轮马车,引申为道路,也就是人生的发展道路。生涯发展大师舒伯认为:所谓生涯是指一个人在一生中所扮演的角色的综合及结果,这些角色,包括子女、学生、休闲者、公民、工作者、夫妻、家长、父母和退休者。

生涯具有独特性、终身性、发展性、综合性等特征。世界上没有两片相同的叶子,也不可能有两个完全相同的人生,因而生涯具有独特性;生涯是人生发展的整个历程,贯穿一个人从生到死的过程,且在人生发展的不同阶段呈现出不同的形态和特点,因而具有终身性和发展性;人的一生总会经历不同的阶段,扮演不同的角色,因而生涯还具有综合性的特点。

3. 职业生涯

职业生涯就是个人职业的发展道路,包括就业的形态、工作的经历,以及与职业相关的活动等,指的是一个人从职业学习开始到职业劳动结束的经历与过程。

舒伯认为,人的一生所经历的职业及非职业活动都应视为职业生涯的内容,职业生涯除了职业角色外还包括各种生活角色。美国组织行为专家道格拉斯·霍尔主张,职业生涯只包括一个人一生中与其职业相关的活动与经验。这两种定义有很大不同,但都淡化了职业作为谋生的作用,而指向个人生命的意义。在这里,职业更是实现个人价值、追求理想生活的重要途径。

4. 职业生涯阶段划分

职业生涯贯穿于人的一生,每个人都会经历职业生涯发展的几个阶段,同时有着不同的职业需求与人生需求。

(1)职业准备期(一般从 14 ~ 15 岁开始,直至面临就业)。这是一个人就业前学习专业、职业知识和技能的时期,也是素质形成的主要时期。

(2)职业选择期(一般集中在 17 ~ 18 岁到 30 岁左右)。这一阶段是从学校走向工作岗位的时期,是人生事业发展的起点。在这一时期,人们要根据社会需要和自己本身的素质及愿望,做出职业选择,走上工作岗位。

(3)工作初期——职业适应阶段(一般在就业后 1 ~ 2 年)。这一时期将对走上工作岗位的人进行素质考核。符合岗位要求的人,能够顺利适应某一岗位;素质较差或不能满足岗位要求的人,则需要通过培训教育使之与岗位要求相适应;自身的职业能力、人格特点等素质与工作岗位的要求差距较大者,难以与岗位要求相适应,则需要重新选择职业;而个人素质超过岗位要求,个人兴趣与职业类别很不相符时,也可能重新对职业进行选择。

(4)工作中期——职业稳定阶段(一般从 20 ~ 30 岁开始,延续到 45 ~ 55 岁)。这一时期是人的职业生涯的主要阶段,一般是在人的成年、壮年时期。且占人的生命过程的绝大部分时间。这一阶段可能存在诸如发展稳定、遭遇发展瓶颈、面临中年危机、取得阶段成功等不同情况。

(5)工作后期——职业素质衰退阶段。这一时期,人开始步入老年。由于生理条件的变化,能力缓慢减退,心理需求逐步降低而求稳妥维持现状。一般来说,这一阶段人的上升空间已经很小,就该规划退休前的策略,以及退休后的目标转移方案等。

(6)职业结束阶段。这一时期是人们由于年老或其他原因结束职业生活历程的时期。

在上述 6 个阶段中,"职业稳定阶段"最长,"职业选择期"最为关键,其前面的"职业准备期"则在一定程度上决定着职业的方向性和稳定性。

二、职业生涯规划的相关理论及步骤

1. 生涯发展阶段理论

生涯发展阶段表见表9.1。

表 9.1　生涯发展阶段表

发展阶段	主要内容
成长期	对未来的关注、对生活的掌控、在学校和工作中的成就、形成良好的工作习惯和态度
探索期	探索更多生活空间、了解更多的工作机会、验证一些梦想的真实性、初步确认自己的生涯锚定
建立期	稳定、巩固和提升
维持期	坚持、保持、创新和提拔下一代
退出期	工作递减与退休

2. 职业生涯规划的意义

每个有追求的人都会考虑：我打算怎样度过我的人生？歌德曾经说过：人生重要的在于确立一个伟大的目标，并有决心使其实现。一个人如果不知道自己要往哪里去，他就哪里也去不了。要实现目标首先得确立目标，生涯规划是人们确立目标和找到实现目标方法的步骤，是减少遗憾，将自己的人生过得成功和有意义的必然要求。

心理学家沙因认为，人的生命历程主要有三种旋律交互影响：工作、职业和事业；情感、婚姻和家庭；个人身心发展与自我的成长。其中，职业是生活的重要组成部分，影响着个人的事业发展，也影响着个人的家庭幸福程度和身心发展状况。工作和职业不仅仅是谋生的手段，可以满足人的衣食住行的需要，也给人们带来精神上的充实感，满足每个人潜能的发挥和自我价值实现的要求。

赫尔和克拉默认为，工作和职业可以满足人们 3 个方面的需求：在经济方面，它能够满足人们的物质需求，能够使人对未来的发展产生安全感，能够提供可用于投资的流动资产，提供购买休闲和自由时间的资产，提供购买物品和服务的资金；在社会需求方面，它给人们提供了交流的平台，使人们建立一定的人际关系和潜在的友谊，它赋予工作者及其家庭一定的社会地位，使人们感到受尊重，它还赋予人们以责任感和被需要的感受；在心理方面，它有助于人们的自我肯定和角色认定，增强人们的秩序感、可信赖感、自我效能感和投入感，还为人们进行自我评价提供了途径。

职业对人生的影响如此多元和深刻，选择一个适合自己的职业就显得尤为重要。马西娅在埃里克森自我认同理论的基础上，曾将青年人的自我定向和生涯发展划分为 4 种类型。

（1）自我定向者：在经历抉择危机之后，经过一段时间的探索，确定了明确的生涯方向和职业目标。

（2）他主定向者：本身未曾面对抉择危机，但在生涯方向或职业目标上，已接受父母或他人的安排而定型。

（3）寻求方向者：对于未来没有定向，对于职业的选择感到困惑，对自己和世界的认识还不够清楚，正在寻求方向。

（4）迷失方向者：面临抉择危机，因生涯方向或职业目标模糊不定，而感到焦虑，甚至逃避抉择。

在当今迅速变化的社会环境中，广大的青年和即将走出校门的学生普遍充满着对职业生涯的困惑：自己能干什么？自己想干什么？自己适合干什么？社会需要什么样的人？怎样才能获得自己喜欢的工作机会？大多数人都在困惑中摸索，属于寻求方向者，但也不乏迷失方向和他主定向者，可以进行科学的自我定向的人凤毛麟角。从这个意义上来说，了解生涯规划的相关理论，掌握生涯规划的基本要素和方法，应该成为每个青年的必修课。

3. 职业生涯规划的步骤

从理性上讲，职业规划需要按照 4 个步骤来进行：①理念：合理理解生涯的内涵；②自知：了解自己的不足与未来可能；③知彼：把握自己的环境资源；④行动：定位好方法，努力行动改变。

职业生涯规划按照时间的长短可以划分为短期规划、中期规划、长期规划和人生规划四种类型。

（1）短期规划：即 2 年以内的规划，主要是确定近期目标，规划近期应完成的任务。

（2）中期规划：一般为 2～5 年内的职业发展目标和任务，是最常用的一种职业生涯规划。

（3）长期规划：即 5～10 年的规划，主要是设定较长远的目标，以及为实现此目标应采取的具体措施。

（4）人生规划：是整个职业生涯的规划，时间长达 40 年左右，设定整个人生的发展目标和阶梯。

职业生涯规划具有以下特点：

（1）可行性。职业规划都是依据每个人现阶段的发展状况制订的，并非是美好的幻想或梦想，否则将会延误生涯的发展良机。

（2）适时性。规划是预测未来的行动，确定将来的目标，因此各项主要活动何时实施、何时完成，都有时间和时序上的相应安排，以此作为检查行动的依据。

（3）适应性。规划未来的职业生涯目标，牵涉到多种可变因素，因此规划应有弹性，以增加其适应性。

（4）连续性。人生每个发展阶段应该持续、连贯、可衔接。

三、大学生职业生涯规划的意义与内容

（一）大学生职业生涯规划的意义表现

大学生职业生涯规划的表现为：大学生通过自我评估和环境因素分析，结合职业理想与职业生涯的预期，在学校相关部门和人员的帮助下，规划大学学习、生活和工作，提高综合素质与就业竞争力，为未来的就业奠定良好的基础。其意义表现有如下几条。

（1）对个体成长的意义：职业生涯很大一部分是代表个人生活价值与意义的，而大学生正处在生涯探索期和生涯建立期的转换阶段，这对职业的选择和对大学生今后职业生涯的发展有十分重要的意义。

（2）有利于明确人生未来的奋斗目标：在学生选择符合自己的兴趣、爱好、特长，适合自己的个性特点，同时又能满足自身需求的职业岗位的努力中，职业生涯规划可为学生提供有效的帮助。

（3）有利于个性发展和综合素质提升：职业生涯规划是终身教育的一种形式，它既注重发展学生完善的个性，培养创新精神，又注重把个性发展与社会需求有机结合。

（4）有利于认清形势，准确定位，合理安排大学的学习生活：职业生涯规划的五大要素是知己、知彼、抉择、目标和行动。

（5）提升职业品质，认清就业形势，转变就业观念：如果早早引入这种观念，可以引发学生对职业与未来的思考。

（6）有利于实现"人职匹配"，提高就业满意度。

（二）大学生群体职业生涯规划的内容表现

1. 理解职业生涯规划的内涵

调查显示，有54%的在校学生没有听说过职业生涯规划，而对此观念的掌握是更好地利用它服务于自身的职业生涯发展的关键。

2. 设定职业理想

职业理想指人们对未来职业表现出来的一种强烈的追求和向往,是人们对未来职业生活的构想和规划。大学生树立职业理想的过程,便是心目中进行职业生涯规划的过程,一旦在心目中有了自己认为理想的职业,就会依据职业理想的目标,去规划自己的学习和实践,并为获得自己认为理想的职业而做各种准备。

3. 自我评估与环境分析

自我评估是运用相应的测评系统对自己的兴趣、特长、性格、学识、技能、智商、情商以及管理、协调、活动能力等的测评,其实质就是通过自我分析,认识自己、了解自己,诊断出个人问题所在。对于环境的分析,则要根据对现实的清晰把握,进行有针对性的规划实践。

4. 确定职业发展目标

对个人进行全面的分析以及对环境有了较深入的了解后,结合个人职业理想确定自己的职业发展目标。

5. 设定特定学期的职业生涯目标

心理学家洛克提出著名的目标设置理论,他认为只要人们将目标上升为自觉目标,目标就会对人产生强烈的激励作用,成为完成工作最直接的动力。特定学期生涯目标的设定,是将学生的职业目标进行有效分解,制定阶段性的努力目标即学生的学期目标或事件目标,目标分解的过程也是职业能力要求的过程。这些都有利于学生充分挖掘个人潜力,有序从容地提高自己的能力,推进个人条件与职业要求的吻合。

6. 制订、实践学期行动计划

此即生涯规划中的短期目标,即围绕特定学期的职业生涯目标与自身条件,寻找其中的差距,制订行动计划,严格执行。

7. 自我评估与调整

经过一段时间的学习生活,有意识地回顾自己的行动,检验自己的目标,在实施过程中自觉地总结经验教训,评估自己的职业生涯规划。一般修订的内容包括:职业的重新选择、生涯路线的选择、人生目标的修正、实施措施与计划的变更等。

(三)职业生涯五个问题的规划

第一个问题:我是谁?

回答的要点是:面对自己,真实地写出每一个想到的答案,写完后再想想有无遗漏,认为确实没有了,再按重要性排序。

提示:过去的"我是谁?"

现在的"我是谁?"

将来的"我是谁?"

第二个问题:我想干什么?

可将思绪回溯到孩童时代,从人生初次萌生第一个想干什么的念头开始,然后随着年龄的增长,回忆自己真心向往过的事,并一一记录下来,写完后再想想有无遗漏,确实没有了,再认真地进行排序。

第三个问题:我会干什么?

把确实证明的能力和自我认为还可以开发出来的潜能都一一列出来,认为没有遗漏了,就认真地进行排序。

第四个问题:我还缺什么素质和能力?

首先是环境支持或允许我干什么?

对这个问题的回答要稍做分析,环境,包括学校、本市、本省、本国和其他国家,由小到大,只要认为自己有可能借助的环境,都应在考虑范畴之内。在这些环境中,认真想想自己可能获得什么支持,弄明白后一一写下来,再依重要性排列。

其次是我做某项职业还缺什么素质和能力?

第五个问题:我的职业规划是什么?

认真比较第一至第四题的答案,将内容相同或相近的答案用一条线连起来,会得到几条连线,而不与其他连线相交的又处于最上面的线,就是最应该去做的事情,职业生涯就应该以此为方向。并在此方向上以三年为单位,提出近期、中期与远期的目标,再在近期目标的基础上提出今年的目标,将今年的目标分解为每季度目标、每月目标、每周目标和每天目标。这样,每天睡前就可以对照自己的目标进行反省,总结当日成功与失误、经验与教训、修正明天的目标与方法,第二天醒来后稍加温习就可以投入行动了。这样日积月累,没有不能实现的规划。

四、思考你的大学

以前的高中同学在另外一所大学里,如果你们相遇,你被问道:"你学的是什么?"你的回答除了简单的院、系、专业名称外,还能说出这个专业的内涵吗?你能不能清晰地告诉你的同学,你所学的东西将会使你拥有什么素质?你能不能清晰地告诉你的同学,你所学的东西使你拥有的素质会使你有资格获得哪些工作?你能不能清晰地告诉你的同学,为了真正拥有你所学东西将会使你拥有的素质,你将如何度过大学生活?另外,当你回答这几个问题的时候,你内心相信自己所说的话吗?你对自己究竟有多少完整的认识?

(一)自我认识

下面我们通过基本档案表(表 9.2)和成长记录表(表 9.3)完成自我认识的过程。

表 9.2　基本档案表

中文姓名		照片
英文姓名		
别名、昵称		
出生日期		
血型		
外形特征		
个性特点		
兴趣爱好		
个人特长		
人生志向		
人生座右铭		
整体描述		

成长记录表见表 9.3。

表 9.3　成长记录表

成长主题	具体情况
我的教育经历	学前:你喜欢的游戏,你的玩伴的特点,在玩伴中的角色,你经常是一个人玩还是很多同伴一起玩?
	小学:你的班级怎样?你喜欢的课外活动(兴趣爱好),你擅长的科目
	中学:学校类型,你的兴趣爱好?你擅长的科目,你的专长
	大学选择:你选择和喜欢的学习内容、学习方式、休闲生活的内容与方式,你的爱好有哪些?

续表

成长主题	具体情况
我的好友	你喜欢什么样的人做你的好友,你的朋友很多,还是朋友较少但是能交心?
	在好友心目中,你是怎样的人?
	在一群朋友当中你扮演什么角色,领导者,听从者还是协助者?
我的家庭	父母对你的教育方式是明主开放的,还是管制得较多?
	父母给你最大的影响是什么?
我的选择	从小到大有关你人生的重大选择,是由你父母做主,还是你自己决定? 你父母为你决定的有哪些?
	你自己曾经做过的重大选择有哪些?
	对从小到大,对你影响最大的人是谁? 原因是什么?
	你曾做过的,最投入的事是什么? 做这件事你投入了多少时间和精力? 有什么体验?
我的职业理想	你的职业偶像是谁? 为什么崇拜他/她?
	你曾想过从事哪些职业?
	根据你的个性、专长和能力,你希望从事什么职业? 职业的工作内容是什么? 你选择该职业的原因是什么?
	未来的 3～5 年,你有哪些职业目标?

通过上述思考,你的感悟:

注:上述思考可以作为你的生涯传记的基础。

（二）评估与分析要点

1. 你儿时的经历

通过儿时的经历,可以评判你的个性。例如,幼年时期,你如果喜欢和很多小朋友一起玩耍,那么你的个性是乐观开朗的,反之则性格偏内向。

2. 你的兴趣、爱好

通过兴趣、爱好,可以评判你的性格。例如有的人喜欢足球、篮球这类需要多人合作完成的体育运动,可以判断他喜欢群体性的活动,性格偏外向;有的人喜欢书法、绘画这类由自己独立完成的业余活动,这样的人性格则偏内向。

3. 你擅长的专业、科目

通过擅长的专业、科目,可以评判你的专长、能力。例如,你擅长语文,可能你的语言文字表达能力比较强;你擅长数学,说明你的思维能力和计算能力比较强。

4. 你选择的朋友

通过朋友选择,可以评判你的性格和行事方式。例如,你喜欢与很多朋友一起玩耍,并且你在朋友中是活动的组织者,可以说你是一个性格外向、具有领导力的人;如果你只有几个可以交心的朋友,说明你的性格偏内向。

5. 你父母的影响

通过父母的影响,可以判断你的个性及决策能力。例如你的父母是民主型父母,常常能理解和尊重你的选择,给你进行自我选择的机会,那么你的个性能得到更好的发扬,你的自我决策能力更强。如果你事事依赖父母的安排,凡事由父母包办,那么你没有机会进行自我选择,你的决策能力就相对较弱。

6. 你对事情的投入程度

一个人对事情的投入程度可以反映一个人的意志力和专心程度,一般来说,成功的人都具有坚强的意志力,而做事三心二意的人则难以取得成功。

可以说上述每一个问题都是我们成长中遇到的,每个问题都有很多值得我们进行思考的地方,每一个思考都能发现你自己与众不同的特点。那么请认真地思考,并将属于你的特点写下来,你将会发现那个藏在深处的自我。

可以和朋友分享一下:从对过去经验的回忆中,你发现你有哪些特点?

(三)周哈里窗

请你根据以下的说明内容予以归类,分别写在周哈里窗(见表 9.4)的 4 个格子里。

(1)公众我:自己与别人都有提到的特质。

(2)背脊我:自己没写而别人却提到的特质。

(3)秘密我:自己写了而别人却没提到的特质。

(4)潜在我:自己与别人都不知道的特质(空白)。

表 9.4　周 哈 里 窗

	自己知道	自己不知道
别人知道		
别人不知道		

（四）SWOT 分析法

使用 SWOT 分析法进行自我分析，并将结果填入表 9.5。

表 9.5　SWOT 分析法

内部 个人 因素	优势和优点：	弱势和缺点：
外部 环境 因素	发展和机会：	阻碍和威胁：

自己真实的卖点：

总体鉴定：(评估你制定的生涯发展目标)

具体规划：(规划你的 3～5 年目标)

五、生涯规划的目标设定

（一）树立正确的人生观

人生观是人们对人生目的和人生意义的根本看法和态度。一个人生活在什么样的社会关系之中，有着什么样的生活环境和遭遇，就会形成什么样的人生观。大学生是祖国的未来和希望，他们的理想信念如何，直接关系着 21 世纪中国的发展和前途。

1. 树立正确的道德观

"勿以恶小而为之，勿以善小而不为，唯贤唯德，能服于人。"社会主义市场经济体制的建立，致使大学生的道德观趋向多元化。大学生作为社会主义事业的接班人，应树立正确的道德观，培养良好的道德品质，培养爱国主义、集体主义和社会主义精神，树立劳动、创造、奉献的价值观，用实际行动践行社会主义道德的内涵。

2. 树立正确的苦乐观

"艰难困苦，玉汝于成"，困苦并不是坏事，它能造就人也能考验人。在面对困难时,作为新一代的大学生,应摆正心态,树立正确的苦乐观,及早确立大学的奋斗目标和规划,并在追求和实现目标的过程中体验幸福与快乐。

3. 树立正确的成才观

每个大学生都有自己的成才定位。什么样的人能够称之为人才？胡锦涛同志指出,要牢固树立人人都可成才的观念,坚持德才兼备原则,把品德、知识、能力和业绩作为衡量人才的主要标准,不唯学历,不唯职称,不唯资历,不唯身份,努力形成谁勤于学习、勇于投身时代创业的伟大实践,谁就能获得发挥聪明才智的机遇,就能成为对国家、对人民、对民族有用的人才。著名教育家顾明远教授认为:"只要有社会责任心,勤奋努力,为社会做出一定贡献的就是人才。"

4. 树立正确的择业观

随着改革开放的深入和社会主义市场经济体制的进一步完善,当代大学生的职业价值观也发生了变化,由以往的立志成才、振兴中华、报效祖国、实现人生远大理想等取向,逐步趋向现实化、多元化、短期化、功利化。大学生在选择职业时体现出来的价值取向更多的是实现自我价值兼顾经济收入。

为适应社会的发展变化,大学生应学会全面客观地看待就业问题,自觉树立正确的择业观,培养强烈的竞争意识,坚持正确的竞争原则,自强自立,通过自身努力寻找就业机会,并根据自身条件,选择适合的职业和岗位。

（二）培养良好的心态

做任何事情都必须从良好的心态开始,良好的心态将帮助人们轻松驾驭生活,化逆境为顺境。

1. 正视现实,认识自己

高校扩招,毕业生增加,就业压力大,这些都是大学生面临的严峻考验。面对就业市场需求,大学生应勇敢面对现实,主动适应社会,不把就业期望值定得过高,把眼光放远些。每个大学生都要学会客观地评价自我,树立良好的心态,客观和正确地认识自我,从实际出发,转变就业思路,从基层做起,逐步向着自己的目标前进,抓住机遇,实现理想。

2. 敢于竞争,不怕挫折

竞争无处不在,大学生要适应就业制度的深化改革,增强竞争意识,敢于竞争。要从实际出发,依靠真才实学,并准备经受挫折。要知难而上,要知难而进,要敢说、敢想、敢干,要相信自己经过高等教育所获得的知识和能力。常言道,世上无难事,只怕有心人。只要在实践中大胆去干,就没有胜任不了的工作,只要在竞争中奋力拼搏,发挥自己的长处,就一定能到达成功的彼岸。同时,大学生要认识到,在就业时遇到挫折是很正常的事,一定不要消极退缩。挫折是锻炼意志、增强能力的好机会。遇到挫折后应放下心理包袱,仔细寻找失利原因,调整好目标,脚踏实地前进,争取新的机会,只要有毅力,不怕失败,坚定信心,积极面对生活中的挑战,就会实现顺利就业。

3. 学会心理调适,维护身心健康

心理调适是指大学生运用心理学的方法,改变或扩大原有的认知结构,以适应新的情况或新的历程,其作用在于帮助大学生在遇到挫折和冲击时,能够客观地分析自我和现实,有效地排解心理困扰,控制和调节自己的情绪,从而保持一种稳定而积极的心态。如果常常出现焦虑不安、不满、自卑、自我否定的心态,就要积极运用各种方法舒缓不良情绪。既要学会运用自我转化法、自我宣泄法、自我慰藉法、松弛练习法等方法进行自我调适,又要学会寻求他人的帮助,积极向朋友、老师倾诉自己的压力,特别是寻求专业心理咨询人员的帮助,缓解心理冲突,保证自己的身心健康。

4. 从基层做起,放眼未来

大学生虽然具备一定的文化知识和专业技能,但由于没有工作经验,离胜任工作还有很大的距离。不管是做公务员还是在企事业单位工作,都要从基层做起。只有从最基层的平凡工作做起,才能不断积累工作经验,掌握工作规律,提高自己的工作能力。大学生要排除心理障碍,树立远大理想,用正确的人生观和价值观来面对就业。

(三)养成健康的行为习惯

健康不单指身体没有疾病,还要有完整的生理、心理状态和社会适应能力。大学是学生长身体的重要阶段,同时也是行为方式、生活方式形成的关键时期。

大学生要保持良好的身体状态,第一,要积极锻炼。生命在于运动,进行脑力、体力相协调的运动,是消除疲劳、保证健康的重要手段。第二,要注意合理膳食。第三,要规律生活。作息时间合理,早起早睡,劳逸结合,保证充足的休息和睡眠时间。第四,不吸烟、不酗酒,不滥用药物、不迷信、不赌博。

大学生在重视身体健康的同时,也要关注心理健康。要始终保持稳定的情绪,

愉快的心境,坚强的性格,融洽的人际关系,较好的自控能力,保持积极的人生态度和饱满的精神状态,遇到困难不气馁,遇到外界刺激不紧张、不焦虑、不抑郁,不卑不亢,精神放松。遇到挫折时,要学会倾诉,不仅可以找几个彼此信赖的朋友倾诉一下,还可以充分利用高校资源,寻找专业咨询老师的帮助,通过心理咨询,放下包袱,轻松面对挫折。

六、时间管理方法

（一）6 点优先工作制

这种方法是咨询大师艾维利提出的时间管理方法,其核心内容是每天全力以赴做 6 件最重要的事。

写出你每天要做的 6 件重要的事情:

1. _____
2. _____
3. _____
4. _____
5. _____
6. _____

在前一天晚上,将你第二天要做的事情写出来,并且按照重要的程度对所有事情排序,早晨醒来之后就投入到第一件要完成的事情之中,直至完成。每天都这样做,必会终身受益。

（二）80/20 法

生活中几乎 80% 的结果是源于 20% 的活动,要用 80% 的时间来做 20% 最重要的事情,即二八理论(也称 80/20 法)。80/20 法表明,应该把最好的时间用在最重要的事情上,所谓"好钢用在刀刃上",时间管理是个人财富之源,根据这一原则,我们应该首先完成那些紧急又重要的工作,其次是重要而非紧急的任务,再次是紧急而非重要的工作,最后是那些既不重要也不紧急的工作。

根据 80/20 法,我们可以将每天将要做的事情通过表 9.6 进行归类。

表 9.6 利用 80/20 法归类

	紧急	不紧急
重要	重要-紧急:立刻处理 1. _____ 2. _____ 3. _____ 4. _____	重要-不紧急:定下期限、不拖延 1. _____ 2. _____ 3. _____ 4. _____
不重要	不重要-紧急:完成重要事情之后再说 1. _____ 2. _____ 3. _____ 4. _____	不重要-不紧急:有空闲时间再说 1. _____ 2. _____ 3. _____ 4. _____

（三）生活节奏法

　　每个人的工作状态不一样,注意你平时的精力状态,在你脑子最清楚的时段,做最有价值的事情,注意研究你的注意力集中的时间能有多长,在此时间内解决问题:该休息的时候就一定要休息,在你刚感到疲倦的时候及时休息,你每天清醒的时间就多了一个小时。你的精力状况如何？根据实际情况填入表 9.7 中,在以后的学习与工作中你就能够利用自己精力充沛的时间段做最重要的事情。

表 9.7 生活节奏列表

时间段	精力充沛	精力一般	精力下降	很想睡觉
6:00—8:00				
8:00—10:00				
10:00—12:00				
12:00—14:00				
14:00—16:00				
16:00—18:00				
18:00—20:00				
20:00—22:00				
22:00—24:00				

（四）日程表管理法

将每天要做的事情填写到日程表（表9.8）里面，结合6点优先工作制把每天最重要的事情做好。

表9.8 日 程 表

每天的事务	起止时间	使用时间	优先顺序	完成情况
1				
2				
3				
4				
5				

第二节 如何编制大学学业规划

大学生学业规划是生涯规划的重要组成部分，是大学生对其大学的学业所进行的安排和筹划。具体来讲，就是指大学生通过对自身特点和社会需要进行的深入分析和正确认识，确定自己的学业发展方向，然后结合自己的实际情况制订的学业发展计划。

一、学业规划的现实意义

对于在校的大学生来说，及早设计自己的学业规划，明确自己的学业目标，在充分了解自身学什么、怎么学、什么时候学等问题的基础上提高综合素质，才有可能在将来激烈的竞争中把握住机会，获得事业上的成功。

（一）有助于更好地迎接社会挑战

从用人单位的发展和对人才的要求来看，他们越来越看重大学生的主动性与创造性。目前的大学生普遍存在对市场需求不了解、职业发展方向不明确、职业生涯规划知识缺乏以致影响整个大学期间学习的现象，学校在临近毕业时的短期就业指导及培训已不能满足大学生的需要。大学新生进入大学后,面对新的学习方式和丰富的课余时间,除了学习,他们实在不知道还需要做些什么,显得十分茫然。因此,对大学新生进行什么是学业规划、如何进行有效的学业规划及怎样树立正确的学习观的教育,可以促使他们增进对自己的认识,逐步建立学业规划必须从现在做起的理念。同时也可以使大学生感受到自己对个人、对社会及国家的责任,有助于大学生的学习和发展,以便将来更好地迎接时代的挑战。

(二)有助于更好地促成自我实现

一份切实有效的学业规划,能够引导大学生认识自身的个性特质、现有和潜在的资源优势,帮助他们重新认识自身的价值并促使其持续增值;能够引导大学生对自己的优势与劣势进行对比分析,帮助他们培养自己的就业核心竞争力;能够引导大学生树立明确的学习发展目标,并与未来的职业生涯发展目标进行有机结合;能够引导大学生评估个人学业目标与自身目前现状间的距离,明确目前的努力和发展方向;能够引导大学生学会如何应用科学有效的学习方法,采取切实可行的学习步骤和措施,不断增强自己的学业竞争力,借以实现自己的学业目标与理想,在未来的职业生活中实现自我。

(三)有助于更好地集中学习精力

如果没有进行科学有效的学业规划,大学生的时间和精力常常会处于荒废和散乱之中,很容易囿于与学业无关的琐事之中,虚度大学的美好时光,浪费自己的青春年华。大学生学业规划不仅对大学生的日常学习具有指导作用,还可以让大学生明确现在做的每一点都是实现未来目标的一部分,可以让大学生重视并把握好现在,将时间、精力和资源集中于自己选定的专业,促使大学生更加热爱和珍惜自己的大学生活。大学生学业规划能使大学生心中的理想具体化,集中精力进行学习,对学业的顺利完成做到心中有数,热情高涨。

(四)有助于增强学习的积极主动性

科学有效的大学生学业规划能够使大学生从大一开始就认清自己的学习目标和发展方向,并在四年内为自己的目标而努力,而不是到快毕业了,才开始想自己到底要干什么,能够改变大学生以往被动学习的尴尬局面,养成大学生积极学习和主动面对大学生活的良好习惯。大学阶段培养学业规划意识,就是为了激发大学生的学习动机,让大学生由"要我学"变为"我要学",增强大学生学习的积极性和主动性,从而提高学习效率。

二、如何进行学业规划

大学生刚刚进入大学在学习中往往会遇到很多不适应的地方,这就需要大学生制订科学的学业规划,主动适应新的学习环境,养成自主学习的习惯。怎样确定学习目标,怎样实现学习目标,都是大学生经常会遇到的问题。

(一)确定学习目标

没有切实可行的目标往往是大学生感到迷茫的最主要的原因。没有目标的大学生活就像一条没有方向的航船,不知道要驶向何方。

确定学习目标要考虑以下几个方面的因素:一是要分析自己的兴趣爱好,认定自己想干什么。目前有很多大学生对自己的兴趣感到模糊,甚至没有,所以要认定自己的兴趣爱好是什么,择己所爱,选择自己喜欢的专业方向和研究领域进行学习。二是要分析自己的能力、特长,确定自己能干什么。任何职业都要求从业者掌握一定的技能,具备一定的条件,所以大学生要结合自己的兴趣爱好,在认定自己想干什么的基础上进行自我分析,最终确定目前已经具备了哪些能力,还应该培养哪些能力。三是要分析未来,着眼于将来的社会发展趋势,选择社会需要且最适合发挥自身优势的专业方向和研究领域,把自己的兴趣爱好、能力特长与社会需要结合起来,才是确定大学生学习目标的关键所在。

大学生学习目标不是随便确定的,可以按以下步骤进行:首先,确定长期目标。一般是指大学生学习期间的总体目标,是自己经过努力可以接近或达到的水平。在确定的过程中要考虑自己的能力、水平、兴趣和所学专业的特点。目标可以自己确定,也可以与老师和同学交流,了解大家的看法后确定。其次是确定阶段性目标。一般以时间为依据划分阶段,可以是一学年也可以是一学期。确定的目标要表达准确,并且是可以量化的。确定后,每隔一定的时间要做一下自我检查,到学期或学年结束时,总结一下阶段性目标是否达到。如果没有达到应该找出原因,想想是因为自己没有努力,还是目标定得太高了。

(二)制订学习计划

学习目标确定下来以后,接下来就是要制订详细的学习计划,并对学习时间进行合理安排,以达到学习目标。不少学生在刚进入大学时有着对未来的美好憧憬,然而随着时间的推移,对大学的新鲜感逐渐消失,便开始随波逐流,忘记了自己当初的雄心壮志。这就需要在确定了学习目标后,要有具体的学习计划。我们可以把大学生活分为几个阶段,每个阶段都有需要完成的重点与难点任务,这些重点和难点也就是学习计划的核心。在安排学习任务时可按照重要性和紧迫性评价一下活动的优先级,优先安排重要又紧迫的事情,然后再做重要但不紧迫的事情,再次才是紧迫但不重要的事情,最后做既不重要又不紧迫但是必须做的事情。另外,还要根据一天中什么时间最适合做什么事情来安排时间,比如早晨更适合背英语单词,晚上可能更适合看专业书等。

学习计划制订以后,就需要大学生以高度的自觉性和顽强的毅力来保证实施。在制订学习计划时最好留有一定的弹性,这样在遇到意外情况时才能及时做出调整,而且每周都需要对自己的执行情况进行检查。反思一下:这周的计划是什么?完成情况如何?如果没有完成,原因是什么?是由于计划制订得不合理还是自己不够自觉?如何解决这个问题?下一周的学习时间表如何制订?刚开始执行时间表时不可能百分之百成功,但是只要不断反思,发现问题所在并不断调整,就可以形成适合自己的时间管理方式。

(三)优化学习方法

要取得良好的学习效果,就必须有高效的学习方法。学习方法是多种多样的,不是每种学习方法都适合自己,但是也有一些通用的学习方法,比如说记笔记。掌握记笔记的有效方法对大学生来说是很有必要的,下面介绍常用的记笔记的小技巧。

(1)对笔记本进行区域划分。在笔记本的右侧画一条竖线,在线左边的部分记老师所讲的内容,在线右边的部分可以记一些自己的想法或对老师所讲内容的反思。

(2)用符号代替常用术语。自己创造一些小符号来代替常用术语,可以留出更多的时间听课,也可以穿插一些表格、流程图等,以便形象地描述记录内容。

(3)记录关键的内容。可以简洁记下老师上课时所说的重点内容,老师经常会说"应注意……""别忘记……""重点是……"这些就是讲课的重点之处。

(4)标明记录内容的逻辑关系。注意标题之间的层次关系,形成知识点之间的逻辑结构。老师讲课的内容往往是按一定的条理组织起来的,所以记笔记时要注意把笔记的内容按一定的层次关系进行组织。

（5）经常复习笔记的内容。做笔记的目的在于充分利用课堂上老师所讲的学习资料。很多同学做完笔记就放在一边，等复习迎考的时候匆忙找出来才发现内容太多，难以在短时间内消化。这就需要学生在做完笔记后及时复习。

（四）规划内容

1. 坚定理想，树立目标

从发展目标切入，着眼于理想信念、升学留学、就业创业、创新发展等学生发展领域，指导学生做好大学人生规划。要坚定理想信念，把个人成长成才融入祖国和人民的伟大事业之中，认认真真践行责任，扎扎实实修学、修身、修德，努力成长为一个有知识、有能力、有修养的人，一个有追求、有梦想、有担当的人。

2. 勤学善思，追求卓越

细化学习基本环节，打牢学习基础。学生的天职是学习，学习好是前提、是根本。要尽快适应大学学习节奏，主动调整学习方法，拥有勤学善思的决心和恒心，养成课前预习、上课认真听讲做好笔记、课后及时复习消化、主动答疑、认真完成作业、认真做实验、勤于总结等学习的好习惯。把学习作为一种责任来践行，重视学习、不断学习、善于学习。

3. 弘扬传统，践行校训

"规格严格，功夫到家"是对哈工大传统的升华，是对哈工大精神的凝练，是哈工大人的生命基石和精神图腾，是哈工大的校训，也是"哈工大规格"的集中彰显。要认真学习校训的历史和背后的内涵，在学习和生活中一点一滴感悟哈工大传统与精神，严以律己，刻苦钻研，严守哈工大规格。

（五）量化指标（优秀学生标准）

（1）学生拥有理想信念，自觉践行社会主义核心价值观。

（2）学生愿意积极靠近党组织，递交入党申请书。

（3）学习刻苦努力，学习成绩达到班级前30%。

（4）明确学习目的，有积极的人生发展目标。

（5）保持良好的学习习惯，课前预习每一节课。

（6）学期内无迟到、早退、旷课情况。

（7）课上认真听讲，认真记笔记。

（8）主动答疑，疑难问题不过夜。

（9）独立完成作业，无抄袭。

（10）完成通识教育学分，保持阅读好书的习惯。

（11）参加大一年度项目学习，结题并获奖。

（12）坚持课后复习，熟练掌握课上重点内容。

（13）通过外语四级、六级考试。

（14）按时起床，按时早餐，按时就寝。

（15）坚持每日锻炼，身体健康。

（16）拥有和谐的人际关系，和班级及宿舍同学相处融洽。

（17）构建社会支持系统，找到人生导师。

（18）保持心理健康，拥有爱人能力。

（19）发展至少一项兴趣爱好，坚持参加活动。

（20）财务状况无"赤字"。

（21）孝顺父母，尊重父母，每周与父母交流汇报一次。

（22）参加志愿服务不低于 80 小时。

（23）参加社会实践不低于 10 天。

（24）保持个人卫生习惯，寝室卫生检查达到优秀。

（25）参与"印象哈工大"博物馆育人项目、"荣耀哈工大"航天馆育人项目。

（26）无补考、挂科，无考试违纪行为。

三、学业规划实施要点

1. 分析学业规划

制订了科学的大学生学业规划之后，应该对相关问题进行进一步分析。主要包括：这是不是自己非常期望的大学生学业规划；自己是否乐意全身心投入；自己能够想象的达成目标的情形；这个学业规划是否符合校规校纪，对其他相关者是否公平；它与长远规划及其他相关的阶段性目标有没有矛盾和冲突等。通过上述分析强化自己对此项工作重要性的认识，做好充分的准备。

2. 强化学业规划

在学业规划选定以后，如果不立即行动，就会影响学业规划的实施，最终导致无法实现既定的学业规划。学业规划的执行者在执行之前应充分运用想象，详细地罗列出达成学业规划的好处,从而培养出积极的心态,进而增强规划实施动力、产生更大的规划执行力,确保学业规划顺利完成,上述行动称为强化学业规划。

3. 分解学业规划

学业总体目标确定出来以后,要能自上而下地进行系统的分解,即制订出具体的学习计划。可以按照以下思路进行:四年的总体学习目标,一年的学习目标,一学期的学习目标,一个月的学习目标,一周的学习目标,一天的学习目标,使学业规划落实到学习生活的每一天,确保学业规划的严格执行。

4. 评估学业规划

在实施学业规划的过程中,要对自己的执行情况做出及时的评价和估计。由于现实生活中种种不确定因素的存在,要求学业规划的设计具有一定的弹性,以便于自己能及时反省和修正学业目标,及时变更实施措施与计划。每学年、每学期、每月、每日都要进行检查和评估,进而分析其原因与障碍,找出改进的方法与措施。

第三节　如何编制大学生活规划

一、了解专业

一般来说,专业是指根据学科和社会需要分门别类进行高深专门知识教与学活动的基本单位。按专业设置组织教学,进行专业训练,培养专门人才是现代高等教育的重要特点之一。大学中的专业的界定,通常指高校根据社会分工需要所分成的学科门类,编有独立的教学计划,体现本专业的培养目标和规格。

(一)专业学习与职业发展的相互关系

专业是个人职业选择的基础。人们职业选择的方向,由个人所具备的职业基础决定。如果将个人职业生涯发展比作一棵树,这棵树枝叶繁茂的程度取决于树的根基。职业选择的根基有三个层面:第一,合格的专业知识;第二,复合型的知识结构;第三,健全的人格。大学生应当尽快了解自己所学的专业将学习哪些学科,这些学科知识在社会上的实用性如何,学校课堂知识是否需要做进一步的补充,争取为未来发展构建合理的专业知识结构。

职业目标是专业学习的重要动力。某校就业指导中心曾以抽样调查和重点调查相结合的方法,以信函、网络和走访的形式对上海和其他地方的 166 家用人单位进行调查,内容涉及专业基础知识、思想品德状况与主观精神、特殊能力和其他相关因素四个方面,结果表明,非常重视和比较重视学生专业知识的单位共占被调查单位总数的 93.1%,说明绝大多数单位都十分重视学生的专业学习状况。

职业发展是检验专业学习效果的重要标准。学生应充分了解职业发展变化的趋势及一般规律,树立正确的职业理想、就业价值取向和正确的择业观,结合自己的兴趣爱好和综合能力,选择适合自己的专业,这不仅决定了学生在就业市场上的竞争能力,而且影响着个人终生的发展方向和自我价值的实现。

(二)了解课程设置

了解本专业的课程设置。要学习一个专业,首先必须对该专业所需学习的课程、课程资源配置、学习的目标与要求、考核方式等有初步的了解。要知道自己未来几年时间将学习什么样的课程,这些课程对于自己的职业技能所进行培养的训练,哪些是必需的,哪些是不必要的,要进行预先的准备和筹划,以便更有效地利用时间和精力。课程设置是整个专业教学计划的核心,了解专业课程对于自己"应该学什么"有一个比较清楚的认识。但是由于学校的课堂教学和社会实际的需要还是有一定的差距的,因此还需要自己学习,更多地了解社会的实际需要,使自己的学习与社会需要结合起来。

(三)学长访谈

了解专业的途径之一是向本专业的专业课老师、学长们请教,听听他们对专业的详细介绍。需要了解以下问题:

(1)你的专业是为了培养哪些人才的,有哪些主要课程?

(2)你的专业毕业后,可从事哪些较为对口的职业?

(3)将这些职业归类,哪些技术性要求较高,哪些是非技术性的?

(4)你的专业对应的有哪些著名的企业? 该企业的主打产品是什么?

想一想,这些职业中,有你希望从事的职业吗? 有的话,有哪些? 假如不是你喜欢的职业,你以后打算从事哪些职业呢?

二、了解环境

环境因素对个人职业生涯与发展规划有极大的影响,作为社会生活中的个体,只有顺应外部环境的需要,才能最大限度地发挥个人优势,实现职业生涯的目标。在了解了自己和专业以后,大学生有必要了解所处的环境、所学的专业以及目前职业的基本情况。

社会环境和行业环境共同构成了职业的外部环境。

（一）社会环境分析

1. 社会经济的发展水平

经济发展的水平对职业发展具有重要的制约作用。我国东西部经济发展差异很大,在人才市场上出现了一种"一江春水向东流"的局面。但是,东部沿海地区聚集的专业人才多,竞争激烈,刚毕业的大学生缺乏工作经验,对自己的工作水平往往估计过高,结果很难找到一份满意的工作。相反,西部某些不发达城市的企业由于缺乏专业技术人才,往往求贤若渴,大学毕业生选择到西部某些不发达城市去工作也不失为明智的选择。

另一方面,一个正在迅速发展的国家,还有很多未知领域和行业需要大学生去开拓和建设。从某种意义上来说,通过自主创业实现自我价值更值得称道。

2. 信息技术的发展

首先,信息技术的发展使与信息技术相关的服务业获得了飞速发展,职业的技能要求发生了重大的变化,因为职业的范围在一定程度上转向信息业为主导,并在此基础上不断发展。

其次,信息技术的发展给职业发展带来了一个根本性的变化,即无论在服务业还是在制造业,对纯体力型劳动者的需求都在减少,相应的,对知识型人才的需求在增加。

3. 政治体制的影响

一个社会的政治体制对经济体制、企业的组织体制都有重大的影响,政治体制及所产生的氛围还会潜移默化地影响个人追求,从而直接影响到职业生涯的选择和发展。

4. 社会文化环境和主流价值观的影响

一方面,社会文化环境,如教育水平和条件、社会文化设施等,会影响到人们受教育的机会,而良好的教育又是职业生涯成功的重要基础。另一方面,社会文化的重要组成部分是社会的主流价值观,它会影响学生的思想和行为,从而影响他们在职业选择中的判断。

（二）行业环境分析

行业的环境将直接影响到企业的发展状况,进而也将影响到个人的职业生涯与发展规划。

1. 行业发展的状况

首先应了解自己现在所从事的行业,这个行业属于什么样的领域;这个行业在我国的发展趋势如何;行业目前存在什么样的问题;行业是否具有竞争力优势,这种优势会持续多长时间。

2. 国际国内重大事件对行业的影响

行业的发展受到国际、国内重大事件的影响,进而影响到该行业能否提供较多的就业机会。

3. 行业发展前景预测

行业发展前景预测可以从两个方面进行:一方面是行业自身的生命力,是否有技术、资金的支持;另一方面需要考虑和研究国家对相关产业的政策。

三、职业探索

了解你的家族成员都是从事什么工作的,虽然他们所从事的不一定就是你所向往的职业,但了解他们职业的特性、工作中的喜怒哀乐、家族成员对你的期望,可以掌握了解职业的方法,并对职场有初步的认识。

1. 活动流程

（1）了解职业不妨从自己最熟悉的身边人开始。首先,按树状列出你家庭中的亲属及他们的职业。

（2）列完后,请回答以下问题:

我家族中最多人从事的职业是什么?

我想要从事这种职业吗? 为什么?

爸爸如何形容他的职业？爸爸平时会提到哪些职业？他怎么说的？

爸爸的想法对我的影响。

妈妈如何形容她的职业？妈妈平时会提到哪些职业？她怎么说的？

妈妈的想法对我的影响。

家族中还有谁对职业的想法对我影响深刻？他们怎么说？

家族中受到羡慕的职业是什么？（例如："堂哥在医院当医生，不仅收入高，社会地位也高"）

对于他们的想法，我是怎么看的？

我觉得家人对我未来选择职业的影响。

我的家人最常提到有关职业的事是什么？对我的影响有哪些？

哪些职业是我绝不考虑的？

哪些职业是我有考虑的？

选择职业时，我还重视哪些条件？

2. 分享

（1）讲一讲你的一个家族成员的职业故事。

（2）把大家家族成员的职业都写出来，进行一下分类。

（3）你最想从事你的家族或者同学家族中的哪个人的职业，为什么？

如果你想进一步了解自己或同学家庭成员的职业，可以向他们求助。通过绘出自己家庭的职业树，了解家庭主要成员的职业目标，并结合自身的价值观、兴趣和职业倾向确定自身的职业发展目标。

四、职业定向

大学生在认知自我、转变角色，了解了关于专业、职业环境的相互关系之后，就要对自己的大学生活和未来的职业目标、职业生涯发展路径做出决策，即进行科学合理的职业生涯与发展规划，尤其是对大学期间的学业、生活成长以及社会实践方面做出合理的规划，这是职业生涯与发展规划中最为关键的一个环节。

（一）选定职业方向

1. MBTI 职业性格测试

美国的心理学家布里格斯和她的女儿心理学家迈尔斯根据瑞士著名的心理

分析学家荣格的心理类型理论和她们对于人类性格差异的长期观察和研究给出了 MBTI 职业性格测试法。经过了近 70 年的研究和发展,MBTI 职业性格测试法已经成为当今全球最为著名和权威的职业性格测试方法。MBTI 职业性格测试法是一种自选型、自我报告式的性格评估测试,用于衡量和描述人们在获取信息、做出决策、对待生活等方面的心理活动规律和性格类型倾向。MBTI 职业性格测试法目前已成为企业招聘选聘时应用最广泛的人才测评工具和个人职业生涯规划的必备工具。

MBTI 职业性格测试法共有 4 个维度,每个维度有两个方向,共计 8 个方面,分别是:外向(E)和内向(I),感觉(S)和直觉(N),思考(T)和情感(F),判断(J)和知觉(P)。例如:我们与世界的相互作用是怎样的? 外向(E)或内向(I);我们自然留意的信息类型? 感觉(S)或直觉(N);如何做决定? 思考(T)或情感(F);做事方式? 判断(J)或知觉(P)。每个人的性格都处于 4 种维度每一种中点的这一边或那一边,我们把每种维度的两端称作偏好。例如,如果你处于外向的那一边,那么就可以说你具有外向的偏好。如果你处于内向的那一边,那么就可以说你具有内向的偏好。

注意事项:如果你觉得在不同的情境里,两个答案或许都能反映你的倾向,请选择一个对于你的行为方式来说最自然、最顺畅和最从容的答案。

例子:你参与社交聚会时

A. 总是能认识新朋友。(　　　)

B. 只跟几个亲密挚友待在一起。(　　　)

很明显,你参与社交聚会时有时能认识新朋友,有时又会只跟几个亲密挚友待在一起。在以上的例子中,如果我们能认识新朋友的情形更多,而只跟几个亲密挚友待在一起的时候相对较少,则选择 A;反之则选择 B;如果在你看来,两者的时间差不多,这样的情况下,你可以问下最了解你的朋友,他们的客观观察结果是什么。题目的答案无对错之分,你不需要考虑哪个答案"应该"更好,不要在任何问题上思考太久,凭你的第一反应迅速做出选择。

下面,我们马上开始测试。

(1)认识你的人倾向形容你为:

F. 热情和敏感

T. 逻辑和明确

(2)下列哪一件事听起来比较吸引你?

E. 与朋友到有很多人且社交活动频繁的地方

I. 待在家中与恋人做一些特别的事情,比如说观赏一部有趣的电影并享用你最喜欢的外卖食物

（3）你倾向于通过以下哪种方式收集信息？

S. 你对有可能发生的事情的想象和期望

N. 你对目前状况的实际认知

（4）你把大部分和别人的相遇视为：

F. 友善及重要的

T. 另有目的

（5）当你和恋人分手时：

F. 你通常让自己的情绪深陷其中,很难抽身出来

T. 虽然你觉得受伤,但一旦下定决心,你会直截了当地将过去恋人的影子甩开

（6）当与一个人交往时,你倾向于看重：

F. 情感上的相容性,即表达爱意和对另一半的需求很敏感

T. 智慧上的相容性,即沟通重要的想法;客观地讨论和辩论事情

（7）你倾向于拥有：

E. 很多认识的人和很亲密的朋友

I. 一些很亲密的朋友和一些认识的人

（8）过去,你的恋人倾向于对你说：

E. 你难道不可以安静一会儿吗？

I. 可以请你从你的世界中出来一下吗？

（9）当你对一个约会觉得放心时,你偏向于谈论：

S. 未来,关于改进或发明事物和生活的种种可能性。例如,你也许会谈论一个新的科学发明,或一个更好的方法来表达你的感受

N. 实际的、具体的、关于"此时此地"的事物。例如,你也许会谈论品酒的好方法,或你即将要参加的新奇旅程

（10）你倾向于相信：

S. 你的直觉

N. 你直接的观察和现成的经验

（11）在约会中,你通常：

E. 整体来说很健谈

I.　比较安静

（12）在第一次约会中：

J.　若你所约的人来迟了，你会很不高兴

P.　一点儿都不在乎，因为你自己常常迟到

（13）当你置身于一段关系中时，你倾向于相信：

S.　永远有进步的空间

N.　若它没有被破坏，不予修补

（14）你是这种人：

S.　喜欢先纵观全局

N.　喜欢先掌握细节

（15）过去，你遇见你大部分的恋人是：

E.　在宴会中、夜总会、工作上、休闲活动中、会议上或当朋友介绍我给他们的朋友时

I.　通过私人的方式，例如个人广告、录影约会，或是由亲密的朋友和家人介绍

（16）你是这种类型的人：

S.　与其活在现实中，不如活在想象里

N.　与其活在想象里，不如活在现实中

（17）哪一项较常见：

J.　你准时出席而其他人都迟到

P.　其他人都准时出席而你迟到

（18）你偏好：

J.　事先知道约会的行程，包括要去哪里、有谁参加、你会在那里多久、该如何打扮

P.　让约会自然地发生，不做太多事先的计划

（19）你是此类型的人：

J.　喜欢在一段时间里专心于一件事情直到完成

P.　享受同时进行好几件事情

（20）你倾向于如此做决定：

F.　首先依你的心意，然后依你的逻辑

T.　首先依你的逻辑，然后依你的心意

（21）你倾向于从何处得到力量：

E. 别人

I. 自己的想法

（22）你通常：

E. 喜欢和很多朋友在一起,而不愿意独处

I. 在独处的时候,能找到更多的乐趣,而且感到轻松自在

（23）你会：

S. 关注实实在在的人和物,不太喜欢浮想联翩

N. 我常常会有一些新的点子冒出来,总觉得有更好的办法去解决一些事情

（24）当你不同意对方的想法时：

F. 你尽可能地避免伤害对方的感情,若是你认为你的观点会对对方造成伤害,你就不会直接表达

T. 你通常毫无保留地说话,并且对对方直言不讳,因为对的就是对的

（25）你倾向于比较能够察觉到：

F. 当人们需要情感上的支持时

T. 当人们不合逻辑时

（26）若你有时间和金钱,你的朋友邀请你到国外度假,并且在前一天才通知,你会：

J. 必须先检查自己的时间表

P. 立刻收拾行装

（27）你选择的生活充满着：

J. 日程表和组织

P. 自然发生和弹性

（28）你是以下哪种人：

J. 下定决心并且做出最后肯定的结论（比较倾向于不经多方面考虑便做出决定）

P. 放宽你的选择面并且持续收集信息（在不得不下决定的时候常显得犹豫不决）

测试答案:统计所选的选项字母数量,填入表9.9中,然后把每组得分最高的字母圈出来,得到4个字母,这4个字母就是你的性格类型代码。

表 9.9 MBTI 职业性格测试统计表

第一组	E:	I:
第二组	S:	N:
第三组	T:	F:
第四组	J:	P:
性格类型代码		

2. MBTI 职业性格测试的 16 种人格类型

（1）ISTJ（内倾实感 & 外倾思考）

这类型人安静、严肃，通过面面俱到与可靠赢得成功。他们务实，以事实为导向，一般经由逻辑决定什么工作应该被完成，并能排除杂念不断稳步前进。他们喜欢自己的工作、生活有秩序且条理化，重视传统和忠诚。

（2）ISFJ（内倾实感 & 外倾情感）

这类型人安静、友善、尽责、认真，能坚定不移地承担义务。他们思虑周详，勤劳，力求精确、忠诚、体贴，留意并能记住对他们重要的人士的细节，关切他人感受。他们力求在工作和家庭中创建一个秩序井然且和睦融洽的环境。

（3）ISTP（内倾思考 & 外倾实感）

这类型人擅长忍耐且灵活，直到问题出现之前，他们一直是安静的观察者。一旦问题出现，他们能迅速行动并且找到可实现的解决方案。他们会分析事物的原理，随时准备从大量数据信息中，找到问题的症结所在。他们会对事物的原因和影响很感兴趣，视效率为价值。

（4）ISFP（内倾情感 & 外倾实感）

这类型人安静、友好、敏感，心地善良。他们会享受此时此刻，以及发生在他们周围的事情；喜欢拥有自己的空间，并按自己的时限去工作。他们会忠于自己的价值观，以及对他们来说重要的人。他们不喜欢分歧和冲突，不把自己的观点或价值观强加于他人。

（5）ESTP（外倾实感 & 内倾思考）

这类型人灵活并且善于忍耐，他们用实用主义的态度专注于当下的结果。理论和概念会使他们厌烦，他们想要以行动去解决问题。他们专注于此时此刻，随性自然，他们享受可以与他人互动的每一刻。他们享受物质的舒适和格调，通过实践获得最佳的学习效果。

（6）ESFP（外倾实感 & 内倾情感）

这类型人开朗，友好，乐于接纳。在工作中，他们享受和他人一起合作。他们喜欢用常识和切实可行的方法达成他们的工作，并让工作充满乐趣。他们灵活而自然，随时准备适应新的人和新的环境。对他们来说，最佳的学习方式，是和其他人一起尝试新的技能。

（7）ESTJ（外倾思考 & 内倾实感）

这类型人务实，以事实为导向。他们能果断迅速地执行和部署决定。他们专注于用最有效率的方式得到结果。他们注重细节。拥有一整套清晰的逻辑，自己有条不紊地遵守并且希望他人也遵守。在贯彻执行自己的计划时，他们会表现得很有力。

（8）ESFJ（外倾情感 & 内倾实感）

这类型人热心，勤勤恳恳且有协作精神。他们想要周围环境和谐融洽。他们喜欢与他人一起正确无误并且准时地完成任务。他们忠诚，即使在细微的事情上也坚持。他们注意他人日常生活中的需要并设法满足。希望他人认可自己的价值及贡献。

（9）INFJ（内倾直觉 & 外倾情感）

这类型人寻求理念、人际关系、物质财富之间的意义和联系。他们想要知道是什么驱动着人，并且对他人有深刻的洞察力，一丝不苟并且自己的价值观。对如何最大化地服务人们的共同利益，他们有清晰的见解，能够有条理并且果断地贯彻执行自己的见解。

（10）INTJ（内倾直觉 & 外倾思考）

这类型人拥有独特的观点和强大的驱动力，去贯彻他们的理念并且实现他们的目标。他们建立远景规划的蓝图，一旦承诺某件事情，就像对待工作一样使之条理化，直到完成。不论是对自己，还是他人的能力和表现，他们都有很高的标准。

（11）INFP（内倾情感 & 外倾直觉）

这类型人是理想主义者，忠诚于他们自己的价值观，以及对他们来说重要的人，渴求符合他们价值观的生活。他们能够迅速看到各种可能性，常常作为激发灵感的促进者。他们致力于帮助人们实现自身潜能。他们有良好的适应能力，灵活变通。他们乐于接受他人意见，除非与自己的价值观不符。

（12）INTP（内倾思考 & 外倾直觉）

这类型人寻找并建立对他们感兴趣的一切事物的逻辑解释。相对于社交互动，他们更喜欢头脑中的思想，安静、克制、灵活，适应力强。在他们感兴趣的领域，他们拥有不同寻常的专注，以及解决问题的能力。他们爱质疑，有时候挑剔，总是喜欢分析事情。

（13）ENFP（外倾直觉 & 内倾情感）

这类型人温暖、热情，富于想象力。他们认为生活充满各种可能性，可以在事件与信息之间快速建立联系，然后自信地行动。他们渴望得到他人的认可，并且欣赏、认同自己。他们处事灵活、善于变通。

（14）ENTP（外倾直觉 & 内倾思考）

这类型人敏捷、聪明、兴奋、机警且坦率。他们足智多谋，能解决富有挑战性的问题。他们善于阅人，对例行的工作感到厌烦，很少以相同的方式做相同的事，倾向于不断转移到新的兴趣上。

（15）ENFJ（外倾情感 & 内倾直觉）

这类型人温暖、积极且尽责。他们高度共情于他人的情绪、需要和动力。他们乐于寻找每个人的潜能，想要帮助他人充分实现自我潜能。在涉及个人与团队成长方面，会表现得富有感染力。他们忠诚，积极回应赞扬与批评。他们喜好交际，在团队中是鼓舞人心的领导者。

（16）ENTJ（外倾思考 & 内倾直觉）

这类型人坦率、果断、随时承担领导职责。他们能够迅速看出不合逻辑或低效率的策略或产品。他们通常消息灵通、知识渊博，乐于扩展他们的知识并且传授给他人，在表达他们的观点时，非常有说服力。

3. 霍兰德人格类型自我测试

约翰·霍兰德是美国约翰·霍普金斯大学心理学教授，美国著名的职业指导专家。他于 1959 年提出了具有广泛社会影响的职业兴趣理论。他认为人的人格类型、兴趣与职业密切相关，兴趣是人们活动的巨大动力，凡是具有职业兴趣的职业，都可以提高人们的积极性，促使人们积极地、愉快地从事该职业，职业兴趣与人格之间存在很高的相关性。霍兰德认为，人格可分为现实型、研究型、艺术型、社会型、企业型和常规型六种类型。

（1）社会型

社会型人格的共同特点：喜欢与人交往、不断结交新的朋友、善言谈、愿意教导别人，关心社会问题，渴望发挥自己的社会作用，寻求广泛的人际关系，比较看重社会义务和社会道德。

社会型人格所从事的典型职业：要经常与人打交道，能够不断结交新的朋友的工作，可以从事提供信息、给人帮助、培训、开发或治疗等事务，如教育工作者（教师、教育行政人员），社会工作者（咨询人员、公关人员）。

（2）企业型

企业型人格的共同特点：追求权力、权威和物质财富，具有领导才能，喜欢竞争、敢于冒风险、有野心、有抱负，为人务实，习惯以利益得失、权利、地位、金钱等来衡量做事的价值，做事有较强的目的性。

企业型人格所从事的典型职业：要求具备经营、管理、劝服、监督和领导才能，从而实现机构、政治、社会及经济目标的工作，如项目经理、销售人员、营销管理人员、政府官员、企业领导、法官、律师。

（3）常规型

常规型人格的共同特点：尊重权威和规章制度，喜欢按计划办事，细心、有条理，习惯接受他人的指挥和领导，自己不谋求领导职务，喜欢关注实际和细节情况，通常较为谨慎和保守，缺乏创造性，不喜欢冒险和竞争，富有自我牺牲精神。

常规型人格所从事的典型职业：要注意细节、精确度、有系统、有条理，具有记录、归档、根据特定要求或组织程序，处理数据和文字信息的职业，如秘书、办公室人员、记事员、会计、行政助理、图书馆管理员、出纳员、打字员、投资分析员。

（4）现实型

现实型人格的共同特点：愿意使用工具从事操作性工作，动手能力强，做事手脚灵活，动作协调。偏好从事具体任务，不善言辞，做事保守，较为谦虚，缺乏社交能力，通常喜欢独立做事。

现实型人格所从事的典型职业：喜欢使用工具、机器，需要基本操作技能的工作。对要求具备机械方面才能、体力或从事与物件、机器、工具、运动器材、植物、动物相关的职业感兴趣，如技术性职业（计算机硬件人员、摄影师、制图员、机械装配工），技能性职业（木匠、厨师、技工、修理工、农民、一般劳动）。

（5）研究型

研究型人格的共同特点：思想家而非实干家，抽象思维能力强，求知欲强，肯动脑，善于思考，不愿动手，喜欢独立的和富有创造性的工作，知识渊博，有学识才能，不善于领导他人；考虑问题理性，做事喜欢精确，喜欢逻辑分析和推理，不断探讨未知的领域。

研究型人格所从事的典型职业：喜欢智力的、抽象的、分析的、独立的定向任务，要求具备较高智力或分析才能，并将其用于观察、估测、衡量、形成理论，最终解决问题的工作，如科学研究人员、教师、工程师、电脑编程人员、医生、系统分析员。

（6）艺术型

艺术型人格的共同特点:有创造力,乐于创造新颖、与众不同的成果,渴望表现自己的个性,实现自身的价值,做事理想化,追求完美,不重实际,具有一定的艺术才能和个性,善于表达、怀旧,心态较为复杂。

艺术型人格所从事的典型职业:喜欢要求具备艺术修养、创造力、表达能力和直觉,并将其用于语言、行为、声音、颜色和形式的审美、思索和感受的工作,并具备相应的能力,不善于处理事务性的工作,如艺术类职业(演员、导演、艺术设计师、雕刻家、建筑师、摄影家、广告制作人、歌唱家、作曲家、乐队指挥,文学类职业(小说家、诗人、剧作家)。

然而,大多数人都并非只有一种人格(比如,一个人的人格中很可能是同时包含着社会型人格、现实型人格和研究型人格 3 种)。霍兰德认为,这些人格越相似,相容性越强,则一个人在选择职业时所面临的内在冲突和犹豫就会越少。为了帮助描述这种情况,霍兰德建议将这 6 种人格分别放在一个正六边形的每一角中。

员工的工作满意度与流动倾向性,取决于个体的人格特点与职业环境的匹配程度。当人格和职业相匹配时,会产生最高的满意度和最低的流动率。例如,社会型的个体应该从事社会型的工作,社会型的工作对现实型的人则可能不合适。这一模型的关键在于:①个体之间在人格方面存在着本质的差异;②个体具有不同的类型;③当工作环境与人格类型协调一致时,会产生更高的工作满意度和更低的离职可能性。

（二）学业计划

大学二年级处于大学职业生涯中的定向期。在这一阶段,角色转换已经顺利完成,对大学生活也已基本适应,因此这一阶段要深入学好专业知识,继续深入了解职业、探索职业方向,初步明确职业生涯发展的方向和目标,这一阶段的学业规划主要包括以下内容。

（1）制订大学二年级的学业规划。

（2）继续深入学好专业知识。

（3）争取通过全国大学英语等级考试和计算机等级考试,能够熟练操作计算机。

（4）向老师、学长虚心请教,请他们给自己的学业规划提出宝贵意见。

（5）充分利用图书馆、电子阅览室、学术报告会等形式进行知识积累,丰富知识结构。

（6）积极参加学术科技竞赛活动，提升自己的专业研究水平。

（7）积极探索自我，利用各种方式和手段了解自己的兴趣、性格和特长，从而根据自身的特点、外界的情况和自己所学的专业来明确自己的职业发展目标。

（8）加强了解与自己职业方向相关的情况，同时选修相关课程，增加知识积累。

（9）对学业规划进行总结、评估、反馈和修正。

1. 制定目标的 SMART 原则

有效的目标必须符合 SMART 原则。

（1）S（specific）：具体的、明确的，不能含糊不清的。

曾经有学者问一个小女孩她的人生目标。

"你的人生目标是什么？"

"快乐！"她毫不犹豫地回答。

"那什么是快乐？"学者接着问。

"……"她顿时陷入了沉思。

也许我们也像这个小女孩一样，有自己的人生目标。例如，幸福、健康、财富、知识等，但我们还需要将其进一步具体化，这样才具有可操作性。有研究者曾经做过一个试验，他把人随机分成两组，让他们去跳高。两组人的身高差不多，先是一起跳过了 1 米。他对第一组的人说："你们要跳过 1.2 米。"对第二组的人说："你们要跳得更高。"经过练习后，让他们分别去跳，由于第一组有具体的目标，结果第一组每个人都跳过 1.2 米，而第二组的人因为没有具体目标，所以他们中大多数人只跳过了 1 米，少数人跳过了 1.2 米。这就是有具体目标和没有具体目标的差别所在。

（2）M（measurable）：可以量化的，能度量的。

目标应该是可以衡量的，也就是说，你对于将来是否能达到既定目标明确的判断。例如"具有丰富的英语词汇量"，这就是一个不可衡量的目标，但如果把目标定为"六级的词汇书中的单词不认识的单词不超过 10 个"，这就是可以衡量的目标。

（3）A（achievable and challenging）：可达到但必须有一定的挑战。

达成目标的程度对个人的激励性是一个倒 U 形曲线。过低的难度和过高的难度都不具有激励性。在心理学研究中有一项成就动机的实验。一些人被邀请参加一项套圈的游戏。在房间的一边钉上一根木棒，给每个人几个绳圈套到木棒上，离木棒的距离可以自己选择，距离一旦选定以后就必须在那个位置投。站得太近的人很容易就能把绳圈套在木棒上,觉得这个活动没意思,很快放弃了;有的人站得太远,总是套不进去,也很快就放弃了;但有少数人站的距离恰到好处,不但使游戏具有挑战性,而且他们也很有成就感。这个实验说明要想目标有激励性,就需要设定具有挑战性但又能达到的目标。

(4)R(rewarding):目标需要有一定的意义。

目标应该是有意义的,而这个意义是主观的。例如,一个初入职场的朋友的目标是让自己的父母过上幸福的生活。他对幸福的定义就是在城市买一幢大房子,把父母接过来一起生活。一次与父母的交流中,父母得知他的想法,非常感动,但接着告诉他,其实他们并不喜欢大城市的生活,还是喜欢生活在农村,因为那里有很多亲戚朋友,生活也自由,只要他能经常回去看看他们,他们就会感到幸福了。

(5)T(time-bounded):有时间限制的。

如果一个目标的定义中,没有时间的限制,一般很容易被无限期拖延下去。最后只是一个梦想。任何一个目标的设定都应该有时间的限定,比如:"我一定要通过英语六级考试。"目标应该很明确了,只是不知道是在一年内完成,还是十年后才完成。我们总会有很多目标,但目标实现不了的很大一部分原因就是我们没有为这些目标设定时间上的限制。

2. 学业规划表

我们可以将自己的学业规划,如学习目标、要看的书、要取得的证书等记录在表9.10 中,提醒自己按时完成。

表 9.10　学业规划表

年度总计划			
大一			
大二			
大三			
大四			

月　计　划			
	大一	大二	大三	大四
一月				
二月				
三月				

续表

	大一	大二	大三	大四
四月				
五月				
六月				
七月				
八月				
九月				
十月				
十一月				
十二月				

（三）生活成长规划

大学生在大学期间要养成良好的生活习惯,培养健康的兴趣爱好,培养良好的人际关系,树立正确的爱情观,同时也要积极参加各种社会实践活动,锻炼自己各方面的能力。

大学阶段之后紧接着就是走出校园,进入职场,大学的学习不仅要在专业学习上积累未来职业发展的知识结构,更重要的是在一系列的社会实践中锻炼职业能力,形成职业素养,为未来做准备。所谓"纸上得来终觉浅,绝知此事要躬行。"实践永远是最好的老师,职业能力的提升需要在一系列职业实践中锤炼。

一方面,大学丰富多彩的校园文化活动,为每位同学提供了展现风采的平台;另一方面,进入大学,随着心智与能力的成长,学校与社会都给大学生提供了很多社会实践的机会。

通过一系列的校内外实践活动的锻炼和探索,可以帮助你寻找自己的职业兴趣,明确职业发展方向。做到在"社会实践中择业"避免了"先就业,后择业"的尴尬,从而更好地帮助学生进行职业生涯规划。

1. 校内社会实践

丰富多彩的校园文化活动,为大学生提供了实践的平台,学生可以将所参与的校内社会实践记录下来,包括学生干部经历、社会实践、社团活动、各种比赛等,见表9.11。

表 9.11 社会实践记录表

校内社会实践的内容
收获和体会
你如何在以后的学习、生活、实践中进行改进
将活动证明贴于此

2. 职业初体验

在大学学习期间,有很多与社会接触的机会,学生有机会去兼职、实习、勤工俭学的经历,请将这些职业初体验记录下来,见表 9.12。

表 9.12 职业初体验

该项工作的主要内容
你从事该项工作的收获和体会
经过工作之后,你如何在以后的学习、生活、实践中改进
将工作(实习)证明贴于此

3. 职业素质拓展计划

职业素质拓展计划可分为大一、大二、大三、大四 4 个阶段。根据每个阶段的具体情况将自己的职业目标进行分解,分别在个人能力与素质要求方面做思考,明确各阶段素质目标的重要性以及可以实现目标的措施方法,见表 9.13。

表 9.13　职业素质拓展计划

职业目标	年级	个人能力素质需求	素质目标的重要性	实现素质目标的措施
	大一			
	大二			
	大三			
	大四			

（四）获取相关职业资格证书

当前大学生考证的种类繁多,主要有以下三类:一是基本型证书,诸如全国大学生英语四、六级考试证书及口语证书、全国大学生计算机等级考试证书;二是体现个人能力水平的证书,诸如英语中高级口译资格证书、全国计算机软件行业专业技术资格证书等;三是职业资格证书,社会发展要求大学生根据自己所学专业和职业生涯规划去考取不同的职业从业资格证书。

大学生除了要获取必备的相关证书外,还要结合自己的专业要求和职业生涯规划确立的职业生涯目标来明确要获取那些职业证书。能力型证书和职业资格证书的获取主要放在大二、大三进行。

五、职业准备

在确定了职业生涯目标后,行动便成了关键环节,没有行动,一切目标和理想都将化为泡影。这里所指的行动是指落实目标的具体措施,主要包括专业学习、组织活动、社会工作、社会实践、实习等方面的措施。我们可以通过以下内容确定自己的职业生涯目标。

第一部分:我是怎样的自己(表9.14)。

表9.14　自我评价表

自己	我是	
	我不是	
价值观	我重视	
	我不重视	
兴趣	我的兴趣是	
	我完全没有兴趣是	
能力与性格	我参加的教育与培训	
	我喜欢的科目	

第二部分:自己与环境之间的关系(表9.15)。

表9.15　自己与环境之间的关系

家庭因素	我的家庭对我的影响	
	我的家人对我的期望	
社会经济因素	我期望的工作收入	
	我期望的社会地位	
阻力	我职业发展的阻力	
	我职业发展阻力的来源	
助力	我职业发展的助力	
	我职业发展助力的来源	

第三部分:教育与职业的机会(表9.16)。

表9.16　教育与职业的机会

文本、网络资料	对于我可能从事的工作,我找过的资料	
	我对哪些资料特别有印象	

续表

演讲、座谈	对于我可能从事的工作,我参加过的学校组织的演讲、座谈、宣讲、活动等	
	我的印象最为深刻的活动	
参观访问	我曾正式或非正式参观、访问、实习过哪些企、事业单位	
	我对哪些单位很感兴趣,想进一步了解	

第四部分:我的职业目标(见表9.17)。

表 9.17　我的职业目标

我的职业目标	对于以上的问题,我的回答有无冲突之处	
	对于以上的问题,我的回答有无相似之处	
	答题的过程中,我觉得自己哪一部分还不足够	
	我初步拟出的职业目标有哪些?	
	拟出目标后,我该如何准备?	

思考题

根据本章所学内容,编制一份自己的大学规划书。

参 考 文 献

［1］杨叔子．中国著名大学校长开学训词［M］．武汉：华中科技大学出版社，2013．

［2］肖行定．大学生学习生活指南［M］．武汉：华中科技大学出版社，2012．

［3］马龙海．大学学习生涯指导［M］．北京：中国人民大学出版社，2014．

［4］张强，王笑君，黎万和，等．大学新生课堂［M］．武汉：武汉大学出版社，2012．

［5］林毓锜．大学学习学——学生成才学习理论［M］．西安：西安交通大学出版社，1999．

［6］张志，陈进勇，邱兰．给大学新生的 108 个忠告［M］．北京：机械工业出版社，2010．

［7］古月群，漆小萍，叶深南，等．适应与超越［M］．广州：中山大学出版社，2002．

［8］张天军，孙一平．大学新生学习指导［M］．成都：巴蜀书社，2008．

［9］马洪舒．哈尔滨工业大学校史（1920—2000）［M］．哈尔滨：哈尔滨工业大学出版社，2000．

［10］吴建琪，常玉礼．规格与功夫——哈工大教学传统纪实［M］．哈尔滨：哈尔滨工业大学出版社，2000．

［11］王伟廉．高等学校课程研究导论［M］．广州：广东高等教育出版社，2008．

［12］吴建琪．传统与特色（上）［M］．哈尔滨：哈尔滨工业大学出版社，2006．

［13］周玉．规格严格 功夫到家——我对哈工大校训之理解［N］．哈工大报，2014-10-18．

［14］唐红波，邓俊熙．当代大学生发展 100 问［M］．武汉：武汉大学出版社，2014．

［15］王言根．学会学习——大学生学习引论［M］．北京：教育科学出版

社,2003.

[16] 梁国平,杨驰. 现代学习与潜能开发[M].成都:四川大学出版社,2011.

[17] 朱青生. 十九札[M].北京:北京联合出版公司,2013.

[18] 施良方. 学习论[M].北京:人民教育出版社,2003.

[19] 陈琦,刘儒德. 教育心理学[M].北京:高等教育出版社,2005.

[20] 吴志樵. 指导学生的学习方法[M].沈阳:辽海出版社,2011.

[21] 闫明星. 求实与创新:哈尔滨工业大学本科教学纪实[M].哈尔滨:哈尔滨工业大学出版社,2006.

[22] 麦肯齐. 麦肯齐大学教学精要[M].徐辉,译. 杭州:浙江大学出版社,2005.

[23] 朗曼,阿特金森. 大学生学习方法12讲[M].夏慧言,译. 北京:首都师范大学出版社,2005.

[24] 周玉. 让记笔记成为人生的必修课[N].哈工大报,2015-10-20.

[25] 潘懋元. 高等学校教学原理与方法[M].北京:人民教育出版社,1996.

[26] 陈晶. 大学生学习管理与辅导[M].北京:北京师范大学出版社,2010.

[27] 徐晓飞. 关于在哈工大建设基于项目学习体系的想法[R].哈尔滨:哈尔滨工业大学,2011.

[28] 戴维斯著. 教学方法手册[M].严慧仙,译. 杭州:浙江大学出版社,2006.

[29] 钟志坚. 大学教学模式革新:教学设计视域[M].北京:教育科学出版社,2008.

[30] 潘愁元,高新发. 高等学校的素质教育与通识教育[J].煤炭高等教育,2002(1):1-5.

[31] 刘宝存. 为未来培养领袖:美国研究型大学本科生教育重建[M].北京:高等教育出版社,2011.

[32] 彭浩,王忠华. 多元智力理论在项目学习中的应用[J].软件导刊·教育技术,2008(10):10-12.

[33] 刘景福. PBL:自主学习的新模式[J].宁波大学学报:教育科学版,2007(10):57-60.

[34] 罗伯特·史密斯. 理工科学生科研指南[M].北京:科学出版社,2010.

[35] 岑岗,林雪芬. 开放型项目教学的研究与实践[J].浙江科技学院学报,

2010(10):375-380.

[36] 美国巴克教育研究所. 项目学习教师指南:21 世纪的中学教学法[M].任伟,译. 北京:教育科学出版社,2008.

[37] 陈坤杰,张伟林. 大学生科研训练教程[M].合肥:合肥工业大学出版社,2009.

[38] 马禄远,崔效杰. 大学新生入学教育[M].兰州:兰州大学出版社,2007.

[39] 林永和,卢思锋. 大学新生必读[M].北京:改革出版社,1993.

[40] 国家教委学生司. 大学生管理基础知识[M].北京:北京师范学院出版社,1991.

[41] 周文敏. 做爱学会学之人:大学生学习全攻略[M].北京:北京工业大学出版社,2014.

[42] 博克. 回归大学之道:对美国大学本科教育的反思与展望[M].侯定凯,梁爽,陈琼琼,译. 上海:华东师范大学出版社,2012.

[43] 蓝采风,许为民. 服务——学习:在高等教育中的理论与实践[M].杭州:浙江大学出版社,2011.

[44] 姜芳,翁维红,成晓,等. 略论大学生学习模式变革[J].学校党建与思想教育,2009(3):47-48.

[45] 中山大学学生处. 大学新生手册[M].广州:中山大学出版社,2010.

[46] 王万红,夏惠贤. 项目学习的理论与实践:多元智力视野下的跨学科项目设计与开发[M].上海:百家出版社,2006.

[47] 甘华鸣. 道尔吉学习方法[M].北京:中国国际广播出版社,2002.

[48] 田新蕊,王海英. 创新能力实用教程[M].北京:石油工业出版社,2009.

[49] 熊丙奇,任晓杰,刘艳. 步入大学:大学生学习、生活、职业发展指导[M].上海:上海交通大学出版社,2011.

[50] 张敏. 大学新生[M].北京:中国水利水电出版社,2014.

[51] 丁明. 大学新生入学教育读本[M].合肥:安徽教育出版社,2008.

[52] 易锦海,李晓玲. 交际心理学[M].武汉:华中科技大学出版社,2004.

[53] 钟谷兰,杨开. 大学生职业生涯发展与规划[M].上海:华东师范大学出版社,2008.

[54] 赵红,于桂霞. 大学生心理健康教育[M].北京:现代教育出版社,2011.

[55] 李福涛,刘梅,国云玲. 大学生心理健康教育[M].北京:清华大学出版

社,2015.

[56] 郭茂华．大学生心理健康教育[M].北京:清华大学出版社,2015.

[57] 朱岳梅,王倩．学生朋辈辅导员工作手册[M].哈尔滨:哈尔滨工业大学出版社,2015.

[58] 冯刚．大学,梦起飞的地方[M].北京:清华大学出版社,2005.

[59] 邢朝霞,尹胜君．职业生涯探索与规划课程教师指导手册[M].哈尔滨:哈尔滨工业大学出版社,2015.

[60] 邢朝霞．职业生涯规划手册[M].哈尔滨:哈尔滨工业大学出版社,2011.

[61] 李晓波,李洪波．大学生职业生涯规划与发展[M].北京:化学工业出版社,2010.

[62] 何进,秦涛,谢辉．高校有效开展新生教育的实践与思考——以北京科技大学为例[J].思想教育研究,2013(4):82-85.

[63] 汪家惠,贾天钰．新生第一年导学模式改革的研究与实践[J].中国大学教学,2012(5):14-15.

[64] 焦飞,黄琳．90后大学新生入学教育课程化研究[J].考试周刊,2011(31):185-186.

[65] 叶承芳．MOOCs对思想政治理论课教学的挑战与启示[J].思想教育研究,2015(2):40-43.

[66] 邵兵,赵希文,杨海,等．基础学部模式下高校新生思想政治工作体系探索与构建[J].思想教育研究,2014(10):85-89.

[67] 龚放．大一和大四:影响本科教学质量的两个关键阶段[J].教书育人,2011(1):11-13.

[68] 柴娟．对大学新生入学教育的思考[J].重庆电子工程职业学院学报,2011(3):104-105.